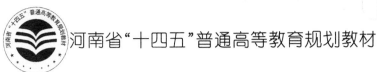

河南省"十四五"普通高等教育规划教材

财务管理学

（第二版）

主　编　全浙玉

副主编　李金铠　刘　丽　刘玉杰

参　编　梅兰兰　彭沛然

西安电子科技大学出版社

内 容 简 介

本书是河南省"十四五"普通高等教育规划教材之一。全书共 11 章，主要内容包括财务管理总论、财务管理的价值观念、筹资管理、资本成本与资本结构、项目投资决策、证券投资决策、营运资本管理、收益分配、财务分析、财务预算以及财务控制等。各章均设有"知识目标""能力目标""案例导读"等项目；根据需要，有的章节中加入了"知识拓展"；在每章的"本章小结"中，均以"理论梳理""知识检测""案例分析""应用实训"的形式对本章内容进行了回顾。全书资料翔实，内容深入浅出，注重理论与实践的有机融合，充分体现了应用型本科教改特色。

本书可作为高等学校应用型本科经济管理类专业的教材，也可供高职高专相关专业学生、会计财务审计从业人员以及社会读者阅读。

图书在版编目(CIP)数据

财务管理学/全淅玉主编. —2 版. —西安：西安电子科技大学出版社，2022.7(2025.1 重印)
ISBN 978 - 7 - 5606 - 6438 - 5

Ⅰ. ①财⋯　Ⅱ. ①全⋯　Ⅲ. ①财务管理－高等学校－教材　Ⅳ. ①F275

中国版本图书馆 CIP 数据核字(2022)第 079017 号

策　　　划	刘小莉
责任编辑	刘小莉
出版发行	西安电子科技大学出版社(西安市太白南路 2 号)
电　　　话	(029)88202421　88201467　　　邮　　编　710071
网　　　址	www. xduph. com　　　　　电子邮箱　xdupfxb001@163.com
经　　　销	新华书店
印刷单位	陕西天意印务有限责任公司
版　　　次	2022 年 7 月第 2 版　2025 年 1 月第 2 次印刷
开　　　本	787 毫米×1092 毫米　1/16　印张　15.5
字　　　数	364 千字
定　　　价	39.00 元

ISBN 978 - 7 - 5606 - 6438 - 5

XDUP 6740002 - 2

前　　言

　　"财务管理学"既是财经类专业的核心课程,也是所有经济类和工商管理类专业的必修课程。近几年,我国的高等教育正处在重大转型时期,"互联网＋"信息技术在会计领域的推进、行业的升级、数智化应用的普及,以及社会规则意识的增强,使得社会对应用型财会人才的需求更加凸显。在这个不确定的时代,决策难度比以往任何历史时期都要大。企业的重心在经营,经营的重心是决策,决策中最核心的是财务决策,利用数据共享进行资金财务决策的财务管理越来越被公众重视。为了适应行业发展对财务管理的要求,我们在课程思政的统领下,严格遵循高等院校教学理论,以够用为度,遵循内容为行业应用服务的原则编写了本书。

　　本书是在第一版的基础上修订而成的。本书第一版出版后,为河南、江苏、广东、陕西、吉林和天津等地的高校所使用并得到了肯定,读者提出了许多宝贵的意见,为本次修订奠定了基础。2020 年 11 月 30 日,本书被评为河南省"十四五"普通高等教育规划教材,这既是对本书的肯定,也为我们再次修订本书提供了机遇和动力。本次修订依然从时间价值、风险与收益、现金流量和机会成本四大理论出发,在现有基础上融入大数据、云财务、区块链等新时代的命题,围绕"应用型"这条主线,使内容更贴近生活,让公司治理、投融资决策等财务管理活动具有更鲜明的时代特色。

　　本次修订对第一版中个别措辞和个别不规范的公式进行了勘误;依据财政部最新的会计准则对个别会计科目进行了修订,依据最新税法对税率进行了调整;对部分例题和案例进行了更新和替换,更加凸显时代性和前瞻性,让本书内容和现实贴合得更紧密。本书融入了课程思政内容和社会主义核心价值观,让规则意识和公共善举在新一代大学生未来的决策中生根发芽,让财务决策为企业创造更多的价值,让财务管理理论更接地气。

　　本书由河南省经济管理类科技咨询专家、郑州工业应用技术学院全浙玉教授担任主编,郑州大学旅游管理学院院长李金铠教授、郑州工业应用技术学院刘丽副教授和刘玉杰副教授担任副主编。全书共 11 章,具体分工如下:全浙玉编写了第一章和第二章，李金铠编写了第六章，刘丽编写了第五章和第十一章，刘玉杰编写了第七章和第十章，梅兰兰编写了第三章和第四章，彭沛然编写了第八章和第九章。全书由三位副主编分工校对，由主编全浙玉教授负责统稿。本书在编写过程中参阅了多种同类教材、专著和期刊，在此谨向其编著者致谢。

由于编者水平有限，书中不妥之处在所难免，恳请各位读者提出批评与建议，反馈邮箱为 qxy2379@163.com。

全浙玉

2022 年 1 月

目　　录

第一章　财务管理总论 ………… 1

第一节　财务管理的对象与内容 ……… 1

一、财务管理的对象 ………… 1

二、财务管理的内容 ………… 1

三、企业财务关系 …………… 4

第二节　财务管理的目标 …… 6

一、企业财务管理目标理论 …… 6

二、财务管理目标的协调 …… 10

第三节　财务管理工作环节 … 14

一、财务预测 …………………… 14

二、财务决策 …………………… 14

三、财务预算 …………………… 15

四、财务控制 …………………… 15

五、财务分析 …………………… 16

第四节　财务管理的原则 …… 17

一、竞争环境的原则 ………… 17

二、创造价值的原则 ………… 18

三、财务交易的原则 ………… 19

第五节　财务管理的环境 …… 20

一、经济环境分析 …………… 20

二、法律环境分析 …………… 22

三、金融环境分析 …………… 23

本章小结 ……………………… 26

第二章　财务管理的价值观念 … 30

第一节　资金时间价值 ……… 30

一、资金时间价值概述 ……… 30

二、资金时间价值的计算 …… 31

第二节　风险价值 …………… 43

一、风险的含义 ……………… 43

二、风险的种类 ……………… 44

三、风险的衡量 ……………… 45

四、风险报酬的计算 ………… 47

五、风险的应对 ……………… 48

六、投资方案决策原则 ……… 48

本章小结 ……………………… 49

第三章　筹资管理 …………… 51

第一节　筹资概论 …………… 51

一、企业筹资的含义与分类 … 51

二、企业筹资的方式 ………… 52

三、筹资的基本原则 ………… 52

第二节　权益性筹资 ………… 52

一、吸收直接投资 …………… 53

二、发行股票 …………………… 54

三、留存收益筹资 …………… 55

第三节　负债性筹资 ………… 56

一、银行借款 …………………… 56

二、发行债券 …………………… 57

三、融资租赁 …………………… 59

四、商业信用 …………………… 63

第四节　混合性筹资 ………… 64

一、发行可转换债券 ………… 64

二、发行认股权证 …………… 64

本章小结 ……………………… 65

第四章　资本成本与资本结构 … 68

第一节　资本成本 …………… 68

一、资本成本的概念和种类 … 68

二、资本成本的计算和作用 … 69

三、个别资本成本 …………… 70

四、综合资本成本 …………… 71
五、边际资本成本 …………… 72
第二节 杠杆系数的衡量 …… 74
一、经营风险与经营杠杆 …… 74
二、财务风险与财务杠杆 …… 76
第三节 资本结构 …………… 78
一、资本结构理论 …………… 78
二、资本结构的含义和影响因素 …… 81
三、资本结构的计算 ………… 81
本章小结 …………………… 86

第五章 项目投资决策 ……… 89
第一节 项目投资决策概述 … 89
一、项目投资的种类 ………… 89
二、项目投资的程序 ………… 90
三、现金流量 ………………… 90
四、确定现金流量时应考虑的问题 …… 92
第二节 项目投资决策评价指标与应用 …… 95
一、静态评价指标 …………… 95
二、动态评价指标 …………… 97
第三节 项目投资评价指标的应用 …… 102
一、独立方案的投资决策 …… 102
二、互斥方案的投资决策 …… 103
第四节 投资风险分析 ……… 108
一、风险调整贴现率法 ……… 108
二、肯定当量法 ……………… 112
本章小结 …………………… 113

第六章 证券投资决策 ……… 117
第一节 证券投资决策的基本原理 …… 117
一、证券投资的概念 ………… 117
二、证券投资的种类 ………… 117
三、证券投资的一般程序 …… 119
四、证券投资的风险 ………… 119
第二节 债券投资财务评价 … 121
一、债券的价值 ……………… 121
二、债券投资的到期收益率 … 122

三、债券投资的优缺点 ……… 123
第三节 股票投资财务评价 … 124
一、股票的价值 ……………… 124
二、股票投资期望收益率 …… 126
三、股票投资的优缺点 ……… 127
第四节 证券投资组合财务评价 …… 127
一、证券投资组合的风险与收益 …… 127
二、资本资产定价模型 ……… 131
本章小结 …………………… 133

第七章 营运资本管理 ……… 136
第一节 营运资本管理策略 … 137
一、营运资本的含义与分类 … 137
二、营运资本的管理目标 …… 138
三、营运资本的管理策略 …… 138
第二节 现金及短期有价证券的管理 …… 139
一、持有现金的动机 ………… 139
二、现金管理的目标 ………… 140
三、最佳现金持有量的确定 … 140
四、短期有价证券管理 ……… 144
第三节 应收账款管理 ……… 145
一、应收账款的意义 ………… 145
二、信用政策内容 …………… 146
三、信用政策的决策 ………… 148
四、应收账款日常管理 ……… 151
第四节 存货管理 …………… 152
一、存货管理的目的 ………… 152
二、存货经济订货批量的确定 …… 153
三、存货日常管理 …………… 158
本章小结 …………………… 159

第八章 收益分配 …………… 162
第一节 收益分配概述 ……… 162
一、利润分配的原则 ………… 162
二、利润分配的一般程序 …… 163
第二节 股利政策 …………… 164
一、股利政策理论 …………… 164

二、影响股利政策的因素 ·········· 165

三、股利政策 ·················· 166

第三节 股利支付程序和方式 ····· 170

一、股利支付程序 ·············· 170

二、股利支付方式 ·············· 170

本章小结 ······················ 171

第九章 财务分析 ·············· 174

第一节 财务分析概述 ·········· 174

一、财务分析的意义 ············ 174

二、财务分析的内容 ············ 175

三、财务分析的方法 ············ 175

第二节 财务指标分析 ·········· 178

一、偿债能力分析 ·············· 178

二、营运能力分析 ·············· 184

三、盈利能力分析 ·············· 188

四、发展能力分析 ·············· 191

第三节 财务综合分析 ·········· 192

一、杜邦分析法 ················ 192

二、沃尔综合评分法 ············ 195

本章小结 ······················ 197

第十章 财务预算 ·············· 200

第一节 财务预算概述 ·········· 200

一、财务预算的概念及内容 ······ 200

二、财务预算的作用 ············ 200

第二节 财务预算的编制方法 ····· 201

一、固定预算与弹性预算 ········ 201

二、增量预算与零基预算 ·········· 204

三、定期预算与滚动预算 ·········· 204

第三节 现金预算与预计财务报表的编制 ······

·································· 205

一、现金预算的编制 ············ 205

二、预计财务报表的编制 ········ 211

本章小结 ······················ 214

第十一章 财务控制 ············ 216

第一节 财务控制概述 ·········· 216

一、企业财务控制概念与特征 ···· 216

二、财务控制应具备的条件 ······ 217

三、财务控制原则 ·············· 217

第二节 责任中心 ·············· 218

一、成本中心 ·················· 218

二、利润中心 ·················· 221

三、投资中心 ·················· 222

第三节 内部转移价格 ·········· 225

一、内部转移价格的含义 ········ 225

二、内部转移价格种类 ·········· 226

本章小结 ······················ 227

附表 ························ 230

附表1 复利终值系数表 ········ 230

附表2 复利现值系数表 ········ 232

附表3 年金终值系数表 ········ 234

附表4 年金现值系数表 ········ 236

参考文献 ···················· 238

第一章　财务管理总论

【知识目标】

了解财务管理的概念、方法；理解财务管理的特征、内容、目标；理解财务运作的规律。

【能力目标】

掌握企业财务管理的环境；熟悉各种理财目标的优缺点；掌握企业价值最大化理财目标。

【案例导读】

弘大公司成立于2020年，注册资本为1.60亿元，位于素有"药谷"之称的北京经济技术开发区，该公司以生物技术为平台，专注于病毒与免疫性疾病领域的研发，是一家高科技生物医药公司。随着业务的扩大和市场的开发，公司最初的投资规模已经满足不了对资金的需求，需要新的投资。此外，该公司去年的销售额达到1800万元，利润率为35%，利润留存率为50%，目前流动资金紧缺。

摆在弘大公司面前的问题是：如何确立公司长期投资策略？如何为长期投资策略筹资？如何解决公司短期资金不足的问题？如果需要筹资，哪一种筹资方式成本更低、更有利于公司的长期发展？这一系列决策问题就是企业财务管理所要研究的基本问题。财务管理解决的是企业经营活动的资本问题，是从微观的角度去分析企业的财务问题。

第一节　财务管理的对象与内容

财务管理是组织企业财务活动、处理企业财务关系的一项管理工作。要了解财务管理的对象与内容，首先必须明确企业财务活动的内涵。

一、财务管理的对象

财务管理的对象是企业财务活动，即资本循环与周转。

企业财务活动是与商品经济的存在和发展分不开的。如图1-1所示，就制造业企业而言，企业资金从货币资金形态开始，按顺序通过供应、生产、销售三个过程，分别表现为货币资金、生产储备资金、在产品资金、产成品资金等各种不同形态，然后又回到货币资金形态。这一循环过程，称为资金周转。要搞好企业财务管理，管理者必须充分认识和运用企业资金运动中的规律。

二、财务管理的内容

财务管理是对企业财务活动所进行的计划、组织、协调和控制的一种管理活动。下面通过简单的资产负债表来了解财务管理的内容(见表1-1)。

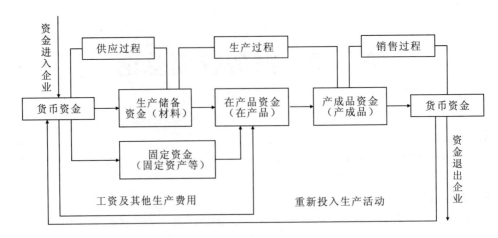

图 1-1　制造业企业资金运动图

表 1-1　资产负债表　　　　　　　　　　　　　　万元

资　　产		负债和所有者权益	
货币资产		短期借款	
应收账款		应付账款	
存货		流动负债合计	
流动资产合计		应付债券	
固定资产		长期负债合计	
减：累计折旧		负债合计	
固定资产净值		实收资本（股本）	
长期投资		留存收益	
非流动资产合计		所有者权益合计	
资产总计		负债及所有者权益合计	

　　资产负债表的右方是负债和所有者权益，表示公司资本的来源。其中负债反映了公司"欠别人什么""欠多少"，所有者权益表示公司"还剩下什么""剩多少"；资产负债表的左方是资产，表示在某个时点上公司"拥有什么""拥有多少"。从资产负债表中可以看出，财务管理内容包括以下问题：企业如何进行长期投资决策，安排非流动资产？即投资决策问题——识别投资机会，选择投资时机，确定合适的投资方式和投资组合，给企业创造新的价值。如何筹措企业长期投资所需的资金？即筹资决策问题——合理规划长期筹资的最佳来源和筹资方式，确定企业最佳资本结构。企业如何管理短期资产和短期负债？即营运资本管理问题。企业盈利如何分配？是发放给股东，还是保留在企业继续投资？即企业股利决策问题。企业如何协调财务关系？

　　财务管理是利用价值形式对企业生产经营过程进行的管理，是对企业财务活动进行的一项综合性管理工作。财务活动是财务管理的主要内容。所谓财务活动，是指资金的筹集、投放、使用、收回及分配等一系列行为。从整体上讲，财务活动包括以下四个方面。

1. 筹资活动

　　企业组织商品生产，必须以占有或能够支配一定数额的资金为前提。也就是说，企业从各种渠道以各种形式筹集资金，是资金运动的起点。所谓筹资，是指企业为了满足投资和用资的需要，筹措和集中所需资金的过程。在筹资过程中，企业一方面要确定筹资的总规模，以保证投资所需要的资金；另一方面要通过筹资渠道、筹资方式或工具的选择，合理确定筹资结构，以降低筹资成本和风险，提高企业价值。

企业通过筹资可以形成两种不同性质的资金来源：一是企业权益资金，企业可以通过向投资者吸收直接投资、发行股票、用留存收益转增资本等方式取得，其投资者包括国家、法人、个人等；二是企业债务资金，企业可以通过向银行借款、发行债券、利用商业信用等方式取得。企业筹集资金，表现为企业资金的流入。企业偿还借款、支付利息、股利以及付出各种筹资费用等，则表现为企业资金的流出。这种因为资金筹集而产生的资金收支活动，是企业财务管理的主要内容之一。

2. 投资活动

企业取得资金后，必须将资金投入使用，以谋求最大的经济效益，否则，筹资就失去了目的和效用。企业投资可以分为对内投资和对外投资两种。

（1）对内投资。对内投资是指企业将筹集的资金用于建造、购买或研发企业生产经营所需的各项固定资产、流动资产、无形资产等。对内投资是企业投资活动的首选，对内投资行为的发生意味着企业资产规模的扩大。

（2）对外投资。对外投资是指企业通过投资购买其他企业的股票、债券或者以其现金、实物资产、无形资产等方式向其他企业或单位进行的直接投资。对外投资是企业寻求资产增值或规模扩张的重要方式。

无论企业是对内投资还是对外投资，都需要支付资金。而当企业变卖其对内投资形成的各种资产或收回其对外投资时，会产生资金的收入。这种因企业投资而产生的资金收付，便是由投资而引起的财务活动。

企业在投资过程中，必须考虑投资规模的大小，同时还必须通过对投资方向和方式的选择，来确定合理的投资结构，以提高投资效益，降低投资风险。

3. 营运活动

企业在日常生产经营过程中，会发生一系列的资金收付。首先，企业要采购材料或商品，以便从事生产和销售活动，同时，还要支付工资和其他营业费用；其次，当企业把产品或商品售出后，便可取得收入，收回资金；最后，如果企业现有资金不能满足企业经营的需要，还要采取短期借款方式来筹集所需资金。上述各方面都会产生企业资金的收付。这种因企业日常生产经营而引起的财务活动，就称为资金营运活动。

企业的营运资金，主要是为满足企业日常营业活动的需要而垫支的资金，在数量上营运资金等于流动资产与流动负债的差额。营运资金的周转与生产经营周期具有一致性。在一定时期内，资金周转越快，资金的利用效率就越高，就可能生产出更多的产品，取得更多的收入，获得更多的报酬。因此，如何加速资金周转，提高资金利用效果，是企业日常财务管理的主要内容。

4. 分配活动

企业通过投资或资金营运活动可以取得相应的收入，并实现资金的增值。企业取得的各种收入在补偿成本、缴纳税金之后，还应依据现行法规及规章对净利润予以分配。广义来说，分配是指对企业各种收入进行分割和分派的过程；而狭义的分配仅指对企业净利润的分配。

企业通过生产经营活动取得的收入如营业收入，首先要用以弥补生产经营耗费和缴纳流转税，其余部分成为企业的营业利润；营业利润和投资净收益、营业外收支净额等构成企业的利润总额。利润总额首先要按国家规定缴纳所得税，净利润要提取公积金，用于扩大积累、弥补亏损等，其余利润作为投资者的收益分配给投资者或暂时留存企业，或作为投资者的追加投资。需要说明的是：企业筹集的资金归结为所有者权益和负债两个方面，在对这两种资金分配报酬时，前者是通过利润分配的形式进行的，属于税后分配；后者是通过将利息等计入成本费用的形式进行分配的，属于税前分配。另外，随着分配过程的进行，资金或者退出或者留存企业，必然会影响企业的资金运动，这不仅表现在资金运动的规模上，而且表现在资金运动的结构上，如筹资结构。因此，如何依据一定的法律原则，合理确定分配规模和分配方式，确保企业取得最大的长期利益，也是财务管理的主要内容之一。

上述财务活动的四个方面不是相互割裂、互不相关的，而是相互联系、相互依存的。正是上述互相联系又有一定区别的四个方面，共同构成了企业财务活动的完整内容，这四个方面也就成为企业财务管理的基本内容。

三、企业财务关系

企业财务关系是指企业在组织财务活动过程中与有关各方所发生的经济利益关系。企业的筹资活动、投资活动、营运活动、分配活动与企业各方面有着广泛的联系，企业的财务关系可概括为以下八个方面。

1. 企业与投资者之间的财务关系

企业与投资者之间的财务关系主要是指企业的投资者向企业投入资金，企业向其投资者支付投资收益所形成的经济关系。企业的投资者主要有国家、法人单位、个人和外商。企业的所有者要按照投资合同、协议、章程的约定履行出资义务以便及时形成企业的资本金。企业利用资本进行营运，实现利润后，应该按照出资比例或合同、章程的规定，向其投资者支付投资报酬。投资者通常要与企业发生以下财务关系：

（1）投资者可以对企业进行一定程度的控制或施加影响。

（2）投资者可以参与企业净利润的分配。

（3）投资者对企业的剩余资产享有索取权。

（4）投资者对企业承担一定的经济法律责任。

企业与投资者之间的财务关系体现着所有权性质，反映着经营权与所有权的关系。

2. 企业与筹资者之间的财务关系

企业与筹资者之间的财务关系主要是企业以购买股票或直接投资的形式向其他企业投资所形成的经济关系。随着市场经济的不断深入发展，企业经营规模和经营范围的不断扩大，这种关系将会越来越广泛。企业向其他单位投资，依据其出资额的多少，可形成独资、控股和参股三种情况。企业向其他单位投资，按约定履行出资义务，并依据其出资份额参与筹资者的经营管理和利润分配。企业与筹资者的财务关系是体现所有权性质的投资与受资的关系。

3. 企业与债权人之间的财务关系

企业与债权人之间的财务关系主要是指企业向债权人借入资金，并按借款合同的规定按时支付利息和归还本金所形成的经济关系。企业除利用资本进行经营活动外，还要借入一定数量的资金，以便降低企业资本成本，扩大企业经营规模。企业的债权人主要有本企业发行的公司债券的持有人、贷款机构、商业信用提供者、其他出借资金给企业的单位和个人。企业利用债权人的资金，要按约定的利息率，及时向债权人支付利息；债务到期时，要合理调度资金，按时向债权人归还本金。企业同其债权人的财务关系在性质上属于债务与债权关系。在这种关系中，债权人不能直接参与企业经营管理，对企业的重大经营活动不享有表决权，不能参与净利润的分配，但在企业破产清算时享有优先清偿权。

4. 企业与债务人之间的财务关系

企业与债务人之间的财务关系主要是指企业将其资金以购买债券、提供借款或商业信用等形式出借给其他单位所形成的经济关系。企业将资金借出后，有权要求其债务人按约定的条件支付利息和归还本金。企业同其债务人的关系体现的是债权与债务关系。

5. 企业与供应商及客户之间的财务关系

企业与供应商及客户之间的财务关系主要是指企业购买供应商的商品或接受其服务，以及企业向客户销售商品或提供服务过程中形成的经济关系。就本质来说，这种关系也属于债权与债务关系。

6. 企业与税务机关之间的财务关系

中央政府和地方政府作为社会管理者，担负着维持社会正常秩序、保卫国家安全、组织和管理社会活动等任务，行使政府行政职能。政府依据这一身份，依靠税务机关无偿参与企业利润的分配。企业必须按照税法规定向税务机关缴纳各种税款，包括所得税、流转税、资源税、财产税和行为税等，以保证国家财政收入的实现。这种关系体现出一种强制和无偿的分配关系。及时、足额纳税是企业对国家的贡献，也是对社会应尽的义务。

7. 企业内部各部门之间的财务关系

企业内部各部门之间的财务关系主要是指企业内部各单位之间在生产经营各环节中相互提供产品或劳务所形成的经济关系。企业在实行内部经济核算制和内部经营责任制的条件下，供、产、销各个部门以及各个生产单位之间，相互提供的劳务和产品也要计价结算。这种在企业内部形成的资金结算关系，体现了企业内部各单位之间的利益关系。处理这种关系的关键是要保持企业内部各单位之间利益的相对均衡。

8. 企业与职工之间的财务关系

企业与职工之间的财务关系主要是指企业向职工支付劳动报酬过程中所形成的经济关系。职工是企业的劳动者，他们以自身提供的劳动作为参加企业分配的依据。企业根据劳动者的劳动情况，用其收入向职工支付薪酬、津贴和奖金，并按规定提取和支付社会保险费、住房公积金等。企业与职工之间的财务关系，体现了职工个人和企业在劳动成果上的分配关系。

第二节　财务管理的目标

一、企业财务管理目标理论

（一）总体目标

企业财务管理目标是在特定的理财环境中，通过组织财务活动，处理财务关系所要达到的目的，是企业财务管理工作尤其是财务决策所依据的最高准则。从根本上说，财务目标取决于企业生存目的或企业目标，取决于特定的社会经济模式。企业财务目标具有体制性特征，整个社会经济体制、经济模式和企业所采用的组织制度，在很大程度上决定企业财务目标的取向。根据现代企业财务管理理论和实践，关于财务管理目标的观点，最具有代表性的主要有以下几种。

1. 利润最大化

利润最大化就是假定企业财务管理以实现利润最大为目标。这种观点认为：利润代表了企业新创造的财富，利润越多，则说明企业的财富增加得越多，越接近企业的目标。

以追逐利润最大化作为财务管理的目标，其主要原因有三：一是人类从事生产经营活动的目的是创造更多的剩余产品，在市场经济条件下，剩余产品的多少可以用利润这个价值指标来衡量；二是在自由竞争的资本市场中，资本的使用权最终属于获利最多的企业；三是只有每个企业都最大限度地获得利润，整个社会的财富才可能实现最大化，从而带来社会的进步和发展。在社会主义市场经济条件下，企业作为自主经营的主体，所创利润是企业在一定期间全部收入和全部费用的差额，是按照收入与费用配比原则加以计算的。它不仅可以直接反映企业创造剩余产品的多少，而且也从一定程度上反映出企业经济效益的高低和对社会贡献的大小。同时，利润是企业补充资本、扩大经营规模的源泉。因此，以利润最大化为财务管理目标是有一定的道理的。

利润最大化目标的主要优点是：企业追求利润最大化，就必须注重经济核算、加强管理、改进技术、提高劳动生产率、降低产品成本。这些措施都有利于企业资源的合理配置，有利于企业整体经济效益的提高。

但是，以利润最大化为财务管理目标也存在如下缺点：

（1）没有考虑利润实现的时间，没有考虑资金时间价值。按照时间价值理论，等额的利润在不同时间其实际价值是不一样的，如今年的 10 万元和三年后的 10 万元是完全不同的。

（2）没有反映创造的利润与投入的资本之间的关系，因而不利于不同资本规模的企业之间或同一企业不同期间的比较。

（3）没有考虑风险问题，这可能会使企业决策者不顾风险的大小去追求高额的利润，而高额利润往往要承担过大的风险。

（4）片面追求利润最大化，可能导致企业决策者的短期行为，即只顾实现目前的最大利润，而不顾企业的长远发展，如忽视产品开发、人才培养、生产安全，以及不能很好地履行社会责任等。

2. 股东财富最大化

股东财富最大化是指企业财务管理以实现股东财富最大化为目标。在上市公司中，股东财富由股东所拥有的股票数量和股票市场价格两方面来决定。在股票数量一定时，股票价格越高，股东财富也就越大。

与利润最大化相比，股东财富最大化的主要优点是：

（1）考虑了风险因素，因为通常股价会对风险作出敏感的反应。

（2）在一定程度上能避免企业的短期行为，因为不仅目前的利润会影响股票价格，预期的未来的利润同样会对股价产生重要影响。

（3）对上市公司而言，股东财富最大化目标比较容易量化，便于计量和考核。

但是，以股东财富最大化为财务管理目标也存在如下缺点：

（1）只适用于上市公司，非上市公司难于应用，因为非上市公司无法像上市公司一样随时准确获得公司股价。

（2）股价受多种因素影响，有些是企业无法控制的外部因素，有些还可能是非正常因素。因此股价不能完全准确反映企业财务管理状况，如有的上市公司处于破产的边缘，但由于可能存在某些机会，其股票市价可能还在走高。

（3）过多地强调了股东利益，而对企业其他相关者的利益重视不够。

尽管股东财富最大化目标存在上述缺点，但如果一个国家的证券市场高度发达，市场效率高，上市公司就可以把股东财富最大化作为财务管理目标。

3. 企业价值最大化

企业价值最大化是指企业财务管理行为以实现企业的价值最大为目标。企业价值不是账面资产的总价值，而是企业所有者权益的市场价值（又称内在价值），或者是企业所能创造的预期未来现金流量的现值，它反映了企业潜在或预期的获利能力。未来现金流量这一概念，包含了资金的时间价值和风险价值两方面的因素。因为未来现金流量的预测包含了不确定性和风险因素，而现金流量的现值是以资金的时间价值为基础对现金流量进行折现计算得出的。

企业价值最大化要求企业通过采用最优的财务决策，充分考虑资金的时间价值和风险与报酬的关系，在保证企业长期稳定发展的基础上使企业总价值达到最大。

以企业价值最大化作为财务管理目标，具有以下优点：

（1）考虑了取得报酬的时间，并用时间价值的原理进行了计量。

（2）考虑了风险与报酬的关系。

（3）克服了企业在追求利润上的短期行为。因为不仅目前的利润会影响企业的价值，预期的未来的利润对企业价值的影响更大，这就要求企业将长期、稳定的发展和持续的获利能力放在首位，而不是过多地关注股价变化。可以看出，用价值代替价格，还可以克服外界市场因素对股票价格的过多干扰而对企业管理者造成的影响，使其更关注于未来。

但是，以企业价值最大化作为财务管理目标也存在以下问题：

（1）企业价值过于理论化、抽象化，不易操作。计算企业价值的基础是未来现金流量，而未来现金流量的预测包含了众多的不确定性，且将未来现金流量折成现值时又要面临时间价值理论中折现率选择这一难题。

（2）对于非上市公司，只有对企业进行专门的评估才能确定其价值。在评估企业的资产时，由于受评估标准、评估方式、评估机构及人员的影响，很难做到客观和准确。

近年来，随着上市公司数量的增加，以及上市公司在国民经济中地位、作用的增强，企业价值最大化目标逐渐得到了广泛认可。

4. 相关者利益最大化

现代企业是多边契约关系的总和，要确立科学的财务管理目标，首先就要考虑哪些利益关系会对企业发展产生影响。在市场经济中，企业的理财主体更加细化和多元化。股东作为企业的所有者，在企业中承担着最大的权力、义务、风险和报酬，但是债权人、员工、企业经营者、供应商、客户和政府也为企业承担着风险。比如：

（1）随着负债经营的企业越来越多，企业债务的比例和规模也不断扩大，使得债权人的风险大大增加。

（2）在社会分工日益细化的今天，简单劳动越来越少，复杂劳动越来越多，使得职工再就业风险不断增加。

（3）在现代企业制度下，企业经理人受所有者委托，作为代理人管理和经营企业，在激烈的市场竞争和复杂多变的形势下，代理人所承担的责任越来越大，风险也随之加大。

（4）随着市场竞争和经济全球化的影响，企业与客户及供应商之间不再是简单的买卖关系。

（5）政府不管是作为监管机构，还是作为出资人，都与企业各方的利益密切相关。

综上所述，企业的利益相关者不仅包括股东，还包括债权人、企业经营者、客户、供应商、员工、政府等。因此，在确定企业财务管理目标时，不能忽视这些相关利益群体的利益。

相关者利益最大化目标的具体内容包括如下几个方面：

（1）强调股东的首要地位，并强调企业与股东的协调关系。

（2）强调风险与报酬的均衡，将风险限制在企业可以承受的范围内。

（3）强调对代理人即企业经营者的监督和控制，建立有效的激励机制，以便企业战略目标的顺利实施。

（4）关注本企业普通职工的利益，创造优美和谐的工作环境和提供合理恰当的福利待遇，培养长期努力为企业工作的职工。

（5）不断加强与债权人的关系，培养可靠的资金供应者。

（6）关注客户的长期利益，以便保持营业收入的长期稳定增长。

（7）加强与供应商的协作，共同面对市场竞争，并注重企业形象的宣传，遵守承诺，讲求信誉。

（8）保持与政府部门的良好关系。

以相关者利益最大化作为财务管理目标，具有以下优点：

（1）有利于企业长期稳定发展。这一目标注重企业在发展过程中考虑并满足各利益相关者的利益关系。在追求长期稳定发展的过程中，站在企业的角度上进行投资研究，避免只站在股东的角度进行投资可能导致的一系列问题。

（2）体现了合作共赢的价值观念，有利于实现企业经济效益和社会效益的统一。由于兼顾了企业、股东、政府、客户的利益，企业就不仅仅是一个单纯牟利的组织，还承担了一定的社会责任。企业在寻求其自身发展和利益最大化的过程中，由于还要考虑客户及其他利益相关者的利益，就会依法经营、依法管理，正确处理各种财务关系，自觉维护和确实保障国家、集体和社会公众的合法权益。

（3）这一财务管理目标本身是一个多元化、多层次的目标体系，较好地兼顾了各利益群体的利益，可使企业各利益主体相互作用、相互协调，并在使企业利益、股东利益达到最大化的同时，也使其他利益相关者利益达到最大化。也就是将企业财富这块"蛋糕"做到最大的同时，保证每个利益主体所得的"蛋糕"更多。

（4）体现了前瞻性和现实性的统一。比如，企业作为利益相关者之一，有其一套评价指标，如未来企业报酬贴现值；股东的评价指标可以使用股票市价；债权人可以寻求风险最小、利息最大；工人可以确保工资福利；政府可以考虑社会效益等。不同的利益相关者有各自的指标，只要合理合法、互利互惠、相互协调，就可以实现所有相关者利益最大化。

因此，相关者利益最大化是企业财务管理最理想的目标。但鉴于该目标过于理想化且无法操作，本书后述章节仍采用企业价值最大化作为财务管理的目标。

（二）具体目标

财务管理的具体目标取决于财务管理的具体内容。一般而言，有哪些财务管理的内容，就会随之有相应的各分部目标。因此，财务管理的具体目标可以概括为以下四个方面。

1. 企业筹资管理目标

企业筹资管理的目标就是在满足生产经营需要的情况下，不断降低资金成本和财务风险。任何企业为了保证生产的正常进行或扩大再生产的需要，都必须具有一定的资金。企业的资金可以从多种渠道用多种方式来筹集。不同来源的资金，其可使用时间的长短、附加条件的限制和资金成本的高低都不同，这就要求企业在筹集资金时，不仅要从数量上满足生产经营的需要，而且要考虑到各种筹资方式给企业带来的资金成本的大小，以便选择最佳筹资方式，实现财务管理整体目标。

2. 企业投资管理目标

企业投资管理的目标就是认真进行投资项目的可行性研究，力求提高投资报酬，降低投资风险。企业筹集的资金要尽快用于生产经营，以便取得盈利。但任何投资决策都有一定风险，因此，在投资时必须认真分析影响投资决策的各种因素，科学地进行可行性研究。对于新增的投资项目，一方面要考虑项目建成后给企业带来的投资报酬，另一方面要考虑投资项目给企业带来的风险，以便在风险和报酬之间进行权衡，不断提高企业价值，实现财务管理整体目标。

3. 企业营运资金管理目标

企业营运资金管理的目标就是合理使用资金，加速资金周转，不断提高资金的使用效果。企业的资金，是为满足企业日常经营活动的要求而垫支的资金。营运资金的周转与生产经营周期具有一致性，在一定时期内，资金周转加快，就可以利用相同数量的资金生产出更多的产品，取得更多的收入。因此，加速资金周转，是提高资金利用效果的重要措施。

4. 企业收益分配管理目标

企业收益分配管理的目标就是采取各种措施，努力提高收益水平，合理分配企业收益。企业进行经营活动，要发生一定的生产消耗，并可以取得一定的生产经营成果，即获得一定收益。企业财务管理必须努力挖掘企业潜力，促使企业合理地利用人力和物力，以尽可能少的生产消耗取得尽可能多的生产经营成果，增加企业盈利，提高企业价值。对企业实现的收益，要合理进行分配。企业收益的分配，要按照发展优先、效率优先的原则，正确处理国家利益、企业利益、企业所有者利益和企业职工利益之间可能发生的矛盾，要统筹兼顾、合理安排，不能顾此失彼。

二、财务管理目标的协调

在市场经济条件下，企业所有权与经营权的分离以及企业融资渠道的多样化，使企业的利益主体呈现多元化倾向。企业的利益主体包括所有者、经营者、债权人、政府、供应商及客户、企业职工和社会公众等。不同利益主体目标的倾向性不同，可能与企业财务目标发生背离。为了使各利益主体自身的目标服从企业财务管理的目标，就要对各利益主体之间的关系及矛盾不断地协调。企业必须重点关注以下三个方面。

（一）所有者与经营者的利益冲突与协调

企业所有者的目标是追求企业价值最大化，在所有权和经营权分离以后，企业所有者要求经营者尽最大努力去实现这一目标。经营者受所有者委托管理企业，为实现企业价值最大化而努力，但经营者的目标与所有者并不完全一致。通常经营者的目标包括以下三种：一是增加报酬，包括物质和非物质报酬，如工资、津贴、奖金以及提高荣誉和社会地位等；二是增加闲暇时间，包括减少工作时间，工作时间内有较多的空闲，有效的工作时间内劳动强度较低等；三是避免风险，即宁可实现中等收益，也不愿为企业争取更高的收益而自己付出较多的代价。

由上述可以看出，企业所有者和经营者的目标是不一致的。从某种意义上说，经营者所得到的利益，正是所有者所放弃的利益。在西方把这种由所有者转移给经营者的利益称为支付给经营者的享受成本。经营者期望在提高企业价值、增加股东财富的同时，能更多地增加享受成本；所有者则期望支付较少的享受成本，实现较高的企业价值。这就是所有者和经营者在追求各自目标方面存在的矛盾。在处理这种矛盾当中，如果所有者过分强调自身的利益，则难以调动经营者的积极性，甚至抑制了他们的聪明才智；而经营者如果不顾大局，也会背离所有者的利益。这种背离主要有两种情况：一是消极运作。消极运作又称道德风险，即经营者为了自己的利益，不尽最大努力去提高企业经济效益。他们认为，为提高企业价值而冒风险是不值得的。企业价值提高了，好处将归于所有者，但若遭受亏损，则自己在名誉上和经济上都将发生损失。因而有的人但求无过，不思进取，不积极努力去争取可能到手的效益。消极运作只是道德问题，并不构成法律责任、行政责任，所有者也很难追究他们的直接责任。二是逆向运作。逆向运作又称逆向选择，即经营者为了自己的利益，不惜明显地损害所有者的利益。例如装修豪华的办公室、会议室，购置高档汽车、办公用具，以工作需要为借口请客送礼，有的甚至故意压低本公司股票价格，以个人名义购回公司股票，导致股东财富受损，自己从中渔利。

为了解决所有者与经营者在实现理财目标上存在的矛盾，应当建立激励和约束这两种机制。

1. 建立激励机制

在企业拥有较充分的自主权以后，经营者对于企业的谋划作用日益重要。对于企业家这种人力资源的价值应该予以充分重视，在待遇上要给以足够的回报。要利用激励机制消除其地位上的不安全感和利益上的不平衡感，促使经营者自觉采取提高企业经济效益的措施，并吸引和留住卓有成效的企业家。通常可采用以下激励方式：

（1）适当延长经营者任期。优秀者可以连任，有的还可成为"终生员工"，促使经营者为企业的长远利益而奋斗。

（2）实行年薪制。把经营者的报酬同企业一定期间的绩效直接挂钩。

（3）实行"绩效股"。在股份制企业中，可用净资产收益率、每股利润等指标来评价经营的业绩，视业绩大小给予适当数量的股票作为报酬。如果公司的绩效未能达到规定的目标，经营者就会丧失部分甚至全部原先持有的"绩效股"。

2. 建立约束机制

经营者背离所有者的理财目标，其前提条件是双方的信息不一致，经营者了解的信息比所有者多而且早，因而容易出现"内部人控制"的现象。为了解决这一矛盾，就要加强对经营者的监督，并采取以下必要的制约措施：

（1）实行经营状况公开。利用财务报告等多种形式，及时向所有者和职工通报企业经营情况，包括经营决策、物资供应、产品营销、人事安排、收入分配、财务状况、业务招待费开支、福利待遇等情况，使企业的重大经济活动置于所有者和职工监督之下。

（2）实行对经理（厂长）定期审计制度。由股东会（股东大会）委托监事会，对经理（厂长）进行年末和期中的审计，揭示企业投资方案、筹资方案、经营计划、财务预算的执行情况、利润分配情况、管理费用开支情况、会计信息提供的真实性等。如发现经营者行为损害企业的利益，要立即予以纠正。

（3）实行严格的奖惩制度。经营者不认真履行职责，给企业造成经济损失时，股东会（股东大会）和监事会应依照奖惩制度采取制裁措施，如降低浮动工资、降低年薪标准、处以罚款、降级使用，直至解聘。

（二）所有者与债权人的利益冲突与协调

企业向债权人借入资金以后，两者之间形成一种委托代理关系。债权人把资金借给企业，意在到期收回本金，并获得约定的利息收入；而企业借款则是为了扩大经营，投入有风险的生产经营项目。两者的目标并不一致。债权人事先知道借出资金是有风险的，并把这种风险的应得报酬计入利息率，在确定利息率时通常要考虑企业现有资产的风险和新增资产的风险，以及企业现有的负债比率和预期未来的资本结构。但是，资金借出后，债权人就失去了对资金的控制权，所有者可以通过经营者为了谋求自身利益而损害债权人的利益。这样，在实现企业理财目标上所有者与债权人就发生了矛盾，主要有两种情况：一是所有者不经债权人同意，把借款投资用于比债权人预期风险高的其他项目。如果高风险的投资计划侥幸成功，超额的利润归所有者享有；如果计划不幸失败，债权人与股东将共同承担由此造成的损失，一旦企业破产，破产财产不足以偿债，债权人将无法收回本息。二是股东为了提高公司的净资产收益率，在未征得现有债权人同意的情况下，要求经营者举借新债，使偿债风险相应加大，从而致使原有债权的价值降低，使原有债权人蒙受损失（因为举借新债以后企业负债比率提高，企业破产的可能性增大，万一破产，原债权人要同新债权人共同分配破产后的财产）。

所有者与债权人的上述矛盾冲突，可以通过以下方式解决：

（1）限制性借债。债权人通过事先规定借债用途、借债担保条款和借债信用条件，使所有者不能通过以上两种方式削弱债权人的债权价值。

（2）收回借款或停止借款。当债权人发现企业有侵蚀其债权价值的意图时，采取收回借款或不再给予新的借款的措施，从而保护自身利益。

为了协调所有者与债权人之间的利益冲突，企业经营者在谋求股东财富的同时，必须公平对待债权人，遵守债务契约的条款和精神。企业经营者应积极与债权人沟通，向债权人公布企业举债规模和债券资金的使用情况。如：需发行新债或改变原有债务资金的用途时，应及时向债权人说明情况和原因，争取他们的谅解与合作，必要时在经济上予以补偿；当债权人在借款合同中加入"限制性条款"（如规定债权资金的用途、限制新债的发行等）时，要争取与债权人共同协商，妥善解决。

（三）企业目标与社会责任

这里讨论的社会责任是指企业对于超出法律和公司治理规定的对利益相关者最低限度义务之外的、属于道德范畴的责任。

企业对于合同利益相关者的社会责任主要是：劳动合同之外员工的福利，例如帮助住房按揭、延长病假休息、安置职工家属等；改善工作条件，例如优化工作环境、建立文体俱乐部等；尊重员工的利益、人格和习俗，如尊重个人私有知识而不是宣布个人私有知识归公司所有、重视员工的意见和建议、安排传统节日聚会等；设计人性化的工作方式，如分配任务时考虑使员工不断产生满足感，而不是仅仅为了经济利益，还有灵活的工作时间等；友善对待供应商，如改进交易合同的公平性、宽容供应商的某些失误等；就业政策，如优惠少数民族、不轻易裁减员工等。

企业对于非合同利益相关者的社会责任主要是：环境保护，例如使排污标准降低至法定标准以下，节约能源等；产品安全，例如即使消费者使用不当也不会构成危险等；市场营销，例如广告具有高尚情趣，不在某些市场销售自己的产品等；对社区活动的态度，例如赞助当地活动、支持公益活动、参与救助灾害等。人们普遍认为，企业应当承担社会责任并遵守商业道德。很多公司制定有履行社会责任和遵守商业道德的政策或声明。但是，绝大多数企业的实际行动与社会公众的期望存在差距，新闻媒体对此的负面报道远多于正面。企业应履行社会责任的具体内容以及评价方法，尚无确定的答案。目前对企业履行社会责任的实际情况缺少系统的信息。有些学者建议，采用社会审计制度，以确保系统化地对公司的社会责任进行审议。

社会责任是道德范畴的事情，它超出了现存法律的要求。道德行为的基本含义是只做那些应该做的事情。哪些事情应该做？每个人都有自己的价值观，这样道德标准就成了个人判断，会因人而异。我们如果把法律看成是反映社会总体价值的原则（大多数人认为应该做的事情），则遵守法律就是遵守了道德。道德标准到底是法律标准还是个人判断？实际上法律是不健全的，仅有法律是不够的。一个人或者公司做了与大多数人愿望相反的事情，这些行为并不违反现存法律，最后公司破产了，人们争论许久最终导致法律的修改，原本道德的问题上升到法律层面。因此，不能认为只要守法就是有了道德。财务人员应当做自己认为应该做的事情,不要做明知不对的事情,不要做与大多数人愿望相反的事情,尽管它们并不违法。

不能认为道德问题不会危及企业生存。在金融和财务领域的道德问题已经成为世界关注的焦点之一,许多公司和银行的破产都与不道德的理财行为有关。道德上的错误在金融和财务领域里是不可原谅的。首先,不道德的行为可能导致企业失去信用,一旦失去信用,资本市场的交易就无法进行。其次,公众会对企业的道德行为失去信心,如内部交易丑闻、冒险投机、不胜任工作、不廉洁等,这些会使公司陷入丑闻危机。因此,财务道德与企业的生存和发展是相关的。

总之,企业目标和社会目标在许多方面是一致的。企业在追求自身目标时自然会使社会受益。例如,企业为了获利必须提高劳动生产率、改进产品质量和服务,从而提高社会效率和公众生活质量。但企业目标和社会责任也有不一致的地方,例如浪费能源、污染环境等。一般说来,企业只要依法经营,在谋求自身利益的同时就会使公众受益。但是,法律不可能解决所有问题,企业有可能在合法的情况下从事不利于社会的事情,企业还要受到商业道德的约束以及社会公众的舆论监督,只有进一步协调企业和社会的矛盾,才能促进经济和谐、有序、可持续的发展。

 **知识拓展** 1-1

公司治理的有关问题

现代企业制度的特点是所有权与经营权相分离。

一、两权分离理论

两权分离理论又称"伯利-米恩斯假说",它是指在现代股份公司的企业制度和经营机制下,管理者实际拥有企业的控制权和经营权;而所有者则只是依靠红利等来获得回报的资金提供者。股份有限公司的所有权与经营权分离是两权分离最典型的表现形式。

两权分离产生的原因有三个方面:

(1)生产集中性与资本分散性之间的矛盾;

(2)风险能力与经营能力的不对称,即愿意为了未来的预期利润而承担一定风险的资本所有者未必具有实现预期利润的经营能力;

(3)投资者分散风险的客观要求。

其实,两权分离就是所有者与经营者之间的分工与合作,所有者负责提供生产经营所需要的资本,而经营者则利用这些资本为所有者创造价值,并借此获得私人收益。

二、代理问题

一般来说,企业所有者(股东)与企业经营者(经理)的目标都是使自身利益最大化。但是,在两权分离的前提下,二者并不总是一致的,作为利己的理性经济人,公司管理层在决策过程中很自然地要考虑自己的特殊利益,股东财富最大化目标与管理层利益最大化之间必然存在着一定的矛盾。比如,通常企业经理一般不拥有公司股权或者只拥有小部分股权,这样当他进行在职消费时,自己不需要或者只需要支付部分支出,其余部分将由股东承担;那么,经理就有很大的意愿去增加不必要的在职消费,例如豪华办公室、高级轿车、已付费的俱乐部会员资格,等等。在这种情况下,代理问题就产生了,即经理为了自身利益不惜损害股东利益,二者目标出现了不一致。

在两权分离的情况下，经理人所做的投资决策可能并不一定能够使股东的财富最大化，他们可能更倾向于投资那些可以给自己带来更多好处的项目。

（1）偏好投资回报较快的项目，即经理的短视行为。经理人的货币收益与非货币收益（如声誉）一般只和其任期内的公司业绩有关，这就使得经理人在做投资决策时倾向那些有利于公司短期业绩提高的项目，即使这些项目在长期看来对公司是有害的。

（2）偏好风险小的项目。这是因为高风险项目一旦投资失败引起公司破产的话，将会使经理人付出高昂的私人成本，即他在经理人市场上的个人价值会出现大幅下降。

（3）偏好符合经理专长的投资。他可以通过这项投资使自己在公司的地位更加巩固，但是这个投资不一定符合公司利益，甚至会损害股东的利益。

第三节　财务管理工作环节

财务管理工作环节是指财务管理的工作步骤和一般程序。企业财务管理一般包括以下几个环节。

一、财务预测

财务预测是企业根据财务活动的历史资料（如财务分析），考虑现实条件与要求，运用特定方法对企业未来的财务活动和财务成果作出科学的预计或测算。财务预测是进行财务决策的基础，是编制财务预算的前提。

财务预测所采用的方法主要有两种：一是定性预测，是指企业缺乏完整的历史资料或有关变量之间不存在较为明显的数量关系下，专业人员进行的主观判断与推测。二是定量预测，是指企业根据比较完备的资料，运用数学方法，建立数学模型，对事物的未来进行的预测。实际工作中，通常将两者结合起来进行财务预测。

财务预测的环节包括以下几步：

（1）明确预测对象和目标。

（2）收集和整理资料。根据预测对象和目标有针对性地搜集有关资料，检查资料的可靠性、完整性和典型性，排除偶发因素对资料的影响，还要对各项资料进行必要的归类、汇总和调整，使资料符合预测需要。

（3）建立预测模型进行预测，确定预测值。按照预测的对象，找出影响预测对象的一般因素及其相互关系，建立相应的预测模型，对预测对象的发展趋势和水平进行定量描述，以此获得预测结果。

（4）验证预测结果。为了使预测结果符合预期要求，在定量分析的基础上，还需要对定量预测的结果进行必要的定性分析和论证，做出必要的调整，这样就可以获得精确度较高的预测资料，为决策提供依据。

二、财务决策

财务决策是指财务人员在财务目标的总要求下，运用专门的方法，从各种备选方案中选择最佳方案的过程。财务决策实质上是决定财务目标和实施方案的选优过程。在财务预测的基础上进行财务决策，而财务计划又是财务决策的具体化。它不是拍板决定的瞬间行为，而是提出问题、分析问题和解决问题的全过程。正确的决策可使企业起死回生，错误的决策可导致企业毁于一旦，所以财务决策是企业财务管理的核心，其成功与否直接关系到企业的兴衰成败。

财务决策的内容非常广泛，一般包括融资决策、投资决策、股利决策和其他决策。融资决策主要解决如何以最小的资本成本取得企业所需要的资本，并保持合理的资本结构的问题，包括确定融资渠道和方式、融资数量与时间、融资结构比例关系等；投资决策主要解决投资对象、投资数量、投资时间、投资方式和投资结构的优化选择问题；股利决策主要解决股利的合理分配问题，包括确定股利支付比率、支付时间、支付数额等；其他决策包括企业兼并与收购决策、企业破产与重组决策等。

财务决策的基本程序包括：

（1）根据预测信息确定决策目标；

（2）提出解决问题的备选方案；

（3）分析、评价、对比各种方案；

（4）拟订择优标准，选择最佳方案。

财务决策的技术方法有确定性决策方法、不确定性决策方法和风险决策方法三种。

三、财务预算

财务预算是指企业运用科学的技术手段和数量方法，对未来财务活动的内容及指标进行综合平衡与协调的具体规划。财务预算是以财务决策确立的方案和财务预测提供的信息为基础编制的，是财务预测和财务决策的具体化，是财务控制和财务分析的依据，贯穿企业财务活动的全过程。财务预算的一般程序如下：

（1）分析财务环境，确定预算指标。根据企业的外部宏观环境和内部微观状况，运用科学的方法，分析与所确定经营目标有关的各种因素，按照总体经济效益的原则，确定主要的预算指标。

（2）协调财务能力，组织综合平衡。合理安排企业的人力、物力和财力，使之与企业经营目标要求相适应，使资金运用同资金来源平衡、财务收入与财务支出平衡。

（3）选择预算方法，编制财务预算。以经营目标为中心，编制企业的财务预算，并检查各项有关的预算指标是否密切衔接、协调平衡。

财务预算是企业全面预算体系的重要组成部分。企业全面预算体系包括特种决策预算、日常业务预算和财务预算三大类。特种决策预算是不经常发生的一次性业务的预算，又称为资本支出预算，其主要是针对企业长期投资决策编制的预算，如厂房扩建预算、购建固定资产预算等；日常业务预算是与企业日常经营业务直接相关的预算，如销售预算、生产预算、直接材料预算、直接人工预算、制造费用预算、产品生产成本预算、销售及管理费用预算等；财务预算是企业在计划期内预计现金收支、经营成果和财务状况的预算，也称为总预算，主要包括现金预算、预计利润表、预计资产负债表等。

四、财务控制

财务控制就是依据财务计划目标，按照一定的程序和方法，发现实际偏差并纠正偏差，确保企业及其内部机构和人员全面实现财务计划目标的过程。在企业经济控制系统中，财务控制是一种连续性、系统性和综合性最强的控制，也是财务管理经常进行的工作。财务控制是由确定控制目标、建立控制系统、信息传递和反馈、纠正实际偏差所组成的完整控制体系。实行财务控制是落实财务预算、保证预算实现的有效措施，也是责任绩效考评与奖惩的重要依据。

财务控制的一般程序如下：

(1) 确定控制目标，一般可以按照财务计划指标确定。

(2) 建立控制系统，即按照责任制度的要求，落实财务控制目标的责任单位和个人，形成从上到下、从左到右的纵横交错的控制组织。

(3) 信息传递和反馈，财务控制系统是一个双向流动的信息系统，它不仅能够自下而上地反馈财务计划的执行情况，也能够自上而下地传递调整财务计划偏差的要求。

(4) 纠正实际偏差，即根据信息反馈，及时发现实际脱离计划的情况，分析原因，采取措施加以纠正，以保证财务计划的完成。

五、财务分析

财务分析是根据企业核算资料，运用特定方法，对企业财务活动过程及其结果进行分析和评价的一项工作。财务分析既是本期财务活动的总结，也是下期财务预测的前提，具有承上启下的作用。通过财务分析，可以掌握企业财务预算的完成情况，评价财务状况，研究和掌握企业财务活动的规律，改善财务预测、财务决策、财务预算和财务控制，提高企业财务管理水平。同时，也便于企业投资者、债权人和其他财务信息使用者做出正确的决策。

财务分析从不同的角度有不同的分类，根据分析的内容，可分为偿债能力分析、营运能力分析、盈利能力分析、发展能力分析和综合分析；根据分析的方法，可分为纵向分析和横向分析等。企业可根据需要，选择适合企业自身需要的分析方法组成财务分析方法体系。

财务分析的一般步骤如下：

(1) 占有资料，掌握信息。开展财务分析首先应充分占有有关资料和信息。财务分析所用的资料通常包括财务预算等计划资料、本期财务报表等实际资料、财务历史资料以及市场调查资料。

(2) 指标对比，揭露矛盾。对比分析是揭露矛盾、发现问题的基本方法。财务分析要在充分占有资料的基础上，通过数量指标的对比来评价企业业绩，发现问题，找出差异。

(3) 分析原因，明确责任。影响企业财务活动的因素，有生产技术方面的，也有生产组织方面的；有经济管理方面的，也有思想政治方面的；有企业内部的，也有企业外部的。这就要求财务人员运用一定的方法从各种因素的相互作用中找出影响财务指标的主要因素，以便分清责任，抓住关键。

(4) 提出措施，改进工作。要在掌握大量资料的基础上，去伪存真，去粗取精，由此及彼，由表及里，找出各种财务活动之间以及财务活动同其他经济活动之间的本质联系，然后提出改进措施。提出措施，应当明确具体，切实可行，并通过改进措施的落实，推动企业财务管理的发展。

财务分析常用的方法有比较分析法、因素分析法、比率分析法和综合分析法。

财务分析的具体内容将在本书第九章进行详细的讲述。

第四节　财务管理的原则

财务管理的原则，也称理财原则，是指人们对财务活动的共同的、理性的认识，又称理财理念。财务管理人员必须始终牢记这些基本理念并贯穿于实际工作过程之中。下面我们举例说明树立财务管理理念的必要性。

知识拓展 1-2

一个久远的传说

很久很久以前，一个主人雇了三位忠实的仆人。有一次，主人要出远门，时间大约一年，他把自己的全部积蓄(30 枚金币)交给了三位仆人，每人 10 枚。一年后，当主人回到家里时，三位仆人分别对自己的理财做了如下汇报。

A 仆人：我把金币埋在一个很安全的地方，现在完好无损。

B 仆人：我把金币借给了别人，现在连本带利共有 12 枚。

C 仆人：我用金币去做生意，现在共有 14 枚。

哪位仆人值得赞扬？

这是一个关于理财理念的问题，不同的理财理念就会有不同的决策，有不同的结果。B 仆人和 C 仆人的投资风险不同，收益也不同；当然 A 仆人的做法不值得赞赏。

理财原则具有如下特征：

(1) 理财原则是财务假设、概念和原理的推论，它们是经过论证的、合乎逻辑的结论，具有理性认识的特征。

(2) 理财原则必须符合大量观察和事实，被多数人所接受。理财理念有不同的流派和争论，甚至存在完全相反的理论，它们被现实反复证明并被大多数人接受，具有共同认识的特征。

(3) 理财原则是财务交易和财务决策的基础。财务管理实务是应用性的，"应用"是指理财原则的应用。各种财务管理程序和方法，是根据理财原则建立的。

(4) 理财原则为解决新的问题提供指引。已经开发出来的、被广泛应用的程序和方法，只能解决常规问题，当问题不符合任何既定程序和方法时，原则为解决新问题提供预先的感性认识，指导人们寻找解决问题的方法。

(5) 原则不一定在任何情况下都绝对正确。原则的正确性与应用环境有关，在一般情况下它是正确的，而在特殊情况下不一定正确。

一、竞争环境的原则

1. 自利行为原则

自利行为原则依据是理性的经济人的假设。人们对每一项交易都会衡量其代价和利益，并选择对自己最有利的方案来行动；企业决策人对企业目标具有合理的认识程度，且对如何达到目标具有合理的理解；自利并不认为钱是任何人生活中最重要的东西，也不认为钱以外的东西都是不重要的，而是说在"其他条件都相同时"，所有财务交易参与者都会选择对自己经济利益最大的行动。例如，只有在风险(以及其他条件)相同时，人们才会选择收益更高的投资项目。

自利行为原则一个重要的应用是委托代理理论和机会成本的理论。(关于机会成本是指采用一个方案而放弃另一个方案时，被放弃方案的最大净收益是被采用方案的机会成本，也称择机代价。)

2. 双方交易原则

双方交易的原则也就是在交易时要考虑对方是和你一样进行决策的。其建立的依据是商业交易至少有两方、交易是"零和博弈"以及各方都是自利的。但为什么还会成交呢，主要是信息的不对称，如股票的交易。理解财务交易时不能"以我为中心"，在谋求最大利益的同时要考虑对方的存在，如收购公司有时会造成收购公司的股价下跌等。还要考虑税收的影响，因为税收的存在造成交易表现的"非零和博弈"。

3. 信号传递原则

信号的传递原则要求根据公司的行为判断它未来的收益状况(例如：① 经常大量配股的公司可能自身的现金产生能力较差；② 大量购买国库券的公司可能缺少净现值为正数的投资机会；③ 内部持股人出售股份，常常是公司盈利能力恶化的重要信号)。在决策时还要求公司在决策时不仅要考虑行动方案本身，还要考虑该项行动可能给人们传达的信息，也就是交易的信息效应。

4. 引导原则

引导原则是指当所有的方法都失败时，寻找一个可以信赖的榜样作为自己的引导。在我们的理解能力存在局限性，不知道如何去做对自己更有利或者寻找最准确的答案成本过高，以至于不值得将问题搞清楚的情况下，引导原则不会帮你找到最好的方案，却常常可以使你避免采取最差的行动。它是一个次优化的标准，其最好的结果是得出近似最好的结论，最差的结果是模仿了别人的错误。引导原则的一个重要应用是"行业标准"和"自由跟庄"的概念。

二、创造价值的原则

1. 比较优势原则

比较优势原则是指专长能创造价值。依据是分工合理，每个人都去做最适合的工作，社会经济效率才会提高。应用是优势互补，要求企业将主要精力放在自己的比较优势上，而不是日常运用。

2. 净增效益原则

净增效益原则是指财务决策建立在净增效益的基础上，一项决策的价值取决于它和替代方案相比所增加的净收益。应用的领域是差额分析法，也就是在分析投资方案时只分析有区别的部分，而省略其相同的部分。另一个应用是"沉没成本的概念"。

3. 期权原则

期权是一种选择权，是一种不附带义务的权利，有权选择做还是不做。期权具有经济价值，有时一项资产附带的期权比该资产本身更有价值。

4. 有价值的创意原则

新创意能获得超过必要收益率(等风险投资的预期收益率)的额外报酬,即净现值大于零。时代与技术的发展要求我们不断创新,比如网络财务下的新财务问题、知识经济下的新财务问题等。随着财务资本向知识资本扩展,个性化生产对资本配置和利用提出了挑战,出现了人力资本、无形资产、风险投资等新的理财领域,需要不断探索,所以财务管理要有创新的观念。

三、财务交易的原则

1. 风险-报酬权衡原则

风险-报酬权衡原则说明风险和报酬有一个对等的关系。投资人必须对报酬和风险作出权衡,为追求较高报酬而承担较大风险,或者为减少风险而接受较低的报酬。风险是客观存在的。进行任何一项财务活动都有风险,企业在承担风险的同时就需要有额外的收益作为补偿。不同项目的风险和收益各不相同,高风险的项目,其预期收益率也比较高;低风险的项目,其预期收益率也比较低。比如股票投资的风险性较高,同时其期望收益率也较高;而银行存款的安全性和流动性较高,但期望收益率也低。所以,财务决策要在收益与风险之间进行权衡,寻求一个合理的风险溢价。

值得注意的是,风险与收益权衡观念指的是预期的风险和预期的收益,而并非实际的风险和收益。由于信息本身是不完全的,或者说获得完全信息的成本太高,因此人们能够预期未来的结果,而不能预先得知未来实际发生的结果。如果人们能够完全知晓未来实际发生的结果,也就不会存在风险与收益之间的权衡了。

2. 资本市场有效原则

资本市场有效原则是指交易的金融资产价格反映了所有的可获得的信息,而且对全面的新信息完全能够迅速地做出调整。它要求在理财时重视市场对企业的估价。市场有效原则要求理财时慎重使用金融工具,如果资本市场是有效的,购买或出售金融工具的交易的净现值就为零。公司作为从资本市场上取得资金的一方,不要企图通过筹资获取正的净现值(增加股东财富),应靠生产性投资增加股东财务。在资本市场上,只获得与投资风险相称的报酬,也就是与资本成本相同的报酬,不会增加股东财富。在资本市场上获得超额收益,靠的是能力而不是运气。

3. 资金时间价值原则

资金时间价值原则是指在进行财务计量时要考虑资金时间价值因素,它是指资金在经过一定时间的投资和再投资所增加的价值。今天的 100 元与一年以后的 100 元价值是不相等的,今天的 100 元比一年以后的 100 元更值钱,我们也就更愿意持有今天的 100 元。因为我们持有今天的 100 元,可以投资于股票或债券,也可以存入银行,一年以后所获得的本金加利息收入必定大于 100 元。也就是说,今天的 100 元在这一年期间若能够有效经营,是可以获得增值的。另外,今天的 100 元钱是确定的,而一年后的 100 元钱却具有不确定性。经济学中资金的时间价值常常用机会成本来表示。在企业财务管理中,为了衡量企业价值,通常把项目未来的现金流入量和现金流出量换算到同一个时期进行对比,考虑资金时间价值这个机会成本。

树立资金时间价值观念对于财务管理人员具有重要的意义。实现企业价值最大化的财务管理目标，以及在进行筹资决策、投资决策和股利分配决策中都应该充分考虑资金的时间价值。尽量做到早收晚付。

4. 投资分散化原则

不要把全部财富投资于一个项目，而要分散投资。该原则的依据是投资组合理论，就是若干种股票组成的投资组合，其收益是这些股票收益的加权平均数，但其风险要小于这些股票的加权平均风险，所以投资组合能降低风险。该原则不仅仅适用于证券投资，公司各项决策都应注意分散化原则。

5. 守法、诚信原则

守法、诚信是做人的基本道德观，企业财务人员必须树立守法诚信观念，诚信为本，操守为重。让我们来看看被证监会处罚的红光实业郑百文的"诚信观"。1997年成都红光实业股份有限公司在上市前隐瞒1996年亏损5377.8万元的事实，并通过改变折旧方法、虚开增值税专用发票、虚报利润等手段虚构利润1.57亿元包装上市。郑州百文股份有限公司（郑百文）采取上市前虚提红利、少计费用、费用跨期入账等手段，虚增利润1908万元，据此制作虚假上市材料；上市后三年采取虚提返利、费用挂账、无依据冲减成本费用、费用跨期入账等手段，虚增利润1.439亿元。红光实业、郑百文弄虚作假，既损害了投资者利益，也使企业自身受到损害。

第五节　财务管理的环境

企业的财务管理环境又称理财环境，是指对企业财务活动和财务管理产生影响作用的企业内外部各种条件的统称。对企业财务管理环境的系统研究，是企业进行财务管理决策的基础，是保证财务管理正确决策的前提，也有助于财务管理理论的发展和以正确的理论指导实践。财务管理环境是企业财务决策难以改变的约束条件，企业财务决策更多的是适应它们的要求和变化。按财务管理环境涉及的范围，可将财务管理环境分为宏观环境和微观环境。本书主要对宏观环境进行说明。宏观环境是指在宏观范围内普遍作用于各个部门、各个地区，对各类企业的财务活动均产生重要影响的各种条件，其中最重要的是经济环境、法律环境和金融环境。

一、经济环境分析

影响财务管理的经济环境因素主要有经济周期、经济发展状况、政府的经济政策、通货膨胀和市场竞争等。

1. 经济周期

市场经济条件下，经济发展与运行带有一定的波动性，大体上经历了复苏、繁荣、衰退和萧条几个阶段的循环，这种循环叫做经济周期。在不同的经济周期，企业应相应采用不同的财务管理策略。在西方国家经济周期是人所共知的现象，经济学家们曾对此作了一系列探讨，并提出了经济周期中不同阶段的经营理财策略。现择其要点归纳如表1-2所示。

表 1-2　经济周期中的财务管理策略

复　苏	繁　荣	衰　退	萧　条
1. 增加厂房设备	1. 扩充厂房设备	1. 停止扩张	1. 建立投资标准
2. 实行长期租赁	2. 继续建立存货	2. 出售多余设备	2. 保持市场份额
3. 建立存货	3. 提高产品价格	3. 停产不利产品	3. 压缩管理费用
4. 开发新产品	4. 开展营销规划	4. 停止长期采购	4. 放弃次要利益
5. 增加劳动力	5. 增加劳动力	5. 削减存货	5. 削减存货
		6. 停止扩招雇员	6. 裁减雇员

我国的经济发展与运行也呈现其特有的周期特征,带有一定的经济波动。企业的筹资、投资和资产运营等理财活动都要受这种经济波动的影响,比如在治理紧缩时期,社会资金十分短缺,利率上涨,会使企业的筹资非常困难,甚至影响到企业的正常生产经营活动。相应地企业的投资方向会因为市场利率的上涨而转向本币存款或贷款。此外,由于国际经济交流与合作的发展,西方的经济周期影响也不同程度地波及我国。因此,企业财务人员必须认识到经济周期的影响,掌握在经济发展波动中的理财本领。

2. 经济发展状况

经济发展的速度对企业理财有重大影响。近几年,我国经济增长比较快。企业为了跟上这种发展并在其行业中维持它的地位,至少要有同样的增长速度。企业要相应增加厂房、机器、存货、工人、专业人员等。这种增长,需要大规模地筹集资金,需要财务部门借入巨额款项或增发股票,筹措并分配足够的资金,用以调整生产经营。因此,企业财务管理工作者必须积极探索与经济发展水平相适应的财务管理模式。

3. 政府的经济政策

由于我国政府具有较强的调控宏观经济的职能,其制定的国民经济发展规划、国家的产业政策、经济体制改革的措施、政府的行政法规等,对企业的财务活动都有重大影响。国家对某些地区、某些行业、某些经济行为的优惠、鼓励和有利倾斜构成了政府经济政策的主要内容。从反面来看,政府经济政策也是对另外一些地区、行业和经济行为的限制。企业在财务决策时,要认真研究政府的经济政策,按照政策导向行事,只有这样才能趋利除弊。

4. 通货膨胀

通货膨胀不仅对消费者不利,给企业理财也带来很大困难。企业对通货膨胀本身无能为力,只有政府才能控制。企业为了实现期望的报酬率,必须调整收入和成本;同时,使用套期保值等办法减少损失,如提前购买设备和存货、买进现货卖出期货等,或者相反。

5. 市场竞争

竞争广泛存在于市场经济之中,任何企业都不能回避。企业之间、各产品之间、现有产品和新产品之间的竞争,涉及设备、技术、人才、推销、管理等各个方面。竞争能促使企业用更好的方法来生产更好的产品,对经济发展起推动作用。对企业来说,竞争既是机会,也是威胁。为了改善竞争地位,企业往往需要大规模投资,成功之后企业盈利增加,但若投资失败，则竞争地位更为不利。

二、法律环境分析

财务管理的法律环境是指企业和外部发生经济关系时所应遵守的各种法律、法规和规章。企业在其经营活动中，要和国家、其他企业或社会组织、企业职工或其他公民，及国外的经济组织或个人发生经济关系。国家管理这些经济活动和经济关系的手段包括行政手段、经济手段和法律手段三种。在市场经济条件下，行政手段正逐步减少。而经济手段，特别是法律手段日益增多，越来越多的经济关系和经济活动的准则用法律的形式固定下来。同时，众多的经济手段和必要的行政手段的使用，也必须逐步做到有法可依，从而转化为法律手段的具体形式，真正实现国民经济管理的法制化。企业的理财活动，无论是筹资、投资还是利润分配，都要和企业外部发生经济关系。在处理这些经济关系时，应当遵守有关的法律规范。

1. 企业组织法律规范

企业组织必须依法成立。组建不同的企业，要依照不同的法律规范。它们包括《中华人民共和国公司法》（以下简称《公司法》）、《中华人民共和国全民所有制工业企业法》、《中华人民共和国外资企业法》、《中华人民共和国中外合资经营企业法》、《中华人民共和国中外合作经营企业法》、《中华人民共和国个人独资企业法》、《中华人民共和国合伙企业法》等。这些法律规范既是企业的组织法，又是企业的行为法。例如，《公司法》对公司企业的设立条件、设立程序、组织机构、组织变更和终止的条件和程序等都作了规定，包括股东人数、法定资本的最低限额、资本的筹集方式等。只有按其规定的条件和程序建立的企业，才能称为"公司"。《公司法》还对公司生产经营的主要方面做出了规定，包括股票的发行和交易、债券的发行和转让、利润的分配等。公司一旦成立，其主要的活动，包括财务管理活动，都要按照《公司法》的规定来进行。因此，《公司法》是公司制企业财务管理最重要的强制性法律规范，公司的理财活动不能违反该法律，公司的自主权不能超出该法律的限制。其他企业也要按照相应的企业法来进行其理财活动。从财务管理来看，非公司制企业与公司制企业有很大不同。非公司制企业的所有者，包括独资企业的业主和合伙企业的合伙人，要承担无限责任，他们占有企业的盈利（或承担损失），一旦经营失败，必须抵押其个人的财产，以满足债权人的要求。公司制企业的股东承担有限责任，经营失败时其经济责任以出资额为限，无论是股份有限公司还是有限责任公司，都是如此。

2. 税务法律规范

任何企业都有法定的纳税义务。有关税收的立法分为三类：所得税的法规、流转税的法规、其他地方税的法规。税负是企业的一种费用，会增加企业的现金流出，对企业理财有重要影响。企业无不希望在不违反税法的前提下减少税务负担。税负的减少，只能靠精心安排和筹划投资、筹资和利润分配等财务决策，而不允许在纳税行为已经发生时去偷税漏税。精通税法，对财务主管人员有重要意义。

3. 财务法律规范

财务法律规范主要是企业财务通则和财务制度。《企业财务通则》是各类企业进行财务活动、实施财务管理的基本规范。经国务院批准由财政部发布的《企业财务通则》，对以下问题做出了规定：建立资本金制度、固定资产的折旧、成本的开支范围、利润的分配等。财务制度是根据《企业财务通则》的规定，为适应不同行业的特点和管理要求，由财政部制定的行业规范。除上述法律规范外，与企业财务管理有关的其他经济法律规范还有许多，包括各种证券法律规范、结算法律规范、合同法律规范等。财务人员要熟悉这些法律规范，在守法的前提下完成财务管理的职能，实现企业的财务目标。

三、金融环境分析

企业总是需要资金从事投资和经营活动。而资金的取得，除了自有资金外，主要是从金融机构和金融市场取得。金融政策的变化必然影响企业的筹资、投资和资金运营活动。所以，金融环境是企业最为主要的环境因素之一。

（一）我国主要的金融机构

1. 银行

目前，我国银行主要有以下三种：

（1）中国人民银行。中国人民银行是我国的中央银行，它代表政府管理全国的金融机构和金融活动，经理国库。其主要职责是制定和实施货币政策，保持货币币值稳定；维护支付和清算系统的正常运行；持有、管理、经营国家外汇储备和黄金储备；代理国库和其他与政府有关的金融业务；代表政府从事有关的国际金融活动等。

（2）政策性银行。政策性银行是指由政府设立，以贯彻国家产业政策、区域发展政策为目的，不以盈利为目的的金融机构。政策性银行与商业银行相比，其特点在于：不面向公众吸收存款，而以财政拨款和发行政策性金融债券为主要资金来源，其资本主要由政府拨付；不以盈利为目的，经营时主要考虑国家的整体利益和社会效益；其服务领域主要是对国民经济发展和社会稳定有重要意义而商业银行出于盈利目的不愿筹资的领域；一般不普遍设立分支机构，其业务由商业银行代理。但是，政策性银行的资金并非财政资金，也必须有偿使用，对贷款也要进行严格审查，并要求还本付息、周转使用。我国目前有两家政策性银行，即中国进出口银行和中国农业发展银行。

（3）商业银行。商业银行是以经营存款、放款、办理转账结算为主要业务，以盈利为主要经营目标的金融企业。商业银行的建立和运行，受《中华人民共和国商业银行法》规范。我国的商业银行中工商银行、建设银行、中国银行和农业银行等四家银行由国家专业银行演变而来，现已全部完成股份制改造并上市。其他股份制商业银行，如中信银行、兴业银行、招商银行、交通银行等等，是1987年以后发展起来的，这些银行的股权结构各异，以企业法人入股和财政入股为主，个别银行有个人股权。股份制商业银行完全按商业银行的模式运作，服务比较灵活，业务发展很快。

2. 非银行金融机构

目前，我国的非银行金融机构主要有以下几种：

（1）保险公司：保险公司主要经营保险业务，包括财产保险、责任保险、保证保险和人身保险。目前，我国保险公司的资金运用被严格限制在银行存款、政府债券、金融债券和投资基金范围内。

（2）信托投资公司：信托投资公司主要是以受托人的身份代人理财。其主要业务有经营资金和财产委托、代理资产保管、金融租赁、经济咨询以及投资等。

（3）证券机构：证券机构是指从事证券业务的机构。包括：① 证券公司，其主要业务是推销政府债券、企业债券和股票，代理买卖和自营买卖已上市流通的各类有价证券，参与企业收购、兼并，充当企业财务顾问等；② 证券交易所，其主要业务是提供证券交易的场所和设施。制定证券交易的业务规则，接受上市申请并安排上市，组织、监督证券交易，对会员和上市公司进行监管等；③ 登记结算公司，其主要业务是办理股票交易中所有权转移时的过户和资金的结算。

（4）财务公司：财务公司通常类似于投资银行。我国的财务公司一般是由企业集团内部各成员单位入股，向社会募集中长期资金，为企业技术进步服务的金融股份有限公司。它的业务被限定在本集团内，不得从企业集团之外吸收存款，也不得对非集团单位和个人贷款。

（5）金融租赁公司：金融租赁公司是指办理融资租赁业务的公司组织，其主要业务有动产和不动产的租赁、转租赁、回租租赁等。

（二）金融性资产

金融性资产是指现金或有价证券等可以进入金融市场交易的资产。它们具有以下属性：

（1）流动性。流动性是指金融性资产能够在短期内不受损失地变为现金的属性。流动性高的金融性资产的特征是：① 容易兑现；② 市场价格波动小。

（2）收益性。收益性是指某项金融性资产投资收益率的高低。

（3）风险性。风险性是指某种金融性资产不能恢复其原投资价格的可能性。金融性资产的风险主要有违约风险和市场风险。违约风险是指由于证券的发行人破产而导致永远不能偿还的风险；市场风险是指由于投资的金融性资产的市场价格波动而产生的风险。

上述三种属性相互联系、互相制约，流动性和收益性成反比，收益性和风险性成正比。现金的流动性最高，但持有现金不能获得收益。股票的收益性好，但风险大。政府债券的收益性不如股票，但其风险小。企业在投资时，期望流动性高、风险小而收益高，但实际上很难找到这种机会。

（三）金融市场

1. 金融市场的含义与功能

金融市场是资金供应者和资金需求者双方通过金融工具进行交易的场所。广义的金融市场，是指一切资本流动的场所，包括实物资本和货币资本的流动。广义金融市场的交易对象包括货币借贷、票据承兑和贴现、有价证券的买卖、黄金和外汇买卖、办理国内外保险、生产资料的产权交换等。狭义的金融市场一般是指有价证券市场，即股票和债券的发行和买卖市场。金融市场的主要功能有三项：

（1）金融市场是企业投资和筹资的场所。金融市场上有许多种筹集资金的方式，并且比较灵活。企业需要资金时，可以到金融市场选择适合自己需要的方式筹资。企业有了剩余的资金，也可以灵活选择投资方式，为其资金寻找出路。

（2）通过金融市场企业可以实现长短期资金的互相转化。企业持有的股票和债券是长期投资，在金融市场上随时可以转手变现，成为短期资金；远期票据通过贴现，可以变为现金；大额可转让定期存单，可以在金融市场卖出，成为短期资金。与此相反，短期资金也可以在金融市场上转变为股票、债券等长期资产。

（3）金融市场可以为企业理财提供有价值的信息。金融市场的利率变动，反映资金的供求状况。有价证券市场的行市，反映投资人对企业的经营状况和盈利水平的评价。这些是企业经营和投资的重要依据。银行利率的波动，以及与此相关的股票和债券价格的波动，既给企业以机会，也是对企业的挑战。在为过剩资金选择投资方案时，利用这种机会可以获得营业以外的额外收益。例如，在购入长期债券后，由于市场利率下降，按固定利率计息的债券价格上涨，企业可以出售债券获得较预期更多的现金流入。当然，如果出现相反的情况，企业将会蒙受损失。在选择筹资来源时，情况与此类似。在预期利率将持续上升时，以当前较低的利率发行长期债券，可以节省资金成本。当然，如果后来事实上利率下降了，企业要承担比市场利率更高的资金成本。

2. 金融市场的分类和组成

金融市场按交易的期限划分为短期资金市场和长期资金市场。短期资金市场是指期限不超过一年的资金交易市场，因为短期有价证券易于变成货币或作为货币使用，所以也叫货币市场。长期资金市场是指期限在一年以上的股票和债券交易市场，因为发行股票和债券主要用于固定资产等资本货物的购置，所以也叫资本市场。

金融市场按交割的时间划分为现货市场和期货市场。现货市场是指买卖双方成交后，当场或几天之内买方付款、卖方交出证券的交易市场。期货市场是指买卖双方成交后，在双方约定的未来某一特定的时日才交割的交易市场。

金融市场按交易的性质分为发行市场和流通市场。发行市场是指从事新证券和票据等金融工具买卖的转让市场，也叫初级市场或一级市场。流通市场是指从事已上市的旧证券或票据等金融工具买卖的转让市场，也叫次级市场或二级市场。

金融市场按交易的直接对象分为同业拆借市场、国债市场、企业债券市场、股票市场、金融期货市场等。

金融市场由主体、客体和参加人组成。主体是指银行和非银行金融机构，它们是金融市场的中介机构，是连接接资人和投资人的桥梁。客体是指金融市场上的买卖对象，如商业票据、政府债券、公司股票等各种信用工具。金融市场的参加人是指客体的供给者和需求者，如企业、事业单位、政府部门、城乡居民等。

3. 金融市场上利率的决定因素

在金融市场上，利率是资金使用权的价格，具体一点说是金融市场上资金的购买价格，其可用下式表示：

$$利率 = 纯粹利率 + 通货膨胀附加率 + 风险附加率$$

（1）纯粹利率。纯粹利率是指没有通货膨胀、没有风险情况下的社会平均资金利润率。例如，在没有通货膨胀时，国库券的利率可以视为纯粹利率。纯粹利率的高低，受社会平均利润率、资金供求关系和国家调节的影响。

首先，利息是利润的一部分，所以利息率依存利润率，并受社会平均利润率的制约。一般说来，利息率随社会平均利润率的提高而提高。利息率的最高限不能超过社会平均利润率，否则，企业无利可图，不会借入款项；利息率的最低界限应大于零，不能等于或小于零，否则提供资金的人不会拿出资金。至于利息率占社会平均利润率的比重，则决定于金融业和工商业之间的竞争结果。其次，在社会平均利润率不变的情况下，金融市场上的供求关系决定了市场利率水平。在经济高涨时，资金需求量上升，若供应量不变，则利率上升；在经济衰退时正好相反。再次，政府为防止经济过热，通过中央银行减少货币供应量，则资金供应减少，利率上升；政府为刺激经济发展，增加货币发行，则情况相反。

（2）通货膨胀附加率。通货膨胀使货币贬值，投资者的真实报酬下降。因此投资者在把资金交给借款人时，会在纯粹利息率的水平上再加上通货膨胀附加率，以弥补通货膨胀造成的购买力损失。因此，每次发行国库券的利息率随预期的通货膨胀率的变化而变化，它等于纯粹利息率加预期通货膨胀率。

（3）风险附加率。投资者除了关心通货膨胀率以外，还关心资金使用者能否保证他们收回本金并取得一定的收益。这种风险越大，投资人要求的收益率越高。实证研究表明，公司长期债券的风险大于国库券，要求的收益率也高于国库券；普通股票的风险大于公司债券，要求的收益率也高于公司债券；小公司普通股票的风险大于大公司普通股票，要求的收益率也大于大公司普通股票。风险越大，要求的收益率也越高，风险和收益之间存在对应关系。风险附加率是投资者要求的除纯粹利率和通货膨胀之外的风险补偿。

本 章 小 结

一、理论梳理

（1）企业财务活动包括资本筹集、资本投放、资本收益的分配。财务管理就是组织企业财务活动、处理财务关系的一项管理工作，具有价值性、综合性特征，在现代企业管理中居于十分重要的地位。财务管理的内容包括融资管理、投资管理、营运资金管理和收益分配管理，每一项管理工作都有具体的管理任务和管理方法。

（2）财务管理的基本目标是企业价值最大化，在基本目标制约下，还追求一些具体目标，包括资本结构最优化、资本有效利用、财务利益均衡及社会责任目标。在实现这一目标的过程中，应协调好所有者与经营者、所有者与债权人之间的关系，并履行企业的社会责任。

（3）财务管理工具主要有财务预测、财务决策、财务计划、财务控制和财务分析，它们构成了一个财务循环系统，其中财务决策是财务管理的核心。

（4）企业财务管理原则包括竞争环境的原则、创造价值的原则和财务交易的原则。财务管理人员必须始终牢记这些基本观念并将其贯穿于实际工作过程之中。

（5）财务管理的环境主要包括经济环境、法律环境和金融市场环境等，企业理财工作只有适应环境的变化与要求，才能实现财务管理的目标。

本章理论梳理如图1-2所示。

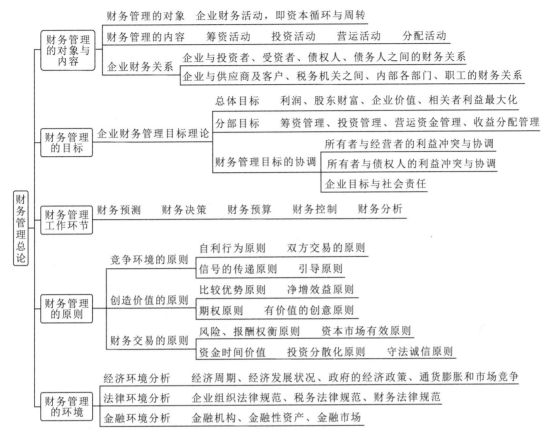

图1-2　本章理论梳理

二、知识检测

(1) 企业财务活动和财务关系包括的具体内容有哪些？

(2) 如何评价关于财务管理目标的几种观点？

(3) 为什么"企业价值最大化"是现代企业财务管理目标的合理选择？

(4) 财务管理工作的环节有哪些？

(5) 简述影响企业财务管理的环境因素。

三、案例分析

财务经理如何适应信息时代的企业竞争

过去，财务活动仅仅要求财务经理懂得会计和财务的专业知识，能独立承担投资、融资和营运资本管理等决策。而信息时代，财务活动则要求财务经理能在财务和会计部门职责之外更多地发挥作用。它要求财务经理将复杂的财务数据与具体的业务(如营销、信息技术和经营等)部门人员沟通，以便共同努力找到对具体业务问题的创造性解决方案。因此，财务经理花在编制报表和提供报告上的时间将越来越少，而花在通过分析促进企业价值增长上的时间则越来越多。这种新型的财务活动要求财务经理成为企业业务合作者甚至是企业战略合作者。那么，公司的财务经理如何由传统的着重于财务数据处理的"计数专家"成为企业业务的合作者和战略合作者呢？

首先，财务经理要转变思想观念，认识到自己要由财务信息的搜集者与提供者转变为信息的解释者和咨询者，自己的职责要以提供多项任务和交易导向活动的信息为主向，为具体业务部门提供更多决策支持和信息分析转变。因此，财务经理的眼光不能像过去一样仅仅局限于财务与会计内部，而要拓展到整个企业，为企业制订短期和长期的计划提供重要帮助，如短期的收入提高和成本改善、长期的兼并或收购等。

其次，财务经理要对现有的财务运行系统包括硬件和软件进行转换和升级，以便与其他业务部门形成合作项目小组，参与业务决策。由于这种复杂业务决策受到较多的外部因素的影响，具有很大的不确定性，因此，要求财务经理不仅要谙熟财务与会计知识，还要了解业务，了解企业环境、经济环境和竞争环境等。这样，财务经理才能向业务部门描述即将做出的决策将对财务指标产生怎样的影响，企业资源将如何配置，哪些企业目标将不能实现，税收负担将产生怎样的变化等。财务经理要使这一合作决策取得成功，还必须具备较强的社交能力、倾听能力、演讲能力、交流能力、介绍能力、合作共事能力及分析能力等。

财务经理应与业务部门建立起充分信任的关系，并始终把自己作为合作团体中的一员。这样才能和其他部门一起帮助企业在现实的竞争环境中取得成功，并为捕捉业务发展机会、形成新的利润增长点打下良好的基础。

最后，财务经理要跟上信息技术更新的步伐。信息技术的发展促进了业务数据向决策信息转化，决策信息再向有用知识的转化。这是一个促进企业价值增长的过程，也是知识经济发展的必然结果。企业建立自己的电子商务网站和应用有效的财务软件，可以减少大量繁杂的重复性的人力劳动，降低人工费用，并使信息处理的速度和效率大大提高、可靠性更强。此外，财务经理借助于这些先进的信息处理技术，可以在复杂的环境中做出更加有效的战略决策，抢先占领市场，促进企业价值更快增长。

在我国，财务经理要适应信息时代的企业竞争，除了自身需要做出上述努力外，还需要有关方面创造一些外部条件。比如：企业的CEO(首席执行官)或总裁要充分认识财务部门的战略意义，对高级财务人员应充分给予机会，让他们了解企业的业务和战略决策；鼓励财务部门与业务部门进行沟通。对财务人员实施定期或不定期的培训，不仅应该引进国内高校或相关专业机构的智力资源，还应该引进国外的智力资源，促进财务人员的素质尽快提高。

（资料来源：江苏财经信息网　2013年7月
李寿喜《财务经理如何适应信息时代的企业竞争》）

问题：

（1）在激烈的竞争中企业高级财务人员的思想观念要怎样转变？

（2）你认为企业财务经理的职责是什么？

四、应用实训

1. 实训目标

了解中西方财务机构的设置，领会财务机构的职能。

目前我国的企业机构设置中，大多数是财务部门与会计部门合一，这不符合现代企业制度的要求。在大中型企业中应单独设置财务机构，行使财务管理职能。西方企业一般在主管财务的副总经理(财务总监)下设财务处和会计处,分别由财务长(Treasurer)和会计长(Controller)担任主管人员,见图1-3。

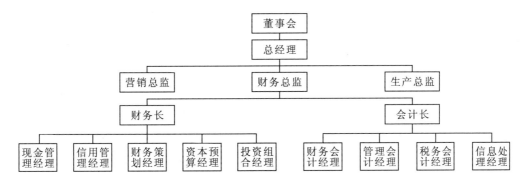

图1-3 西方企业财务机构

2. 实训要求

结合您身边的企业,讨论不同规模的企业设置什么样的财务机构更能发挥其财务管理的职能,哪些职能更有利于实现企业价值最大化。

第二章　财务管理的价值观念

【知识目标】

　　理解资金时间价值的含义、表现形式、计算对象和计算方法；掌握资金时间价值的计算，包括一次性收付款项终值和现值的计算；等额系列收付款项中复利年金终值与复利年金现值的计算；不等额系列收付款项的资金时间价值的计算；名义利率与实际利率的换算及利率（折现率）的推算；了解风险的含义、特征及其种类，掌握风险价值的计算及风险报酬的计算。

【能力目标】

　　掌握资金时间价值和风险价值的计算。

【案例导读】

　　某人想参加一个运动俱乐部，现有两个俱乐部可供选择，两个俱乐部除报价和条件不同，其余的运动内容和服务均相同。甲俱乐部报价 8000 元，押金 1 万元，资金需放到俱乐部的账户上冻结，待其退出俱乐部后奉还；乙俱乐部报价 10 000 元，不需押金。该怎么选择呢？如果选择甲，可以节省 2000 元现金，但前提是你要有闲置的资金去交押金；如果选择乙，则需多支付现金。这是个两难的选择。为什么会难以抉择，因为这里有资金时间价值的存在。

第一节　资金时间价值

一、资金时间价值概述

　　日常生活中，有这样一个浅显的道理：存在银行中的 100 元，假如银行存款年利率是 3%（不考虑风险和通货膨胀因素），1 年之后可以得到 103 元。这 100 元经过一年时间的投资增加了 3 元。换一句话讲，今天的 100 元钱和将来的 100 元钱不等值，资金在不同时点上，其价值是不一样的，这就是资金时间价值的作用。

（一）资金时间价值的含义

　　资金的时间价值也称为资金时间价值，是指在不考虑风险和通货膨胀条件下，资金在周转使用中由于时间因素而形成的差额价值。可以从以下三个方面来理解：

　　（1）资金时间价值是在不考虑风险和通货膨胀条件下形成的；

　　（2）资金时间价值的多少与时间的长短同方向变动；

　　（3）资金时间价值是资金在周转使用中形成的差额价值。

（二）资金时间价值的表现形式

　　资金的时间价值可以有两种表现形式：一是相对数，即时间价值率，简称利率，是指不考虑风险和通货膨胀时的社会平均资金利润率；二是绝对数，即时间价值额，简称利息额，是资金在再生产过程中带来的真实增值额，也就是一定金额的资金与利率的乘积。例如，购入 1000 元国库券，在不存在风险和通货膨胀的条件下，一年后获得本利和 1100 元，其中差额 100 元就是资金的时间价值，100 元的利息和 10% 的利率都是资金时间价值的表现形式。在财务管理实务中，更多地采用相对数来表示资金的时间价值，经济生活中经常提到的银行存款利率、贷款利率、国库券利率一般包括资金时间价值率、风险报酬率、通货膨胀率，当没有风险和通货膨胀时，银行存款利率、贷款利率、国库券利率等于资金时间价值率。

（三）资金时间价值的计算对象

从长期来看，人们衡量现金流量时，并不是不同时点现金流量的累加，而是考虑到资金时间价值的作用，要么对其计算终值，要么对其计算现值。所谓终值是指资金投入一定时期后，投入时的资金与资金增值的合计值，即俗称的本利和，是一个未来值。所谓现值是指投入时的资金，即俗称的本金。实际工作中，终值与现值的形式很多，既可以计算单利的终值与现值，也可以计算复利的终值与现值，还可以计算年金的终值与现值。

（四）资金时间价值的计算制度

资金时间价值的计算有两种制度，一是单利制，是指只就本金计算利息。当期利息不计入下期本金，从而不改变计息基础，各期利息额不变的计算制度；另一是复利制，是指不仅本金要计算利息，利息也要计算利息，当期未被支取的利息计入了下期本金，改变了计息基础，使每期利息递增，利上生利的计息制度，俗称"利滚利"。在扩大再生产条件下，企业运用资金所取得的收益往往要再投入经营周转中去（至少要存入银行，参加社会资金周转）不使之闲置。这一过程与按复利制的原理一致，因此，按复利计算和评价企业资金时间价值比使用单利制更合理。在西方国家及国际贸易惯例中，也按复利制计算资金时间价值，以反映资金不断运动，不断增值的规律。因此，在财务管理决策中考虑资金时间价值因素时，通常是按复利制计算的。

二、资金时间价值的计算

（一）一次性收付款项的终值与现值

一次性收付是指在某一特定时点上一次性收取（或支付）的款项。一次性收付的资金时间价值的计算包括终值和现值的计算。

为方便计算，符号设定如下：P 表示现值（也称本金或期初金额）；F 表示终值（也称本利和）；i 表示利率（没有特别说明时，一般是年利率。对于天利率可以按一年 360 天来换算，月利率、季利率或半年利率可以依此换算，在本节所有涉及资金时间价值的举例中，均假定是不考虑风险和通货膨胀的利率）；I 表示利息；n 表示计息期数（除非特别指明，一般一年按 360 天计算，一个季度按 90 天计算，一个月按 30 天计算，期数与利率要匹配）。

1. 单利及其计算

单利是只对本金计算利息，即资本无论期限长短，各期的利息都是相同的，本金所派生的利息不再加入本金计算利息。

（1）单利终值：一定量的资本在若干期以后包括本金和单利利息在内的未来价值。

单利终值的计算公式为

$$F = P + P \times n \times r = P \times (1 + n \times r)$$

单利利息的计算公式为

$$I = P \times n \times r$$

式中：P 是现值（本金）；F 是终值（本利和）；I 是利息；r 是利率；n 是计算利息的期数。

【例 2-1】 某人于 2021 年 1 月 1 日存入中国建设银行 10 000 元人民币，存期 5 年，存款年利率为 5%，到期本息一次性支付。则到期单利终值与利息分别为

$$单利终值 = 10\,000 \times (1 + 5 \times 5\%) = 12\,500（元）$$

$$利息 = 10\,000 \times 5\% \times 5 = 2500（元）$$

（2）单利现值：未来在某一时点取得或付出的一笔款项，按一定折现率计算的现在的价值。

单利现值的计算公式为

$$P = \frac{F}{1 + n \times r}$$

【例 2-2】 某人 3 年后将为其子女支付留学费用 300 000 元人民币，2021 年 3 月 5 日他将款项一次性存入中国银行，存款年利率为 4.5%。则此人至少应存款的数额为

$$P = \frac{300\,000}{1 + 3 \times 4.5\%} = 264\,317.18（元）$$

现值的计算与终值的计算是互逆的，由终值计算现值的过程称为折现，这时的利率称为折现率，相应的计息期数称为折现期数。

2. 复利的终值与现值

1）复利终值的计算

复利终值是指按复利计算方法，计算一定量的本金在若干期限以后的本利和。其计算公式为

$$F = P \times (1 + i)^n$$

式中，$(1 + i)^n$ 称为复利终值系数，也称一元的复利终值，记为 $(F/P, i, n)$。其实质是，不包含时间因素的一元资金 n 年后的价值。

【例 2-3】 某人将 10 000 元存入银行，若年利率为 8%，按复利计算，5 年后的本利和将为多少？

解
$$F = 10\,000 \times (1 + 8\%)^5 = 10\,000 \times (F/P, 8\%, 5)$$
$$= 10\,000 \times 1.4693 = 14\,693（元）$$

故 5 年后的本利和为 14 693 元。

在实际工作中，复利终值的计算主要有两种方法：

方法一是利用有统计功能的计算器确定复利终值系数，即计算 $(1 + i)$ 的 n 次幂。如上例，计算 $(1 + 8\%)$ 的 5 次幂，即 $(1 + 8\%)^5 = 1.469\,328$，然后再计算出复利终值 $F = 10\,000 \times 1.469\,328 = 14\,693.28$。

方法二是利用"复利终值系数表"（本书末附表一），查出复利终值系数，该表第一行是

利率 i，第一列是期数 n，$(1+i)^n$ 的值就在利率和期数的相交处。例如通过该表可以查出上例中 $(F/P, 8\%, 5) = 1.4693$，然后再计算出复利终值 $F = 10\ 000 \times 1.4693 = 14\ 693$，但该表通常只编制了整利率和整数期数的情况，如果利率为 8.25% 或期数为 5.5 年，则无法从表中查到。

2）复利现值的计算

复利现值是指按复利计算方法，计算未来一定量的资金的现时总价值，是复利终值的逆运算。其计算公式为

$$P = F \times (1+i)^{-n}$$

式中，$(1+i)^{-n}$ 称为复利现值系数，记为 $(P/F, i, n)$。

【例 2-4】　假设某人拟在 5 年后获得本利和 $100\ 000$ 元，用于支付房款，如果年利率为 6%，按复利计算。那他现在应存入银行多少钱？

解　　　　　$P = 100\ 000 \times (1+6\%)^{-5} = 100\ 000(P/F, 6\%, 5)$
　　　　　　　　$= 100\ 000 \times 0.7473 = 74\ 730$（元）

故现在应存入 $74\ 730$ 元。

在实际工作中，复利现值的计算同样有两种方法：

方法一是利用有统计功能的计算器确定复利现值系数，然后再计算出复利现值。

方法二是利用"复利现值系数表"（本书末附表二），查出复利现值系数，然后再计算出复利现值。

（二）等额系列收付款项中复利年金终值与复利年金现值

年金是指在一定时期内每隔相同时间（如一年）就发生相同数额的系列收入或支出的款项。

在现实经济生活中，分期等额形成或发生的各种偿债基金、折旧费、养老金、保险金、租金、等额分期收款或付款、零存整取储蓄存款中的零存数、整存零取储蓄存款中的零取金额、定期发放的固定奖金、债券利息和优先股股息以及等额回收的投资额以及定期等额归还的购房贷款等都属于年金的范畴。

年金又包括普通年金、预付年金、递延年金和永续年金。其中普通年金应用最为广泛，其他几种年金均可在普通年金的基础上推算出来。以后凡涉及年金问题若不特殊说明均指普通年金。

1. 普通年金终值

凡在每期期末发生的年金称为普通年金，又称后付年金、期末年金，用 A 表示。普通年金（复利）终值又可简称年金终值，是指各期普通年金 A 的终值之和，是按复利计息方法计算的各个相同间隔期末收到或付出的等额款项的未来总价值。普通年金终值的含义可用图 2-1 表示出来（设利率为 5%，共 4 年期）。图 2-1 中，0 指第一年年初，1、2、3、4 分别指第一至第四年年末，从第一年年末至第四年年末，每年末都收到或付出 100 元，至第四年年末，这一系列款项的本利之和共计 431.1 元，即该笔年金的终值。

如果年金的期数很多，用上述方法计算终值显然相当烦琐。由于每年支付额相等，折算终值的系数又是有规律的，所以，可找出简便的计算方法。

设每年的支付额为 A，利率为 i，期数为 n，则按复利计算的年金终值 F_A 为

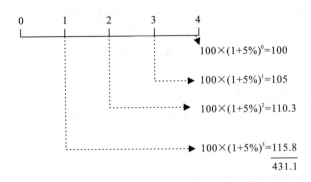

图 2-1 普通年金终值

$$F_A = A(1+i)^0 + A(1+i)^1 + A(1+i)^2 + A(1+i)^3 + \cdots + A(1+i)^{n-1}$$

等式两边同乘 $(1+i)$：

$$(1+i)F_A = A(1+i)^1 + A(1+i)^2 + A(1+i)^3 +$$
$$A(1+i)^4 + \cdots + A(1+i)^{n-1} + A(1+i)^n$$

上述两式相减：

$$(1+i)\,F_A - F_A = A(1+i)^n - AF_A = A\,\frac{(1+i)^n-1}{i}$$

式中的 $\dfrac{(1+i)^n-1}{i}$ 称为普通年金终值系数，也称一元年金终值，记作 $(F/A, i, n)$，其实质是不包含时间因素的一元年金 n 年后的币值。

【例 2-5】 弘达公司每年年末从税后利润中提取 10 000 元存入银行建立奖励基金，以备奖励有突出贡献的科研人员，若银行存款年利率为 5%，问 5 年后这笔基金共有多少元？

解 $\qquad F_A = A(F/A, 5\%, 5) = 10\ 000 \times 5.5256 = 55\ 256(元)$

在实际工作中，普通年金终值的计算同样有两种方法：

方法一是利用有统计功能的计算器确定普通年金终值系数，然后再计算出普通年金终值。

方法二是利用"普通年金终值系数表"（本书末附表三），查出普通年金终值系数，然后再计算出普通年金终值。

2. 年偿债基金

计算年金终值，一般是已知年金，然后求终值。有时我们会碰到已知年金终值，反过来求每年支付的年金数额，这是年金终值的逆运算，我们把它称作年偿债基金的计算，计算公式如下：

$$A = F_A \times \frac{i}{(1+i)^n - 1}$$

式中，$\dfrac{i}{(1+i)^n-1}$ 称作"偿债基金系数"，记为 $(A/F, i, n)$，可查偿债基金系数表，也可根据年金终值系数的倒数来得到，即：$(A/F, i, n) = 1/(F/A, i, n)$。利用偿债基金系数可把年金终值折算为每年需要支付的年金数额。

【例 2-6】 某人在 5 年后要偿还一笔 50 000 元的债务，银行利率为 5%。请问为归还这笔债务，每年年末应存入银行多少元。

解
$$A = F_A \times (A/F, i, n) = 50\,000 \times (A/F, 5\%, 5)$$
$$= 50\,000 \times [1/(F/A, 5\%, 5)] = 50\,000 \times \frac{1}{5.5256} = 9\,048.79(元)$$

在银行利率为 5% 时，每年年末存入银行 9 048.79 元，5 年后才能还清债务 50 000 元。

3. 普通年金现值

普通年金（复利）现值简称年金现值，是指各期普通年金 A 的现值之和，是按复利计息方法计算的若干相同间隔期末收到或付出的系列等额款项的现时总价值，可用图 2-2 表示出来（设利率为 5%，期数为 4）。

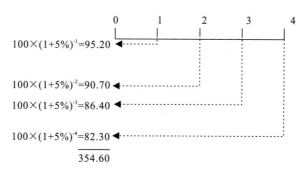

图 2-2 普通年金现值

图 2-2 中，0 表示第一年年初，1、2、3、4 分别表示第一至第四年年末，每年年末收到（付出）的 100 元，按复利现值的计算方法计算的现值之和共计 354.60 元，即为该笔 4 年期普通年金的现值。

同理，可找出简便的计算方法。设每年的支付额为 A，利率为 i，期数为 n，则按复利计算的年金现值 P_A 为
$$P_A = A(1+i)^{-1} + A(1+i)^{-2} + A(1+i)^{-3} + \cdots + A(1+i)^{-n}$$
等式两边同乘 $(1+i)$
$$(1+i)P_A = A + A(1+i)^{-1} + A(1+i)^{-2} + \cdots + A(1+i)^{-(n-1)}$$
上述两式相减：
$$(1+i)P_A - P_A = A - A(1+i)^{-n}$$
$$P_A = A\frac{1-(1+i)^{-n}}{i}$$

式中，$\dfrac{1-(1+i)^{-n}}{i}$ 称为普通年金现值系数，也称一元年金现值，记作 $(P/A, i, n)$，其实质是包含 n 年时间因素的一元年金，消除时间因素的影响后第 n 年的币值。

【例 2-7】 弘达公司计划现在存入一笔款项，以便在将来的 5 年内每年年终向有突出贡献的科研人员发放 50 000 元春节慰问金，若银行年利率为 5%，现在应存入的款项为多少？

解
$$P_A = 10\,000(P/A, 5\%, 5) = 50\,000 \times 4.329\,5 = 216\,475(元)$$

在实际工作中，普通年金现值的计算同样有两种方法：

方法一是利用有统计功能的计算器确定普通年金现值系数，然后再计算出普通年金现值。

方法二是利用"普通年金现值系数表"（本书末附表四），查出普通年金现值系数，然后再计算出普通年金现值。

4. 年回收额

上题是已知年金的条件下，计算年金的现值，也可以反过来在已知年金现值的条件下，求年金，这是年金现值的逆运算，可称作年回收额的计算，计算公式如下：

$$A = P_A \times \frac{i}{1 - (1+i)^{-n}}$$

式中，$\dfrac{i}{1 - (1+i)^{-n}}$ 称作"资本回收系数"，记作 $(A/P, i, n)$，是年金现值系数的倒数，可查资本回收系数表获得，也可利用年金现值系数的倒数来求得。

【例 2-8】 某人购入一套商品房，须向银行按揭贷款 100 万元，准备 20 年内于每年年末等额偿还，银行贷款利率为 5%。请问每年应归还多少元？

解　　$A = P_A \times (A/P, i, n) = 100 \times (A/P, 5\%, 20)$

$$= 100 \times \frac{1}{(P/A, 5\%, 20)} = 100 \times \frac{1}{12.4622} = 8.0243(万元)$$

5. 预付年金终值

凡在每期期初发生的年金称为预付年金，又称先付年金、即付年金、期初年金。其终值是指各期预付年金 A 的终值之和，是按复利计息方法计算的若干相同间隔期期初收到或付出的系列等额款项的未来总价值。预付年金终值可用图 2-3 表示出来（假设年利率为 5%，期数为 4）。

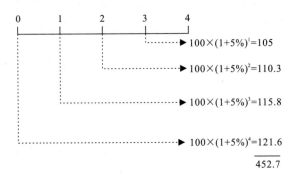

图 2-3　预付年金终值

图 2-3 中，0、1、2、3 分别指第一至第四年年初，从第一年年末至第四年年初，每年初都收到或付出 100 元，至第四年年初，这一系列款项的本利之和共计 452.7 元，即该笔年金的终值。

设每年的支付额为 A，利率为 i，期数为 n，则按复利计算的预付年金终值 F_A 为

$$F_A = A(1+i)^1 + A(1+i)^2 + A(1+i)^3 + \cdots + A(1+i)^n$$

等式两边同乘 $(1+i)$

$$(1+i)F_A = A(1+i)^2 + A(1+i)^3 + A(1+i)^4 + \cdots + A(1+i)^{n+1}$$

上述两式相减

$$(1+i)F_A - F_A = A(1+i)^{n+1} A(1+i)$$

得

$$F_A = A\left[\frac{(1+i)^{n+1} - 1}{i} - 1\right] = A \frac{(1+i)^n - 1}{i}(1+i)$$

式中，$\frac{(1+i)^{n+1}-1}{i}-1$ 是期数为 n，利率为 i 时一元预付年金的终值，称为预付年金终值系数。比较普通年金终值与预付年金终值的计算公式，可以看出，n 期预付年金终值系数就是 $n+1$ 期普通年金终值系数减去 1 之后的差额，与 n 期普通年金终值系数乘以 $(1+i)$ 的计算结果相同。预付年金终值系数 $(F/A, i, n+1)-1=(F/A, i, n)(1+i)$ 可通过查普通年金终值系数表，经过简单计算求得。

【例 2-9】　弘达公司出租一设备，每年年初可收到租金 10 000 元，若银行存款利率为 5%，问 5 年后，该笔租金的本利和共有多少？

解　　　　　　　　$F_A = 10\ 000 \times [(F/A, 5\%, 5+1)-1]$

　　　　　　　　　　　$= 10\ 000 \times (6.8019-1) = 58\ 019(元)$

或

　　　　　　　　$F_A = 10\ 000(F/A, 5\%, 5)(1+5\%)$

　　　　　　　　　　　$= 10\ 000 \times 5.5256 \times 1.05 = 58\ 018.8(元)$

6. 预付年金现值

预付年金现值是指各期预付年金 A 的现值之和，是按复利计息方法计算的若干相同间隔期期初收到或付出的等额系列款项的现时总价值。预付年金现值可用图 2-4 表示出来（设年利率 5%，期数为 4）。

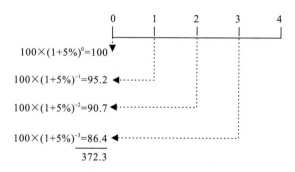

图 2-4　预付年金现值

图 2-4 中，0，1，2，3 分别表示第一至第四年年初。各年年初收（付）的等额系列款项，按复利现值计算方法计算的现值之和 372.3 元，就是这笔 4 年期预付年金的现值。

设每年的支付额为 A，利率为 i，期数为 n，则按复利计算的年金现值 P_A 为

$$P_A = A + A(1+i)^{-1} + A(1+i)^{-2} + A(1+i)^{-3}$$
$$+ \cdots + A(1+i)^{-(n-2)} + A(1+i)^{-(n-1)}$$

等式两边同乘 $(1+i)$

$$(1+i)P_A = A(1+i) + A + A(1+i)^{-1} + A(1+i)^{-2}$$
$$+ \cdots + A(1+i)^{-(n-3)} + A(1+i)^{-(n-2)}$$

上述两式相减

$$(1+i)P_A - P_A = A(1+i) - A(1+i)^{-(n-1)}$$

$$P_A = A\left[\frac{1-(1+i)^{-(n-1)}}{i}+1\right] = A\frac{1-(1+i)^{-n}}{i}(1+i)$$

式中，$\dfrac{1-(1+i)^{-(n-1)}}{i}+1$ 称为预付年金现值系数。可以看出，n 期预付年金现值系数就是 $n-1$ 期普通年金现值系数加上 1，与 n 期普通年金现值系数乘以 $(1+i)$ 的计算结果相同。预付年金终值系数 $(P/A,i,n-1)+1=(P/A,i,n)(1+i)$ 可通过查普通年金终值系数表，经过简单计算求得。

【例 2-10】　某人分期付款购买一部汽车，预计每年年初需付款 10 000 元，5 年付清，若银行年利率为 5%，问该部汽车相当于现在一次付款多少元？

解
$$P_A = 10\,000[(P/A,5\%,5-1)+1]$$
$$= 10\,000 \times (3.5460+1) = 45\,460(元)$$

或

$$P_A = 10\,000(P/A,5\%,5)(1+5\%)$$
$$= 10\,000 \times 4.3295 \times 1.05 = 45\,459.75(元)$$

两种方法产生的误差 0.25 元是由于系数表的尾数误差而形成的。本节以后同一内容的不同公式所产生的误差均为此种情况，并不影响其公式的正确性。

7. 递延年金现值

递延年金是指在一定时期内（如 n 期），从第 0 期开始隔 m 期（$n>m\geqslant 1$）以后才发生系列等额收付款项的一种普通年金形式。显然，凡不是从第 1 年年末开始的普通年金都是递延年金。递延年金的终值和普通年金终值的计算没有什么两样。递延年金现值可用图 2-5 表示出来（设银行年利率为 5%，期数为 4）。

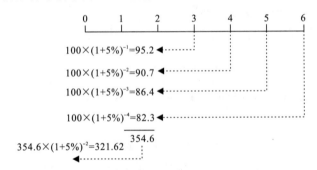

图 2-5　递延年金现值

图 2-5 中，第 1、2 期称为递延期，通常用字母 m 表示。

递延年金现值的计算公式可以表示如下：
$$P_A = A(1+i)^{-(m+1)} + A(1+i)^{-(m+2)} + \cdots + A(1+i)^{-n}$$
$$= A[(P/A,i,n)-(P/A,i,m)]$$
$$= A(P/A,i,n-m)(P/F,i,m)$$

【例 2-11】　某投资项目从投资到投产需 3 年时间，投产后，预计每年年末能收到 100 000 元，该项目经营期 6 年，若投资报酬率为 10%，则该项目 6 年的收入相当于现在多少元？

解　据题意 $A=100\,000$，$n=9$，$m=3$，$i=10\%$，则
$$P_A = 100\,000[(P/A,10\%,9)-(P/A,10\%,3)]$$
$$= 100\,000(5.7590-2.4869) = 327\,210(元)$$

或

$$P_A = 100\,000(P/A,10\%,6)(P/F,10\%,3)$$
$$= 100\,000 \times 4.3553 \times 0.7513 = 327\,213.69(元)$$

【例 2-12】 弘达公司拟购置一处房产，房主提出两种付款方案：

(1) 从现在起，每年年初支付 40 万元，连续支付 10 次，共 400 万元；

(2) 从第 5 年开始，每年年初支付 50 万元，连续支付 10 次，共 500 万元。

假设该公司的资金成本率(即最低报酬率)为 10%，问该公司应选择哪个方案？

解 为选择成本较低的付款方案，需计算出两种付款方法之下所付系列款项的现值，即两种不同的付款方式之下所付的款项相当现在一次付款多少。

(1) 采用第一种付款方式时，所付款项的现值可直接运用预付年金现值的计算方法：

$$P_A = 40[(P/A,10\%,9)+1] = 40 \times (5.7590+1) = 270.36(万元)$$

(2) 采用第二种付款方式时，付款方式如图 2-6 所示。

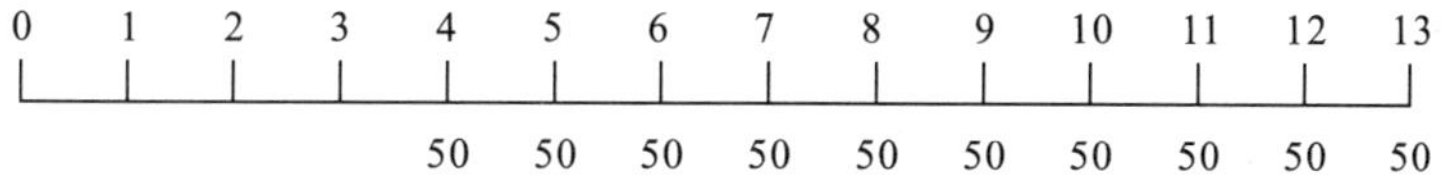

图 2-6 付款方式

据题意 $A=50$，$n=13$，$m=3$，$i=10\%$，则

$$P_A = 50[(P/A,10\%,13)-(P/A,10\%,3)]$$
$$= 50 \times (7.1034-2.4869) = 230.825(万元)$$

或

$$P_A = 50(P/A,10\%,10)(P/F,10\%,3)$$
$$= 50 \times 6.1446 \times 0.7513$$
$$= 230.822(万元)$$

因而，该公司应选择第二方案。

8. 永续年金现值

永续年金是指无限期等额收付的特种普通年金。由于没有终止的时间，因此也就没有终值。其现值只要利用普通年金现值公式，令 $n \to \infty$ 便可得到：

$$P_A = \frac{A}{i}$$

在资金时间价值的计算公式中，都有四个变量，已知其中的三个值，就可以推算出第四个的值。前面讨论的是终值 F、现值 P 以及年金 A 的计算。这里讨论的是已知终值或现值、年金、期间，求折现率；或者已知终值或现值、年金、折现率，求期间。

对于这一类问题，只要代入有关公式求解折现率或期间即可。与前面不同的是，在求解过程中，通常需要应用一种特殊的方法——内插法。

比如：只涉及一个货币时间价值系数，可以直接通过货币时间价值系数表推算利率。

【例 2-13】 某投资项目需要现在一次性投资 1000 万元，预计在未来 5 年内，每年年末可获得现金净流量 250 万元，则该投资项目的预期收益率是多少？(按每年复利一次计算)

解 (1) 确定期数已知、利率未知的货币时间价值系数。由 $250 \times (P/A,i,5)=1000$，可知 $(P/A,i,5)=1000/250=4$。

（2）查相应的货币时间价值系数表，确定在相应期数的一行中，该系数位于哪两个相邻系数之间，以及这两个相邻系数对应的利率。

$(P/A, 7\%, 5) = 4.1002$

$(P/A, i, 5) = 4$

$(P/A, 8\%, 5) = 3.9927$

（3）根据"利率差之比 = 对应的系数差之比"的比例关系，列方程求解利率 i。

$$\frac{i - 7\%}{8\% - 7\%} = \frac{4 - 4.1002}{3.9927 - 4.1002}$$

或

$$\frac{i - 8\%}{7\% - 8\%} = \frac{4 - 3.9927}{4.1002 - 3.9927}$$

解得 $i = 7.93\%$。

同时涉及多个现值或终值系数，需要采用逐次测试法推算利率。

【例 2 - 14】 $25 \times (P/A, i, 4) + 30 \times (P/F, i, 5) = 100$，推算利率 i。

解 （1）通过逐次测试，确定两个相邻的利率，使"$25 \times (P/A, i, 4) + 30 \times (P/F, i, 5)$"的值分别高于和低于 100。

$i = 9\%$ 时，有

$25 \times (P/A, 9\%, 4) + 30 \times (P/F, 9\%, 5) = 25 \times 3.2397 + 30 \times 0.6499 = 100.49$

$i = 10\%$ 时，有

$25 \times (P/A, 10\%, 4) + 30 \times (P/F, 10\%, 5) = 25 \times 3.1699 + 30 \times 0.6209 = 97.87$

（2）根据"利率差之比 = 对应的现值差之比"的比例关系，列方程求解利率 i。

$$\frac{i - 9\%}{10\% - 9\%} = \frac{100 - 100.49}{97.87 - 100.49}$$

或

$$\frac{i - 10\%}{9\% - 10\%} = \frac{100 - 97.87}{100.49 - 97.87}$$

解得 $i = 9.19\%$。

（三）资金时间价值计算的几个其他问题

前面在讨论系列收付款的资金时间价值时，可以用年金计算方法来计算等额系列收付款。而在现实经济生活中，由于现金流量的不规则以及时间分布的不统一，使得资金时间价值的计算比较复杂。下面主要讨论一些资金时间价值计算的特殊问题。

1. 不等额系列收付款项的资金时间价值的计算

不等额系列收付款是指一定时期内多次收付，而每次收付的金额不完全相等的款项。不等额系列收付款项的资金时间价值的计算包括终值和现值的计算。

（1）不等额系列收付款项的终值计算。

不等额系列收付款项的终值等于每期收付款项的终值之和。

【例 2 - 15】 某人的存钱计划如下：第 1 年年末存 1000 元，第 2 年年末存 1500 元，从第 3 年年末起每年存 3000 元。如果年利率为 5%，那么他在第 5 年年末可以得到的本利和是多少？

解 方法一：

$$F = 1\,000(F/P, 5\%, 4) + 1\,500(F/P, 5\%, 3) + 3\,000(F/P, 5\%, 2)$$
$$+ 3\,000(F/P, 5\%, 1) + 3\,000$$
$$= 1\,000 \times 1.2155 + 1\,500 \times 1.1576 + 3\,000 \times 1.1025 + 3\,000 \times 1.050 + 3\,000$$
$$= 12\,409.4(元)$$

方法二：

$$F = 1\,000(F/P, 5\%, 4) + 1\,500(F/P, 5\%, 3) + 3\,000(F/A, 5\%, 3)$$
$$= 1\,000 \times 1.2155 + 1\,500 \times 1.1576 + 3\,000 \times 3.1525$$
$$= 12\,409.4(元)$$

（2）不等额系列收付款项的现值计算。

不等额系列收付款项的现值等于每期收付款项的现值之和。

【例 2 - 16】 某人想现在存一笔钱到银行，希望在第 1 年年末可以取 1 000 元，第 2 年年末可以取 1 500 元，第 3 至第 5 年年末每年可以取 3 000 元。如果年利率为 5%，那么他现在应该存多少钱在银行？

解 方法一：

$$P = 1\,000(P/F, 5\%, 1) + 1\,500(P/F, 5\%, 2) + 3\,000(P/F, 5\%, 3)$$
$$+ 3\,000(P/F, 5\%, 4) + 3\,000(P/F, 5\%, 5)$$
$$= 1\,000 \times 0.9524 + 1\,500 \times 0.907 + 3\,000 \times 0.8638 + 3\,000 \times 0.8227$$
$$+ 3\,000 \times 0.7835$$
$$= 9\,722.9(元)$$

方法二：

$$P = 1\,000(P/F, 5\%, 1) + 1\,500(P/F, 5\%, 2) + 3\,000(P/A, 5\%, 3)(P/F, 5\%, 2)$$
$$= 1\,000 \times 0.9524 + 1\,500 \times 0.907 + 3\,000 \times 2.7232 \times 0.907$$
$$= 9\,722.9(元)$$

2. 名义利率和实际利率

在以上的分析中，我们都假定复利计息和贴现都以年为单位进行，但在现实中，复利的计息期不一定总是一年，有可能是季度、月或日，比如美国等一些国家的住宅抵押贷款通常要求按月偿还，此时必需按月进行复利计算，而按月计算的复利终值和现值与按年利率计算的终值和现值相比有很大差异。当利息在一年内要复利几次时，给出的年利率叫名义利率，与此相对应，考虑年内复利计息期后的利率为实际利率。

比如，一储户将 1 000 元存入银行，银行年利率为 8%，半年复利一次，则半年后该储户的存款将变为：$1\,000 \times (1 + 4\%) = 1\,040$ 元。再过半年将变为 $1\,040 \times (1 + 4\%) = 1\,081.6$ 元。如果用公式计算其 1 年后的存款价值为

$$F = 1\,000 \times (1 + 4\%)^2 = 1\,081.6(元)$$

如果银行仍以年为单位复利计息，则该储户 1 年后的存款价值为

$$F = 1\,000 \times (1 + 8\%) = 1\,080(元)$$

很显然，半年复利计息的终值要高于以年复利计息的终值。因为以年为单位复利计息，这最初的 1000 元是全年计息的本金；如以半年为复利计息期，则 1000 元只是前半年计息的本金，下半年计的本金已经增加为 1040 元，此时，半年的利息也将产生额外的利息，而投资者也将获得利息的利息。

如以 n 表示年内复利计息期数，则名义利率与实际利率之间的关系可表述为

$$实际利率 = \left(1 + \frac{名义利率}{n}\right)^n - 1$$

在上例中，如果以半年为复利计息期，则计算得出实际利率为

$$实际利率 = \left(1 + \frac{8\%}{2}\right)^2 - 1 = 8.16\%$$

用这一方法来考察复利计息期数对实际利率的影响，则可以归纳为表 2-1。

表 2-1　复利计息期对实际利率的影响（名义利率 10%）

计息单位	n	实际年利率
每年	1	10%
每半年	2	$(1+10\%/2)^2 - 1 = 10.25\%$
每月	12	$(1+10\%/12)^{12} - 1 = 10.47\%$
每日	365	$(1+10\%/365)^{365} - 1 = 10.52\%$

从表中可知，复利计算越频繁，有效利率或实际利率越高，以此计算的复利终值越大，同样数额的未来值所对应的现值越少。

3. 利率（折现率）的推算

【例 2-17】　弘达公司第 1 年初借款 80 000 元，每年年末还本付息总额均为 16 000 元，连续 9 年还清。该公司的实际借款利率为多少？

解　① 计算 $\dfrac{P_A}{A} = \dfrac{80\ 000}{16\ 000} = 5$。

② 查"普通年金现值系数表"，沿着 $n = 9$ 这一行横向查找，找不到某一数字正好等于 5，则继续沿着 $n = 9$ 这一行找与 5 最接近的两个左右相邻的数值，是 5.3282 和 4.9464，令 $\beta_1 = 5.3282$，$\beta_2 = 4.9464$，找出 β_1、β_2 所对应的利率，则 $i_1 = 12\%$、$i_2 = 14\%$。

利率　　　　　　　　　　　　　　年金现值系数

$$\left.\begin{array}{l}12\% \\ i \\ 14\%\end{array}\right\}\left.\begin{array}{l}i - 12\% \\ \end{array}\right\}14\% - 12\% \qquad \left.\begin{array}{l}5.3282 \\ 5 \\ 4.9464\end{array}\right\}\left.\begin{array}{l}-0.3282 \\ \end{array}\right\}-0.3818$$

$$\frac{i - 12\%}{14\% - 12\%} = \frac{5 - 5.3282}{4.9464 - 5.3282}$$

$$i = 12\% + \frac{5 - 5.3282}{4.9464 - 5.3282} \times (14\% - 12\%) = 13.72\%$$

也可直接用内插法的计算公式计算如下：

$$i = 12\% + \frac{5.3282 - 5}{5.3282 - 4.9464} \times (14\% - 12\%) = 13.72\%$$

4. 资金时间价值的意义

（1）资金的时间价值是评价企业收益状况的重要指标。企业作为营利性的组织，其主要财务目标是实现企业价值最大化，不断增加投资者的财富。因此，企业经营者必须充分调动和利用各种经济资源去实现预期的收益，而评价这些资源是否充分有效使用的一个重要标准，就是看是否实现了预期的收益水平，这个预期的收益水平应以社会平均资金利润率为标准。

（2）资金时间价值是评价投资方案是否可行的基本依据。因为资金时间价值是扣除风险报酬和通货膨胀等因素以后的社会平均资金利润率。每个企业在进行投资时，总是期望至少要获得社会的平均利润率，否则不如投资另外的项目。因此作为一项投资方案至少应获得社会平均资金利润率水平，否则该方案是不可行的。

（3）资金的时间价值揭示了不同时点上资金的换算关系。资金的时间价值揭示了不同时点资金的换算关系，因而它是进行筹资决策、投资决策必不可少的手段。特别是在项目的经济评价上必须增强资金的时间观念，考虑资金的时间价值，采用动态分析方法将不同的费用或效益折算成同一时点来进行比较。

第二节　风险价值

一、风险的含义

风险是指一定条件下、一定时期内，某一项行动具有多种可能，结果不确定。风险产生的原因是由于缺乏信息和决策者不能控制未来事物的发展过程而引起的。风险具有多样性和不确定性，可以事先估计采取某种行动，可能导致各种结果，以及每种结果出现的可能性大小，但无法确定最终结果是什么。例如，掷一枚硬币，我们可事先知道硬币落地时有正面朝上和反面朝上两种结果，并且每种结果出现的可能性各为50％，但谁也无法事先知道硬币落地时是正面朝上还是反面朝上。

值得注意的是，风险和不确定性是不同的。不确定性是指对于某种行动，人们知道可能出现的各种结果，但不知道每种结果出现的概率，或者可能出现的各种结果及每种结果出现的概率都不知道，只能作出粗略的估计。如购买股票，投资者无法在购买前确定所有可能达到的期望报酬率以及该报酬率出现的概率。而风险问题出现的各种结果的概率一般可事先估计和测算，只是不准确而已。如果对不确定性问题先估计一个大致的概率，则不确定性问题就转化为风险性问题了。在财务管理的实务中，对两者不作严格区分。讲到风险，可能是指一般意义上的风险，也可能指不确定性问题。

风险是客观的、普遍的、广泛地存在于企业的财务活动中，并影响着企业的财务目标。由于企业的财务活动经常是在有风险的情况下进行的，各种难以预料和无法控制的原因，可能使企业遭受风险蒙受损失。如果只有损失，没人会去冒风险，企业冒着风险投资的最终目的是为了得到额外收益。因此，风险不仅带来预期的损失，而且可带来预期的收益。仔细分析风险，以承担最小的风险来换取最大的收益，就十分必要。

风险具有以下特征：

（1）风险面对未来事项。已经发生的、确定的事项是不存在风险的，未来事项由于其不确定性而存在风险。例如，我们在预计一个投资项目的收益时，不可能十分精确，也没有百分之百的把握。因为影响投资收益的价格、销量、成本等因素我们事先不能确知，也无法控制其变化。这就可能导致一项投资的收益出现多种可能的结果，其将来的财务结果不确定，则存在风险。

（2）风险具有客观性。人们投资于国库券，其收益的不确定性较小；如果投资于股票，其收益的不确定性则大得多。这种风险是"一定条件下"的风险，你在何时，买何种股票，各买多少，风险是不一样的。这些问题一旦决定下来，风险大小就无法改变了。这就是说，特定投资的风险大小是客观的，你是否去冒风险以及冒多大风险，是可以选择的。

（3）风险可以计量。风险的大小可以通过风险程度来计量。一般来说，未来事件的持续时间越长，涉及的未知因素就越多，人们对其后果的把握程度越小，则风险程度越大。

（4）风险具有价值。风险不仅可以带来超出预期的损失，也可能带来超出预期的收益。人们之所以愿意冒着风险进行投资，是因为风险投资可能得到超过资金时间价值的额外报酬，即风险报酬。风险越大，额外报酬越高。

二、风险的种类

（一）从个别投资主体的角度分

从个别投资主体的角度分，风险可分为市场风险和企业特有风险。

1. 市场风险

市场风险是指影响所有企业的风险。它由企业的外部因素引起的风险，如战争、自然灾害、利率的变化、经济周期的变化等。这类风险企业无法控制、无法分散，涉及所有的投资对象，又称系统风险或不可分散风险。例如：一个人投资于股票，不论买哪一种股票，他都要承担市场风险，金融危机导致经济衰退时各种股票的价格都要不同程度的下跌。

2. 企业特有风险

企业特有风险是指个别企业的特有事件造成的风险。如工人罢工、新产品开发失败、没有争取到重要合同、诉讼失败、销售份额减少等。这类事件是随机发生的，只与个别企业和个别投资项目有关，不涉及所有企业和所有项目，可以通过多元化投资来分散，即发生于一个企业的不利事件可以被其他企业的有利事件所抵消。这类风险又称非系统风险和可分散风险。例如：一个人投资于股票时，买几种不同的股票比只卖一种股票风险小。

（二）从企业本身的角度分

从企业本身的角度分，风险可分为经营风险和财务风险。

1. 经营风险

经营风险是指由于企业生产经营条件的变化对企业收益带来的不确定性，又称商业风险。这些生产经营条件的变化可能来自企业内部的原因，也可能来自于企业外部的原因。例如，由于原材料价格变动、供应渠道改变、新材料的出现等引起的供应方面的风险；由于设备故障、产品质量问题、新产品开发失败、生产组织不合理等引起的生产方面的风险；由于消费者爱好的变化、新的竞争对手的出现、销售决策失误等引起的销售方面的风险。此外，经济危机、通货膨胀、宏观经济政策的变化等，也会给企业的经营带来风险。这些内外因素的共同作用，会使企业的生产经营产生不确定性，最终引起收益变化。

2. 财务风险

财务风险是指由于企业举债而给财务成果带来的不确定性，又称筹资风险。企业借款虽可以解决企业资金短缺的困难，提高自有资金的盈利能力，但也改变了企业的资金结构和自有资金利润率，还须还本付息，并且借入资金所获得的利润是否大于支付的利息额，具有不确定性，因此借款就有风险。在全部资金来源中，借入资金所占的比重大，企业的负担就重，风险程度也就增加；借入资金所占的比重小，企业的负担就轻，风险程度也就减轻。因此，必须确定合理的资金结构，既提高资金盈利能力，又防止财务风险加大。

三、风险的衡量

由于风险具有普遍性和广泛性，那么正确地衡量风险就十分重要。如前所述，风险是与各种可能的结果及其概率分布相联系的，是可能值对期望值的偏离，因而概率统计中的方差、标准差、标准离差率等反映实际结果与期望结果偏离程度的指标，往往被用来计算与衡量风险的大小。

1. 预测各种可能结果及相应概率

在经济活动中，某一事件在相同的条件下可能发生也可能不发生，这类事件称为随机事件。随机事件发生可能性的大小用概率表示。通常把必然发生的事件的概率定为 1，把不可能发生的事件的概率定为 0。而一般随机事件的概率是介于 0 与 1 之间的一个数。概率越大就表示该事件发生的可能性越大。一般我们用 P_i 表示。

【例 2-18】　弘达公司生产一种新产品，在不同市场情况下，各种可能收益及概率如表 2-2 所示。

表 2-2　A、B 项目投资收益及其概率分布

经济情况	发生概率 P_i	A 项目预期收益／万元	B 项目预期收益／万元
繁荣	0.3	90	20
正常	0.4	15	15
衰退	0.3	5	10

从表中我们可以看出 P_i 均在 0 和 1 之间，P_i 总和为 1。

2. 计算收益期望值

随机变量的各个取值，以相应的概率为权数的加权平均数，称为随机变量的期望值（数学期望或均值），一般期望值用 E 来表示，它反映随机变量取值的平均化。

预期收益的期望值为

$$\overline{K} = \sum_{i=1}^{n}(P_i \times K_i)$$

式中，P_i 为第 i 种结果出现的概率；K_i 为第 i 种结果出现后的预期报酬率；n 为所有可能结果的数目。

【例 2-19】　仍然沿用例 2-18 的资料，则弘达公司 A 项目的收益期望值为

$$\overline{K} = \sum_{i=1}^{n}(P_i \times K_i) = 90 \times 0.3 + 15 \times 0.4 + 5 \times 0.3 = 34.5(万元)$$

弘达公司 B 项目的收益期望值为

$$\overline{K} = \sum_{i=1}^{n}(P_i \times K_i) = 20 \times 0.3 + 15 \times 0.4 + 10 \times 0.3 = 15(万元)$$

相比来讲，A 项目收益更高。

3. 确定收益的标准差

标准差、方差是用来表示随机变量与期望值之间离散程度的量，反映风险的大小。标

准差的平方是方差。标准差用 δ 表示。方差用 δ^2 表示。在收益期望值相同的情况下，某项资产收益的标准差越大，表明该资产实际收益围绕预期收益波动程度越大，从而投资者不能实现期望收益的可能性也就越大，资产风险越大，反之亦然。由于标准差衡量的是风险的绝对大小，因而不适用于比较具有不同预期收益的资产的风险。

标准差计算公式为

$$\delta = \sqrt{\sum_{i=1}^{n} (K_i - \overline{K})^2 \times P_i}$$

方差计算公式为

$$\delta^2 = \sum_{i=1}^{n} (K_i - \overline{K})^2 \times P_i$$

【例 2-20】 根据例 2-18、例 2-19 的资料可计算标准差如表 2-3、表 2-4 所示。

表 2-3　A 项目的标准差

$K_i - \overline{K}$	$(K_i - \overline{K})^2$	$(K_i - \overline{K})^2 \times P_i$
90 - 34.5	3 080.25	924.075
15 - 34.5	380.25	152.1
5 - 34.5	870.25	261.075
方差 δ^2		1 337.25
标准差 δ		36.57

表 2-4　B 项目的标准差

$K_i - \overline{K}$	$(K_i - \overline{K})^2$	$(K_i - \overline{K})^2 \times P_i$
20 - 15	25	7.5
15 - 15	0	0
10 - 15	25	7.5
方差 δ^2		15
标准差 δ		3.87

由计算结果可知，A 项目标准差为 36.57，远大于 B 项目标准差 3.87，但是 A、B 项目的收益期望值不同，所以要比较两项目风险大小，我们还需计算标准离差率。

4. 标准离差率

比较期望值不同的各项投资的风险程度，应该用标准离差与期望值的比值，即标准离差率。标准离差率以相对数衡量资产风险的大小，消除期望收益率水平高低的影响，可比较不同收益率水平的证券投资风险程度的大小。它表示每单位预期收益所包含的风险，即每一元预期收益所承担的风险大小。标准离差率越大，资产风险越大；反之，标准离差率越小，表明资产风险越小。一般我们用 q 来表示标准离差率。其计算公式为

$$q = \frac{\delta}{\overline{K}}$$

【例 2-21】 根据例 2-20 的资料我们可求出：

A 项目的标准离差率为

$$q = \frac{\sigma}{\overline{K}} = \frac{36.57}{34.5} = 1.06$$

B 项目的标准离差率为

$$q = \frac{\sigma}{\overline{K}} = \frac{3.87}{15} = 0.26$$

由计算结果可知，A 方案的标准离差率大于 B 方案的标准离差率，说明 A 方案风险大于 B 方案。

四、风险报酬的计算

　　如上所述，企业的财务活动和经营管理活动总是在有风险的状态下进行的，只不过风险有大有小。投资者冒着风险投资，是为了获得更多的报酬，冒的风险越大，要求的报酬就越高。风险和报酬之间存在密切的对应关系，高风险的项目必然有高报酬，低风险的项目必然低报酬，因此，风险报酬是投资报酬的组成部分。

　　那么，什么是风险报酬呢？它是指投资者冒着风险进行投资而获得的超过资金时间价值的那部分额外收益，是对人们所遇到的风险的一种价值补偿，也称风险价值。通常情况下风险越大，所需获得的风险报酬越高，在财务管理中，它的表现形式可以是风险报酬额或风险报酬率。在实务中一般以风险报酬率来表示。计算公式为

$$R_R = b \times q$$

其中：R_R 为风险报酬率；b 为风险报酬系数；q 为标准离差率。

　　风险报酬系数的大小，是由投资者根据经验，并结合其他因素加以确定的。通常有以下几种方法：根据以往同类项目的有关数据确定；由企业领导或有关专家确定；由国家有关部门组织专家确定，供投资者参考。

　　如果不考虑通货膨胀，投资者冒着风险进行投资所希望得到的投资报酬率是无风险报酬率与风险报酬率之和，即

$$投资报酬率 = 无风险报酬率 + 风险报酬率$$

即

$$K = R_F + R_R = R_F + b \times q$$

式中，K 为投资的总报酬率；R_F 为无风险报酬率。

　　其中无风险报酬率 R_F 可用加上通货膨胀溢价的资金时间价值来确定，在财务管理实务中，一般把短期政府债券（如短期国库券）的报酬率作为无风险报酬率。

　　无风险报酬率就是资金的时间价值，是在没有风险状态下的投资报酬率，是投资者投资某一项目，能够肯定得到的报酬，具有预期报酬的确定性，并且与投资时间的长短有关，可用政府债券利率或存款利率表示。风险报酬率是风险价值，是超过资金时间价值的额外报酬，具有预期报酬的不确定性，与风险程度和风险报酬斜率的大小有关，并成正比关系。风险报酬斜率可根据历史资料用高低点法、直线回归法或由企业管理人员会同专家根据经验确定，风险程度用期望值、标准差来确定。风险报酬率＝风险报酬斜率×风险程度，如图 2-7 所示。

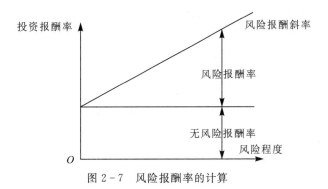

图 2-7　风险报酬率的计算

【**例 2 - 22**】 资金的时间价值为 5%，某项投资的风险报酬率为 10%。

要求：在不考虑通货膨胀时，计算投资报酬率。

解 投资报酬率＝无风险报酬率＋风险报酬率＝5%＋10%＝15%

五、风险的应对

应当指出，风险报酬计算的结果具有一定的假设性，并不十分精确。研究投资风险价值原理，关键是要在进行投资决策时，树立风险价值观念，认真权衡风险与收益的关系，选择有可能避免的风险、分散风险，并获得较多收益的方案。在我国，有些企业在进行投资决策时，往往不考虑多种可能性，更不考虑失败的可能性，孤注一掷，盲目引进设备、扩建厂房、增加品种、扩大生产，以致造成浪费，甚至面临破产。因此，在投资决策中应当充分运用风险价值原理，充分考虑市场经营中可能出现的各种情况，对各种情况进行权衡，以实现最佳的经济效益。

1. 规避风险

当风险造成的损失不能由该项目可能获得的收益予以抵消时，应当放弃该项目，以规避风险。例如，拒绝与不守信用的厂商业务往来；放弃可能明显导致亏损的投资项目；新产品试制阶段发现诸多问题而果断停止试制。

2. 减少风险

减少风险主要有两方面意思：一是控制风险因素，减少风险的发生；二是控制风险发生的频率和降低风险损害程度。

3. 转移风险

对可能给企业带来灾难性损失的项目，企业应以一定代价，采取某种方式转移风险。如向保险公司投保；采取合资、联营、联合开发等措施实现风险共担；通过技术转让、租赁经营和业务外包等实现风险转移。

4. 接受风险

接受风险包括风险自担和风险自保两种。风险自担，是指风险损失发生时，直接将损失摊入成本或费用或冲减利润；风险自保，是指企业预留一笔风险金或随着生产经营的进行，有计划计提资产减值准备等。

六、投资方案决策原则

多个投资方案进行投资决策总的原则是：投资收益越高越好，风险程度越低越好，具体来说有以下几种情况：

（1）如果两个投资方案的预期收益率基本相同，应当选择标准离差率较低的那一个投资方案。

（2）如果两个投资方案的标准离差率基本相同，应当选择预期收益率较高的那一个投资方案。

（3）如果甲方案预期收益率高于乙方案，而其标准离差率低于乙方案，则应当选择甲方案。

（4）如果甲方案预期收益率高于乙方案，其标准离差率也高于乙方案，在此情况下则不能一概而论，而要取决于投资者对风险的态度。有的投资者愿意冒较大的风险，以追求较高的收益率，可能选择甲方案；有的投资者则不愿意较大的风险，宁肯接受较低的收益率，可能选择乙方案。但如果甲方案收益率高于乙方案的程度大，而其收益标准离差率高于乙方案的程度较小，则选择甲方案可能是比较适宜的。

本 章 小 结

一、理论梳理

　　资金时间价值是资金在周转使用中由于时间因素而形成的差额价值。单利是只就本金计算利息，即本生利而利不生利的计算制度。复利是指利息也要计算利息，即本利均生利的计算制度。

　　年金是指在一定时期内每隔相同时间就发生相同数额的系列收入或支出的款项，包括普通年金、预付年金、递延年金和永续年金。普通年金应用最为广泛。凡在每期期末发生的年金称为普通年金；凡在每期期初发生的年金称为预付年金；递延年金是指在一定时期内，从第 0 期开始隔 m 期以后才发生系列等额收付款项的一种特殊普通年金形式；永续年金是指无限期等额收付的特殊普通年金。

　　风险是指在某个特定状态下和给定时间内可能发生的结果的变动。企业面临的风险主要两种：市场风险和企业特有风险。通常利用概率统计中的方差、标准差、标准离差率等来计算与衡量风险的大小。

　　本章理论梳理如图 2-8 所示。

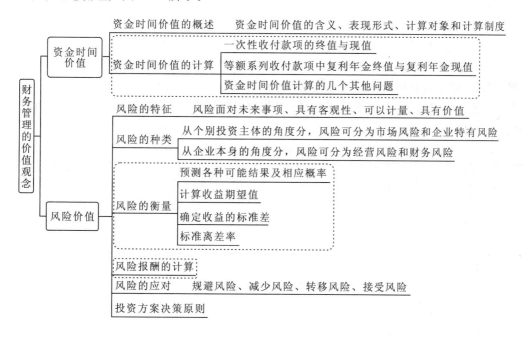

图 2-8　本章理论梳理

二、知识检测

（1）资金时间价值的含义。

（2）资金时间价值的表现形式。

（3）风险的含义。

（4）风险的种类。

三、案例分析

丰华公司在南京商业银行设立一个临时账户，2019 年 1 月 1 日存入 15 万元，银行存款年利率为 3.6%。因资金比较宽松，该笔存款一直未予动用。2021 年 1 月 1 日丰华公司拟撤销该临时户，与银行办理销户时，银行共付给弘达公司 16.08 万元。

讨论：

（1）如何理解资金时间价值，写出 16.08 万元的计算过程。

（2）如果丰华公司将 15 万元放在单位保险柜里，存放至 2021 年 1 月 1 日，会取出多少钱？如果将 15 万元购买企业同期企业债券，年利率一般为 4.2%，期满收获多少？由此分析资金产生时间价值的根本原因。

（3）资金时间价值为什么通常用"无风险无通货膨胀情况下的社会平均利润率"来表示？

四、应用实训

1. 某人决定分别在 2018 年、2019 年、2020 年和 2021 年各年的 1 月 1 日分别存入 5 000 元，按 10% 利率，每年复利一次，要求计算 2021 年 12 月 31 日的余额是多少？

2. 弘达公司拟租赁一间厂房，期限是 10 年，假设年利率是 10%，出租方提出以下几种付款方案：

（1）立即付全部款项共计 20 万元；

（2）从第 4 年开始每年年初付款 4 万元，至第 10 年年初结束；

（3）第 1 到 8 年每年末支付 3 万元，第 9 年末支付 4 万元，第 10 年末支付 5 万元。

要求：通过计算回答该公司应选择哪一种付款方案比较合算？

3. 弘达公司有 A、B 两个投资项目，计划投资额均为 1 000 万元，其收益（净现值）的概率分布如表 2-5 所示。

表 2-5　收益（净现值）的概率分布

时常状况	概率	A 项目净现值/万元	B 项目净现值/万元
好	0.2	200	300
一般	0.6	100	100
差	0.2	50	−50

要求：

（1）分别计算 A、B 两个项目净现值的期望值。

（2）分别计算 A、B 两个项目期望值的标准差。

（3）判断 A、B 两个投资项目的优劣。

4. 现在向银行存入 20 000 元，问年利率 i 为多少时，才能保证在以后 9 年中每年年末可以取出 4 000 元。

第三章　筹 资 管 理

【知识目标】

了解权益资金、负债资金筹集的各种方式；理解发行股票、发行债券、融资租赁、商业信用、银行借款等筹资决策；掌握各种筹资方式的优缺点。

【能力目标】

在掌握各种筹资方式的基础上，能够对企业的资金筹集进行简单的决策。

【案例导读】

弘达公司现在急需 1 亿元的资金用于轿车技术改造项目。为此，总经理赵某于 2021 年7 月 10 日召开由生产副总经理张某、财务副总经理王某、某信托投资公司金融专家周某组成的专家研讨会，讨论该公司筹资问题。以下是他们的发言摘录：

生产副总经理张某认为："目前筹集的 1 亿元资金，主要是用于投资少、效益高的技术改进项目。这些项目在两年内均能完成建设并正式投产，到时将大大提高公司的生产能力和产品质量，估计这笔投资在改造投产后三年内可完全收回。所以应发行五年期的债券筹集资金。"

财务副总经理王某认为："目前公司全部资金总额为 10 亿元，其中自有资金 4 亿元，借入资金 6 亿元，自有资金比率为 40%，负债比率为 60%，这种负债比率在我国处于中等水平，与世界发达国家如美国、英国等相比，负债比率已经比较高了，如果再利用债券筹集 1 亿元资金，负债比率将达到 64%。所以，不能利用债券筹资，只能靠发行普通股或优先股筹集资金。"

但金融专家周某却认为："目前我国金融市场处于危机境地，投资者对股票投资都心存恐惧。因此，要发行 1 亿元普通股是很困难的，发行优先股还可以考虑，根据目前的利率水平和生产情况，发行时年股息不能低于 18%，否则也无法发行。"

讨论与思考

(1) 归纳说明这次筹资研讨会上提出了哪几种筹资方案。

(2) 对会议提出的几种筹资方案进行评价。

第一节　筹 资 概 论

一、企业筹资的含义与分类

企业筹资，是指企业根据其生产经营、对外投资及调整资本结构的需要，通过筹资渠道和资本市场，并运用筹资方式经济有效地筹集企业所需资金的财务活动。

企业筹资可按不同的标准分类。

1. 按照资金的来源渠道分类

按照资金的来源渠道不同，可将企业筹资分为权益性筹资和负债性筹资。

权益性筹资或称为自有资金筹集，是指企业通过发行股票、吸收直接投资、内部积累等方式筹集的资金。

负债性资金又称为借入资金筹资，是指企业通过发行债券、向银行借款、融资租贷等方式筹集的资金。

2. 按照所需资金使用期限分类

按照所筹资金使用期限的长短，可将企业筹资分为短期资金筹集与长期资金筹集。

短期资金，是指使用年限在一年内或超过一年的一个营业周期以内的资金。

长期资金，是指使用期限在一年以上或超过一年的一个营业周期以上的资金。

二、企业筹资的方式

企业筹资的方式是指企业筹措资金采用的具体形式，主要有以下六种：吸收直接投资、发行股票、发行债券、融资租贷、银行借款、商业信用。

以上这些筹资方式将在本章后几节作详细介绍。

三、筹资的基本原则

1. 规模适当原则

企业的筹资规模应该与资金需求量相一致，既要避免因资金筹集不足，影响生产经营的正常进行，又要防止资金筹集过多，造成资金闲置。

2. 筹措及时原则

企业财务人员应全面掌握资金需求的具体情况并熟知资金时间价值的原理，合理安排资金的筹集时间，适时获取所需资金。

3. 来源合理原则

不同来源的资金，对企业的收益和成本有不同影响，因此，企业应认真研究资金来源渠道和资金市场，合理选择资金来源。

4. 方式经济原则

企业筹集资金必然要付出一定的代价并承担相应的风险，不同筹资方式条件下的资金成本和财务风险有高有低。为此，就需要对各种筹资方式进行分析对比，选择经济、可行的筹资方式。

第二节　权益性筹资

企业的全部资产由两部分构成，即投资人提供的所有者权益和债权人提供的负债。所有者权益是企业经营资本最重要来源，是企业筹集债务资金的前提与基础。所有者权益是指投资人对企业净资产的所有权，包括投资者投入企业的资本金及企业在经营过程中形成的积累，如盈余公积金、资金公积金和未分配的利润等。企业通过吸收直接投资、发行股票、内部积累等方式筹集的资金都称为权益资金,权益资金不用还本,因而也称为自有资金或主权资金。

一、吸收直接投资

吸收直接投资是指非股份制企业按照"共同投资、共同经营、共担风险、共享利润"的原则,直接吸收国家、法人、个人、外商投入资金的一种筹资方式。吸收直接投资不以股票为媒介,无需公开发行证券。吸收直接投资中的出资者都是企业的所有者,他们对企业拥有经营管理权,并按出资比例分享利润、承担损失。

(一)吸收直接投资的渠道

企业通过吸收直接投资的方式筹集资金有以下四种渠道:

(1)吸收国家投资。国家投资是指有权代表国家投资的政府部门或者机构以国有资产投入企业,由此形成国家资本金。

(2)吸收法人投资。法人投资是指其他企业、事业单位以其可支配的资产投入企业,由此形成法人资本金。

(3)吸收个人投资。个人投资是指城乡居民或本企业内部职工以其个人合法财产投入企业,形成个人资本金。

(4)吸收外商投资。外商投资是指外国投资者或我国港澳台地区投资者的资金投入企业,形成外商资本金。

(二)直接投资的出资方式

吸收直接投资中的投资者可采用现金、实物、无形资产等多种形式出资,主要出资方式有以下几种:

(1)现金投资。现金投资是吸收直接投资中最重要的出资形式。企业有了现金,就可获取所需物资,就可支付各种费用,具有最大的灵活性。因此,企业要争取投资者尽可能采用现金方式出资。

(2)实物投资。实物投资是指以房屋、建筑物、设备等固定资产和原材料、商品等流动资产形式进行的投资。

实物投资应符合以下条件:① 适合企业生产经营、科研开发等的需要;② 技术性能良好;③ 作价公平合理;④ 实物不能涉及抵押、担保、诉讼冻结。投资实物的作价,除由出资各方协商确定外,也可聘请各方都同意的专业资产评估机构评估确定。

(3)无形资产投资。无形资产投资是指以商标权、专利权、非专利技术、知识产权、土地使用权等形式进行的投资。企业在吸收无形资产投资时应持谨慎态度,避免吸收短期内会贬值的无形资产,避免吸收对本企业利益不大及不适宜的无形资产。

(三)吸收直接投资的优缺点

1. 吸收直接投资的优点

(1)筹资方式简便、筹资速度快。吸收直接投资的双方直接接触磋商,没有中间环节,要双方协商一致,筹资即可成功。

(2)吸收直接投资有利于提高企业信誉。吸收直接投资所筹集的资金属于自有资金,与借入资金比较能提高企业的信誉和借款能力。

(3)吸收直接投资有利于尽快形成生产能力。吸收直接投资可直接获得现金、先进设备和先进技术。吸收直接投资与通过有价证券间接筹资比较，直接投资能尽快地形成生产能力、开拓市场。

（4）吸收直接投资有利于降低财务风险。吸收直接投资可以根据企业的经营状况向投资者支付报酬，有固定的财务负担，比较灵活，财务风险小。

2. 吸收直接投资的缺点

（1）资本成本较高。企业向投资者支付的报酬是根据企业实现的净利润和投资者的出资额计算的，不能减免企业所得税。当企业盈利丰厚时，企业向投资者支付的报酬很大。

（2）企业控制权分散。吸收直接投资的新投资者享有企业经营管理权，这会造成原有投资者控制权的分散与减弱。

二、发行股票

股票是股份公司为筹集主权资金而发行的有价证券，是持股人拥有的公司股份的凭证，它表示持股人在股份公司中拥有的权利和应承担的义务。股票按股东权利和义务的不同，有普通股和优先股之分。

1. 普通股筹资

普通股是股份公司发行的具有管理权而股利不固定的股票，是股份制企业筹集权益资金的最主要方式。

1）普通股筹资的特点

（1）普通股股东对公司有经营管理权；

（2）普通股股东对公司有盈利分享权；

（3）普通股股东有优先认股权；

（4）普通股股东有剩余财产要求权；

（5）普通股股东有股票转让权。

2）普通股的发行价格

普通股的发行价格可以按照不同的情况采取两种办法：一是按票面金额等价发行；二是按高于票面金额的价格发行，即溢价发行。

公司始发股的发行价格与票面金额通常是一致的，增发新股的发行价格则需根据公司赢利能力和资产增值水平加以确定，主要有以下三种方法。

（1）以未来股利计算：

$$每股价格 = \frac{每股股利}{利息率} = \frac{票面价值 \times 股利率}{利息率}$$

公式中的利息率最好使用金融市场平均利率，也可用投资者的期望报酬率。

（2）以市盈率计算：

$$每股价格 = 每股税后利润 \times 合适的市盈率$$

（3）以资产净值计算：

$$每股价格 = \frac{资产总额 - 负值总额}{普通股总股数} = \frac{所有者权益总额}{普通股总股数}$$

不论用以上三种方法中的哪一种，如果计算得到的结果低于股票面值，那么股票的发行价格就取股票面值。

3）普通股筹资的优点

（1）普通股筹资能增加股份公司的信誉，由于其能增加股份公司主权资金的比重，较多的主权资金为债务人提供了较大的偿债保障，这有助于提高公司的信誉，有助于增加公司的举债能力。

（2）普通股资筹资能减少股份公司的风险，普通股既无到期日，又无固定的股权负担，因此不存在不能偿付的风险。

（3）普通股筹资能增强公司经营灵活性，普通股筹资比发行优先股或债券限制少，它的价值较少因通货膨胀而贬值，普通股资金的筹集和使用都较灵活。

4）普通股筹资的缺点

（1）资本成本较高，发行普通股的资本成本一般高于债务资金，因为普通股股东期望报酬高，又因为股利要从税后净利润中支付，且发行费用也高于其他证券。

（2）新股东的增加，导致分散和削弱原股东对公司的控制权。

（3）新股东的增加，有可能降低原股东的收益水平。

2. 优先股筹资

优先股是股份公司发行的具有一定优先权的股票，它既具有普通股的某些特征，又与债券有相似之处，从法律上讲，企业对优先股不承担还本义务，因此它是企业自有资金的一部分。

1）优先股的特点

优先股的特点是较普通股有某些优先权利，同时也有一定的限制，其"优先"表现在以下两个方面。

（1）优先分配股权。优先股股利的分配在普通股之前，其股利率是固定的。

（2）优先分配剩余财产权，当企业清算时，优先股的剩余财产请求权位于债权人之后，但位于普通股之前。

2）优先股筹资的优点

（1）没有固定的到期日，不用偿还本金。

（2）股利支付率虽然固定，但无约定性。当公司财务状况不佳时，也可暂不支付，不像债券到期无力偿还本息就有破产风险。

（3）优先股属于自有资金，能增强公司信誉及借款能力。

3）优先股筹资的缺点

（1）资金成本高。优先股股利要从税后利润中支付，股利支付虽无约定性且可以延时，但终究是一种较重的财务负担。

（2）优先股较普通股限制条款多。

三、留存收益筹资

1. 留存收益筹资的渠道

留存收益筹资来源渠道有两方面：盈余公积和未分配利润。

2. 留存收益筹资的优点

（1）资金成本较普通股低。用留存收益筹资时不用考虑筹资费用，资金成本较普通股低。

（2）保持普通股股东的控制权。用留存收益筹资不用对外发行股票，不会稀释原有的股东的控制权。

（3）可增强公司的信誉。留存收益筹资能够使企业保持较大的可支配的现金流，既可解决企业经营发展的资金需要，又能提高企业举债的能力。

3. 留存收益筹资的缺点

（1）筹集数额有限制。留存收益筹资最大可能的数额是企业当期的税后利润和上年未分配利润之和，如果企业经营亏损，则不存在这一渠道的资金来源。

（2）资金使用受制约。留存收益中某些项目的使用，如法定盈余公积等，要受国家有关规定的制约。

第三节　负债性筹资

负债是企业所承担的能以货币计量、需要以资产或劳务偿付的债务。企业通过银行借款、发行债券、融资租赁、商业信用等方式筹集的资金属于企业的负债。由于负债要归还本金和利息，因而称为企业的债务资金或借入资金。

一、银行借款

银行借款是指企业根据借款合同向银行或非银行金融机构借入的需要还本付息的款项。

（一）银行借款筹资的程序

1. 企业提出借款申请

企业要向银行借入资金，必须向银行提出申请，填写包括借款金额、借款用途、偿还能力、还款方式等内容的"借款申请书"，并提供有关资料。

2. 银行进行审查

银行对企业的借款申请要从企业的信用等级、基本财务状况、投资项目的经济效益、偿债能力等多方面作必要的审查，以决定是否向其提供贷款。

3. 签订借款合同

借款合同是规定借款单位和银行双方的权利、义务和经济责任的法律文件。借款合同包括基本条款、保证条款、违约条款及其他附属条款等内容。

4. 发放贷款

企业取得借款是在双方签订借款合同后，银行应如期向企业发放贷款。

5. 企业归还借款

企业应按借款合同的规定按时足额归还借款本息。如因故不能按期归还，应在借款到期之前的3～5天内，提出延期申请，由贷款银行审定是否给予延期。

（二）银行借款的信用条件

向银行借款往往附带一些信用条件，主要有以下几方面。

1. 补偿性余额

补偿性余额是银行要求借款企业在银行中保留一定数额的存款余额，一般为借款额的

$10\%\sim20\%$，其目的是降低银行的贷款风险，但对借款企业来说，加重了利息负担。实际利率的计算公式为

$$实际利率=\frac{名义借款金额\times名义利率}{名义借款金额\times(1-补偿性余额比例)}$$

2. 信贷额度

信贷额度是借款企业与银行在协议中规定的借款最高限额。在信贷额度内，企业可以随时按需要支用借款。

3. 周转信贷协议

周转信贷协议是银行具有法律义务地承诺提供不超过某一最高限额的贷款协议。企业享用周转信贷协议，要对贷款限额中的未使用部分付给银行一笔承诺费。

(三) 借款利息的支付方式

1. 贴现法

贴现法是银行向企业发放贷款时，先从本金中扣除利息部分，而到期时借款企业则只偿还贷款全部本金的一种计息方法。采用这种方法，企业可利用的贷款额只有本金减去利息部分后的差额，因此贷款的实际利率高于名义利率。贴现贷款实际利率公式为

$$贴现贷款实际利率=\frac{利息}{贷款金额-利息}\times100\%$$

2. 加息法

加息法是银行发放分期等额偿还贷款时采用的利息收取方法。在分期等额偿还贷款的情况下，银行首先将根据名义利率计算的利息加到贷款本金上，计算出贷款的本息和，然后要求企业在贷款期内分期偿还本息之和的金额。由于贷款分期均衡偿还，借款企业实际上只平均使用了贷款本金的半数，却必须支付全额利息。这样，企业所负担的实际利率便更高于名义利率大约 1 倍。加息贷款实际利率公式为

$$加息贷款实际利率=\frac{贷款额\times利息率}{贷款额\div2}\times100\%$$

(四) 银行借款的优缺点

1. 银行借款的优点

(1) 筹资速度快。与发行证券相比，银行借款不需印刷证券、报请批准等，一般所需时间短，可以较快满足资金的需要。

(2) 筹资成本低。与发行债券相比，银行借款利率较低，且不需支付发行费用。

(3) 借款灵活性大。企业与银行可以直接接触，商谈借款金额、期限和利率等具体条款。借款后如情况变化可再次协商。到期还款有困难，如能取得银行谅解，也可延期归还。

2. 银行借款的缺点

(1) 筹集数额往往不可能很多。

(2) 银行会提出对企业不利的限制条款。

二、发行债券

债券是企业依照法定程序发行的，承诺按一定利率定期支付利息，并到期偿还本金的

有价证券，是持券人拥有公司债权的凭证。

（一）债券的种类

1. 按发行主体分类

债券按发行主体不同，可分为政府债券、金融债券和企业债券。政府债券是由中央政府或地方政府发行的债券。政府债券风险小、流动性强。金融债券是银行或其他金融机构发行的债券。金融债券风险不大、流动性较强、利率较高。企业债券是由各类企业发行的债券。企业债券风险较大、流动性差别较大、利率较高。

2. 按有无抵押担保分类

债券按有无抵押担保，可分为信用债券、抵押债券和担保债券。信用债券又称无抵押担保债券，是以债券发行者自身信誉而发行的债券。政府债券属于信用债券，信誉良好的企业也可发行信用债券。企业发行信用债券往往有一些限制条件，如不准企业将其财产抵押给其他债权人，不能随意增发企业债券，未清偿债券之前股利不能分得过多等。

抵押债券是指以一定抵押品作抵押而发行的债券。当企业不能偿还债券时，债权人可以将抵押品拍卖以获取债券利息。

担保债券是指由一定保证人作担保而发行的债券。当企业没有足够资金偿还债券时，债权人可以要求保证人偿还。

3. 按偿还期限分类

债券按期限不同，可分为短期债券和长期债券。短期债券是指偿还期在一年以内的债券。

长期债券是指偿还期在一年以上的债券。

4. 按是否记名分类

债券按是否记名，可分为记名债券和无记名债券。

5. 按计息标准分类

债券按计息标准不同，可分为固定利率债券和浮动利率债券。

6. 按是否标明利息率分类

债券按是否标明利息率，可分为有息债券和贴现债券。

7. 按是否可转换成普通股分类

债券按是否可转换成普通股，可分为可转换债券和不可转换债券。

（二）债券的发行

国有企业、股份公司、有限责任公司只要具备发行债券的条件，都可以依法申请发行债券。

1. 发行方式

债券的发行方式有委托发行和自行发行两种形式。委托发行是指债券发行企业委托银行或其他金融机构承销全部债券，并按总面额的一定比例支付手续费。自行发行是指债券发行企业不经过金融机构直接把债券配售给投资单位或个人。

2. 发行债券的要素

（1）债券的面值。债券面值包括两个基本内容，即币种和票面金额。币种可以是本国货币，也可以是外国货币，这取决于债券发行的地区及对象。票面金额是债券到期时偿还本金的金额。票面金额印在债券上，固定不变，到期必须足额偿还。

（2）债券的期限。债券从发行之日起至到期之日止之间的时间称为债券的期限。

（3）债券的利率。债券上一般都注明年利率，利率有固定的，也有浮动的。面值与年利率相乘即为年利息。

（4）债券的偿还方式。债券的偿还方式有分期付息到期还本和到期一次还本付息两种。

（5）债券的发行价格。债券的发行价格有三种：一是按债券面值等价发行，等价发行又叫面值发行；二是按低于债券面值折价发行；三是按高于债券面值溢价发行。

债券之所以会偏离面值发行，是因为债券票面利率与金融市场平均利率不一致。如果债券票面利率大于市场利率，则应溢价发行；如果债券票面利率小于市场利率，则应折价发行。这是基于债券发行价格应与它的价值贴近。债券溢价、折价可依据资金时间价值原理计算出的内在价值确定。

每年年末付息、到期支付面值的债券发行价格计算公式为

$$债券发行价格 = B \times (P/F, i, n) + I \times (P/A, i, n)$$

到期一次还本付息的债券发行价格计算公式为

$$债券发行价格 = (B + I \times n) \times (P/F, i, n)$$

式中：B 为债券面值总额；I 为债券每年支付的利息；i 为债券票面利率；n 为债券期限。

（三）债券筹资的优缺点

1. 债券筹资的优点

（1）债券利息作为财务费用在税前列支，而股票的股利需由税后利润发放，利用债券筹资的资金成本较低。

（2）债券持有人无权干涉企业的经营管理，因而不会减弱原有股东对企业的控制权。

（3）债券利率在发行时就确定，如遇到通货膨胀，则实际减轻了企业负担；如企业盈利情况好，由财务杠杆作用导致原有融资者获取更大的收益。

2. 债券投资的缺点

（1）筹资风险高。债券投资有固定到期日，要承担还本付息义务。当企业经营不善时，会减少原有投资者的股利收入，甚至会因不能偿还债务而导致企业破产。

（2）限制条件多。债券持有人为保障债权的安全，往往要按合同在债券中签订保护条款，这会对企业造成较多约束，影响企业财务灵活性。

（3）筹资数量有限。债券筹资的数量一般比银行借款多，但它筹集的毕竟是债务资金，不可能太多，否则会影响企业信誉，也会因资金结构变差而导致总体企业成本的提高。

三、融资租赁

租赁是承租人向出租人交付租金，出租人在契约或合同规定的期限内将资产的使用权让渡给承租人的一种经济行为。

（一）租赁的种类

租赁的种类很多，按租赁的性质不同，可分为经营性租赁和融资性租赁两大类。

1. 经营性租赁

经营行租赁，又称服务性租赁。它是由承租人向出租人交付租金，由出租人向承租人提供资产使用及相关的服务，并在租赁期满时由承租人把资产归还给出租人的租赁。经营性租赁通常为短期租赁，其特点主要有以下几个方面。

（1）资产所有权属于出租人，承租人仅为获取资产使用权，不是为了融资；

（2）经营租赁是一个可解约的租赁，承租企业在租期内可按规定提出解除租赁合同；

（3）租赁期短，一般只是租赁物使用寿命期的小部分；

（4）出租企业向承租企业提供资产维修、保养及人员培训等服务；

（5）租赁期满或合同终止时，租赁资产一般归还给出租企业。

2. 融资租赁

融资租赁，又称财务租赁、资本租赁。它是承租人为融通资金而向出租人租用由出租人出资按承租人要求购买的租赁物的租赁。它是以融物为形式，以融资为实质的经济行为，是出租人为承租人提供信贷的信用业务。融资性租赁通常为长期租赁，其特点主要有以下几个方面。

（1）资产所有权形式上属于出租方，但承租方能实质性地控制该项资产，并有权在承租期内取得该项资产的所有权。承租方应把融资租入资产作自有资产对待，如要在资产账户上做记录，要计提折旧等。

（2）融资租赁是一种不可解约的租赁，租赁合同比较稳定。在租赁期间，承租人必须连续交纳租金，非经双方同意，中途不得退租。这样既能保证承租人长期使用该项资产，又能保证，出租人收回投资并有所得益。

（3）租赁期长，租赁期一般是租赁资产使用寿命期的绝大部分。

（4）出租方一般不提供维修、保养方面的服务。

（5）租赁期满，承租人可选择留购、续租或退还，通常由承租人留购。

（二）融资租赁的形式

融资租赁有以下三种形式：

1. 直接租赁

直接租赁是指承租人直接向出租人租入所需要的资产。直接租赁的出租人主要是制造厂商、租赁公司。直接租赁是融资租赁中最为普遍的一种，是融资租赁的典型形式。

2. 售后回租

售后回租是指承租人先把其拥有主权的资产出售给出租人，然后再将该项资产租回的租赁。

这种租赁方式即使承租人通过出售资产获得一笔资金，以改善其财务状况，满足企业对资金的需要，又使承租人通过回租而保留了企业对该项资产的使用权。

3. 杠杆租赁

杠杆租赁是由资金出借人为出租人提供部分购买资产的资金，再由出租人购入资产租给承租人的方式。因此，杠杆租赁涉及出租人、承租人和资金出借人三方。从承租人的角度来看，它与其他融资租赁形式并无多大区别。从出租人的角度来看，它只支付购买资产的部分资金（20％～40％），其余部分资金（60％～80％）是向资金出借人借来的。在杠杆租赁方式下，出租人具有三重身份，即资产所有权人、出租人、债务人。出租人既向承租人收取租金，又向借款人偿还本息，其间的差额就是出租人的杠杆收益。从资金出借人的角度来看，它向出租人借出资金是由出租人以租赁物为抵押的，它的债权对出租人没有追索权，但对租赁物有第一留置权，即当承租人不履行支付租金义务时，资金出借人不能向出租人追索债务，但可向法院申请执行其担保物权。该项租赁物被清偿的所得，首先用以清偿资金出借人的债务，如有剩余再给出租人。

（三）融资租赁的程序

1. 作出租赁决策

当企业需要长期使用某项设备而又没有购买该项设备所需的资金时，一般有两种选择：一种是筹措资金购买该项设备；另一种是融资租入该项设备。孰优孰劣，可以通过现金流量的分析计算作出合适的决策。

2. 选择租赁公司

当企业决定采用融资租赁方式取得某项设备时，即应选择租赁公司。应从融资条件、租赁费率等方面进行比较，择优选定。

3. 办理租赁委托

当企业选定租赁公司后，便可向其提出申请，办理委托。这种委托包括填写"租赁申请书"及提供财务状况的文件资料。

4. 签订购货协议

租赁公司受理租赁委托后，即由租赁公司与承租企业的一方或双方选择设备的制造商或销售商，与其进行技术与商务谈判，签订购货协议。

5. 签订租赁合同

租赁合同由承租企业与租赁公司签订。租赁合同用以明确双方的权利与义务，它是租赁业务的最重要的文件，具有法律效力。融资租赁合同的内容包括一般条款和特殊条款两部分。

6. 办理验货及投保承租企业收到租赁设备，要进行验收。

验收合格后签发租赁设备收据及验收合格证并提交租赁公司，租赁公司据以向制造商或销售商付款。同时，承租企业向保险公司办理投保事宜。

7. 交付租金

承租企业在租赁期内按合同规定的租金数额、交付日期、交付方式，向租赁公司交付租金。

8. 租赁期满的设备处理

融资租赁合同期满，承租企业可以按合同规定对租赁设备留购、续租或退还。一般来说，租赁公司会把租赁设备在期满时以低价甚至无偿方式转给承租企业。

（四）融资租赁租金的计算

融资租赁租金是承租企业支付给租赁公司让渡租赁设备的使用权或价值的代价。租金的数额大小、支付方式对承租企业的财务状况有直接的影响，也是租赁决策的重要依据。

1. 租金的构成

（1）租赁资产的价款，包括设备的买价、运杂费及途中保险费等；

（2）利息，即租赁公司所垫资金的应计利息；

（3）租赁手续费，包括租赁公司承办业务的营业费用及应得到的利润。租赁手续费的高低由租赁公司与承租企业协商确定，一般以租赁资产价款的某种百分比收取。

2. 租金的支付方式

（1）租金按支付时间长短不同，可分为年付、半年付、季付、月付。

（2）租金按每期支付租金的时间不同，可分为先付租金和后付租金。先付租金指在期初支付租金；后付租金指在期末支付租金。

（3）租金按每期支付金额不同，可分为等额支付和不等额支付。

3. 租金的计算方法

融资租赁租金计算方法较多，常用的有平均分摊法和等额年金法。

（1）平均分摊法，是指不考虑货币的时间价值因素，先以商定的利息率和手续费率计算出租赁期间的利息和手续费，然后连同设备价款一起支付次数平均的计算方法，其公式表示为

$$R = \frac{(C-S)+I+F}{N}$$

式中：R 为每期应付租金；C 为租赁资产的购置成本；S 为出租人回收的租赁资产的残值；I 为租赁期间的利息；F 为租赁的手续费；N 为租赁期间租金支付次数。

（2）等额年金法，是指利用年金现值的计算原理计算每期应付租金的方法。在这种方法下，要将利息率和手续费率综合在一起确定一个租费率，作为贴现率，具体公式为

$$后付等额租金 \ R = \frac{C-S\times(P/F, i, n)}{(P/A, i, n)}$$

$$先付等额租金 \ R = \frac{C-S\times(P/F, i, n)}{(P/A, i, n-1)+1}$$

式中：R 为每期应付租金；C 为租赁资产的购置成本；S 为出租人回收的租赁资产的残值；i 为租费率；n 为租赁期间租金支付次数。

（五）融资租赁的优缺点

1. 融资租赁的优点

（1）融资租赁的实质是融资，尤其当企业资金不足，举债购买设备困难时，更显示其"借鸡生蛋，以蛋还鸡"办法的优势。

（2）融资租赁的资金使用期限与设备寿命周期接近，比一般借款期限要长，负债压力较小；在租赁期内租赁公司一般不得收回出租设备，使用有保障。

（3）融资与融物的结合，减少了承租企业直接购买设备的中间环节和费用，提高生产能力。

2. 融资租赁的缺点

（1）资金成本高。融资租赁的租金比举债利息高，因此总的财务负担重。

（2）不一定能享用设备残值。

四、商业信用

商业信用是指商品交易中的延期付款、预收货款或延期交货而形成的借贷关系，是企业之间的直接信用行为。商业信用是商品交易中钱与货在时间上的分离，它的表现形式主要有"先取货，后付款"和"先付款，后取货"两种，是自然性融资。商业信用产生于银行信用之前，在银行信用出现以后，商业信用依然存在。企业之间商业信用的形式很多，主要有应付账款、应付票据、预收货款。

1. 应付账款

应付账款即赊购商品形成的欠款，是一种典型的商业信用形式。应付账款是卖方向买方提供信用，允许买方收到商品后不立即付款，可延续一定时间。这样做既解决了买方暂时性的资金短缺困难，又便于卖方推销商品。

卖方在销售中推出信用期限的同时，往往会推出现金折扣条款，如"2/10，$n/30$"，表示信用期为 30 天内免费占用资金；如买方在 10 天内付款，可享受 2％的现金折扣。这时，买方就面临一项应付账款决策——要不要提前在现金折扣期内付款。放弃现金折扣的成本是一种机会成本，它是买方该不该放弃现金折扣的决策依据。当放弃现金折扣成本率大于银行贷款率时不应放弃现金折扣。其计算公式：

$$放弃现金折扣成本率 = \frac{现金折扣率 \times 360}{(1 - 现金折扣率) \times (信用期 - 折扣期)}$$

2. 应付票据

应付票据是企业在对外经济往来中，对应付债务所开出的票据。应付票据主要是商业汇票。

商业汇票根据承兑人的不同可分为商业承兑汇票和银行承兑汇票。商业承兑汇票是由收款人开出，经付款人承兑，或由付款人开出并承兑的汇票。银行承兑汇票是由收款人或承兑申请人开出，由银行审查同意承兑的汇票。商业承兑汇票由付款人承兑，若到期时付款人银行存款账户余额不足以支付票款，银行不承担付款责任，只负责将汇票退还收款人，由收款人与付款人自行协商处理。银行承兑汇票由承兑银行承兑，若到期时承兑申请人存款余额不足以支付票款，承兑银行应向收款人或贴现银行无条件支付票款，同时对承兑申请人执行扣款，并对未扣回的承兑金额按每天万分之五计收罚息。商业汇票是一种期票，最长期限 6 个月。对于买方（即付款人）来说，它是一种短期融资方式。对于卖方（即收款人）来说，也可能产生一种融资行为，就是票据贴现。票据贴现是指持票人把未到期的商业票据转让给银行，贴付一定的利息以取得银行资金的一种借贷行为。它是一种以票据为担保的贷款，是一种银行信用。票据贴现及贴现利息和银行实付贴现金额，有关计算公式为

贴现利息＝票据到期金额×贴现率×贴现期

银行实付贴现金额＝票据到期金额－贴现利息

其中，贴现期是指自贴现日起至票据到期前一日止的实际天数

如果办理贴现的是商业承兑汇票，而该票据到期时债务人未能付款，那么贴现银行因收到款项而向贴现企业行使追索权。贴现企业办理贴现后对于这种或有负债应当在资产负债表中予以披露。

3. 预收账款

预收账款是指卖方按照合同或协议的规定，在发出商品之前向买方预收的部分或全部贷款的信用行为。它等于卖方向买方先借一笔款项，然后用商品偿还。这种情况中的商品往往是俏销的，买方乐意预付货款而取得期货，卖方由此筹集到资金。

商业信用融资具有简单方便、无实际成本、约束和限制少等优点，但它的缺点是融资期限短。

第四节　混合性筹资

混合性筹资是指既具有某些股权性筹资的特征，又具有某些债券型资金的特征的资金形式。企业常见的混合性资金包括可转换债券和认股权证。

一、发行可转换债券

（一）可转换债券的性质

可转换债券的持有人在一定时期内，可以按规定的价格或一定的比例，自由地选择转换为普通债券。发行可转换债券筹得的资金具有债权性资金和权益性资金的双重性质。

（二）可转化债券投资的优缺点

1. 可转换债券投资的优点

（1）可节约利息支出。由于可转换债券赋予持有者一种特殊的选择权，即按事先约定在一定时间内将其转换为公司股票的选择权，因此，其利率低于普通债券，减少了利息支出。

（2）有利于稳定股票市价。可转换债券的转换价格通常瞄准公司当前股价，转换期限较长，有利于稳定股票市价。

（3）增强筹资灵活性。可转换债券转换为公司股票前是发行公司的一种债务资本，可以通过提高转换价格、降低转换比例等方法促使持有者将持有的债券转换为公司股票，即将换为权益资本。在可转换债券转换为股票的过程中，不会受其他债权人的反对。

2. 可转换债券投资的缺点

（1）增加了对管理层的压力。发行可转换债券后，若股价低迷或发行公司业绩欠佳，股价没有按照预期的水平上升时，持有者不愿将可转化债券转换为股票，发行公司将面临兑付债券本金的压力。

（2）存在回购风险。发行可转换债券后，公司股票价格在一定时期内连续低于转化价格达到某一幅度时，债券持有人可以按事先约定的价格将债券出售给发行公司，从而增加了公司的财务风险。

（3）股价大幅度上扬时，存在减少投资数量的风险。如果转换时，股票价格大幅上扬，公司只能以固定的转化价格将可转换债券转为股票，从而减少了筹资数量。

二、发行认股权证

（一）发行认股权证投资的特征

以认股权证购买发行公司的股票，其价格一般低于市场价格，因此，股份公司发行认股权证可增加其所发行股票对投资者的吸引力。发行依附于公司债券、优先股或者短期票据的认股权证，可起到明显的促销作用。

（二）认股权证的种类

1. 按允许购买的期限长短分类

按允许购买的期限长短分类，认股权证可分为长期认股权证与短期认股权证。

短期认股权证的认股期限一般在 90 天以内；长期认股权证认股期限通常在 90 天以上，或长达数年或永久。

2. 按发行方式分类

按发行方式分类，认股权证可分为单独发行认股权证与附带发行认股权证。单独发行认股权证是指不依附于公司债券、优先股、普通股或短期票据而单独发行的认股权证。附带发行认股权证的发行，最常用的方式是认股权证在发行债券或优先股之后发行，这时将认股权证随同债券或优先股一同寄给认购者。在无纸化交易制度下认股权证将随同债券或优先股一并由中央登记结算公司划入投资者账户。

3. 按认购数量的约定方式分类

按认购数量的约定方式分类，认股权证可分为备兑认股权证与配股权证。

备兑认股权证是每份备兑证按一定比例含有几家公司的若干股股票。配股权证是确认老股东配股权的证书，它按照股东持股比例定向派发，赋予其以优惠价格认购公司一定份额的新股。

（三）认股权证筹资的优缺点

1. 认股权证筹资的优点

（1）为公司筹集额外的资金。认股权证不论是单独发行还是附带发行，多都为发行公司筹得一笔额外资金。

（2）促进其他筹资方式的运用。单独发行的认股权证有利于将来发售股票，附带发行的认股权证可以促进其所依附债券的发行效率。而且由于认股权证具有价值，附认股权证的债券票面利率和优先股股利率通常较低。

2. 认股权证筹资的缺点

（1）稀释普通股收益。当认股权证持有者行权时，提供给投资者的股票是新发行的股票，而并非二级市场的股票。这样，当认股权证持有者行权时，普通股股份增多，每股收益下降。

（2）容易分散企业的控制权。由于认股权证通常随债券一起发售，以吸引投资者，当认股权证持有者行权时，企业的股权结构将会发生改变，稀释了原有股东的控制权。

本 章 小 结

一、理论梳理

（1）筹资是指企业为了满足其经营活动、投资活动、资本结构管理和其他需要，运用一定的筹资方式，通过一定的筹资渠道，筹措和获取所需资金的一种财务行为。

（2）权益性筹资是企业一项最基本的资金来源。企业股权筹资的方式主要有吸收直接投资、发行股票和利用留存收益等。

（3）负债性筹资是指通过负债筹集资金，具体方式包括银行借款、发行公司债券、融资租赁与商业信用等方式。

（4）混合性筹资是指既具有某些股权性筹资的特征，又具有某些债券型资金的特征的资金形式，常见的方式包括可转换债券和认股权证。

本章理论梳理如图 3-1 所示。

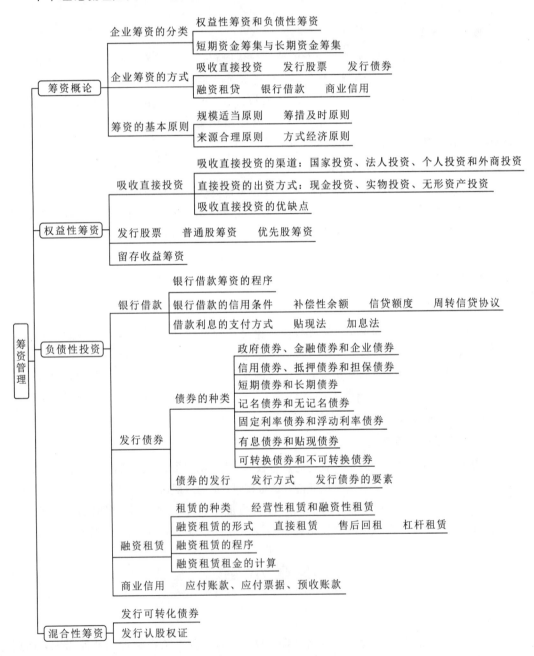

图 3-1　本章理论梳理

二、知识检测

（1）企业筹措资金采用的具体形式。

（2）直接投资的出资方式。

（3）银行借款筹资的优点。

（4）优先股筹资的优点。

三、案例分析

弘达公司向钱塘公司购买原材料，钱塘公司开出的付款条件为"1/10，n/30"。弘达公司的财务经理吴丽丽查阅公司记录发现，会计人员对此项交易的会计处理方式是：一般在收到货物后 15 天支付款项。当她询问公司会计为什么不争取现金折扣时，负责该项交易的会计不假思索地回答道，这一交易的资金成本仅为 1%，而银行贷款成本却为 10%。

讨论：

结合案例内容，分析会计人员错误在哪里，他在观念上混淆了什么？

四、应用实训

实训目标：

通过企业筹资决策实训，激发学生应用能力，初步理解筹资方式的选择。

实训内容：

假设你在弘达公司工作，弘达公司拟按（2/10，n/30）的信用条件购入一批钢材，即公司如果在 10 日内付款，可享受 2% 的现金折扣；若公司放弃现金折扣，贷款应在 30 天内付清。

实训要求：

计算弘达公司放弃该项现金折扣的成本是多少，分析如何通过衡量放弃现金折扣成本的大小进行筹资决策？

第四章　资本成本与资本结构

【知识目标】

了解资本成本原理、杠杆原理和资本结构原理，掌握资本成本的计算、经营风险和财务风险的度量以及最优资本结构的确定。

【能力目标】

能够学会在各种筹资方式下资本成本的计算方法，为企业筹资提供合理的建议。

【案例导读】

假设一个企业家打算开一家盈利13％的公司，他没有任何资金，但是他可以按照15％的资本成本借到钱。在这种情况下他是否应该筹建该公司？

第一节　资　本　成　本

一、资本成本的概念和种类

（一）资本成本的概念

资本成本，又称资金成本，是指企业为筹集和使用资金时所付出的代价。资本成本包括筹资费用和用资费用两部分。筹资费用是指企业在筹集资本活动中为获得资本而付出的费用，如发行债券、股票支付的费用以及借款的手续费等。用资费用是指企业因使用资本而承付的费用，主要指利息、股利等。从投资者的角度看，资本成本是投资者进行投资所要求的必要报酬或最低报酬。企业资本成本的高低主要取决于总体经济环境、证券市场条件、企业内部的经营和筹资状况以及项目筹资规模等因素。

资本成本作为企业的一种成本，即具有一般商品成本的基本属性，又有不同于一般商品成本的某些特性。二者的主要区别在于产品成本是企业生产经营中的资金耗费且带有垫支的性质，故直接从销售收入中补偿；而资本成本不属于生产经营中的资金耗费且不具垫支性质，不构成产品成本，其本质属于利润分配的范畴。

资本成本与资金时间价值有联系，但也是有区别的。资金时间价值是资本成本的基础，而资本成本既包括资金时间价值，也包括投资的风险价值和通货膨胀率等，资本成本与资金时间价值在数量上是不等的。

（二）资本成本的种类

企业筹集和使用任何资金，不论是短期的还是长期的，都要付出代价。对于仅仅用于满足企业经营周期性或季节性变化而筹措的短期负债，由于这些短期负债不稳定，故其资本成本一般忽略不计（短期负债成本通常与营运资本的管理相联系）。因此，资本成本通常是指筹集和使用长期资金的成本。与资本成本密切相关的资本构成要素是：长期借款、债券、优先股、普通股和留存收益等。

资本成本有三种：

（1）个别资本成本，是指企业的各种长期资本的成本，例如，股权资本成本、债券资本成本、长期借款资本成本。企业在比较各种筹资方式时，需要使用个别资本成本。

（2）加权平均资本成本，是指企业的全部长期资本的成本。企业在与其他企业的资本成本进行比较或进行长期资本结构决策时，可以采用加权平均资本成本。

（3）边际资本成本，是指企业追加的长期资本的成本。企业在追加筹资方案的选择中，需要运用边际资本成本。

二、资本成本的计算和作用

（一）资本成本的计算

资本成本的表示方法有绝对数和相对数两种，一般用相对数，要求计算预测数或估计数。如果对计算结果的精确度要求较高，就需要考虑资金时间价值，那么资本成本是使各年支付的报酬和本金的总现值恰好等于企业实际可用资金的折现率。用公式表示为

$$P_0(1-f) = \frac{CF_1}{(1+K)} + \frac{CF_2}{(1+K)^2} + \cdots + \frac{CF_n}{(1+K)^n}$$

其中，P_0 表示筹资总额；f 表示筹资费用率，即筹资费用与筹资总额的比率；CF_n 表示第 n 期支付的资金使用费；K 表示资本成本。

上式中，筹资费用作为筹资总额的扣减项，主要原因是筹资费用在筹资时，已作为一次性费用发生，不属于资金使用期内的预计持续付现项目。实际上，在资金使用过程中，可被企业利用的是筹资净额而不是筹资总额，按照配比原则，只有筹资净额能与用资费用配比。

以上公式计算过程比较复杂。若不考虑资金时间价值，资本成本可近似地用资本的用资费用占筹资净额的比率表示。这种方法较为简单，但计算结果不太精确。其计算公式是：

$$K = \frac{D}{P_0 - F} = \frac{D}{P_0(1-f)}$$

其中：D 表示资金使用费；F 表示筹资费用。

（二）资本成本的作用

1. 资本成本是拟定筹资方案的依据

企业资金可通过种种渠道，采用不同的筹资方式取得。各种筹资方式因资金提供者面临的风险不同而有不同的资本成本，最佳筹资方案是实现使综合资本成本最低的各种筹资方式的最优组合。

2. 资本成本是评价投资方案的经济标准

国际上通常将资本成本视为一个投资项目必须赚得的最低报酬率，视为是否采纳一个投资项目的取舍率，以此作为比较选择投资方案的一个经济标准。在企业投资评价分析中，可以将资本成本作为折现率，用于测算各个投资方案的净现值和现值指数，并进行比较选择投资方案，进行投资决策。

3. 资本成本是企业评价效绩的依据

企业的整个经营效绩可以用企业全部投资的利润率来衡量,并可与企业全部资本的成本相比较。如果利润率高于成本,可以认为对企业经营有利;反之,如果利润率低于成本,则可认为对企业经营不利,业绩不佳,需要改善经营管理,提高企业全部资本的利润率和降低成本。

三、个别资本成本

个别资本成本是指各种筹资方式所筹资金的成本。主要包括银行借款成本、债券成本、优先股成本、普通股成本和留存收益成本。

1. 银行借款资本成本

银行借款资本成本的计算公式为

$$K_1 = \frac{I_1(1-T)}{P_1(1-f_1)} = \frac{i_1(1-T)}{1-f_1}$$

式中:K_1 表示银行借款资本成本;I_1 表示银行借款年利息;P_1 表示银行借款筹资总额;T 表示所得税税率;f_1 表示银行借款筹资费率;i_1 表示银行借款年利息率。

【例 4 - 1】　弘达公司向银行取得 100 万元借款,年利率为 10%,期限为 5 年,每年付息一次,到期一次还本。假定筹资费用率为 0.5%,所得税率为 25%,则该借款的资金成本为

解　　　　$$K_1 = \frac{100 \times 10\% \times (1-25\%)}{100 \times (1-0.5\%)} \times 100\% = 7.54\%$$

在实务中,由于银行的融资手续费数额相对较小,为了简化计算,可以忽略不计。

2. 债券资本成本

债券资本成本的计算公式为

$$K_2 = \frac{I_2(1-T)}{P_2(1-f_2)} = \frac{B \cdot i_2(1-T)}{P_2(1-f_2)}$$

式中:K_2 表示债券资本成本;I_2 表示债券年利息;P_2 表示债券筹资总额;T 表示所得税税率;f_2 表示债券筹资费率;B 表示债券面值总额;i_2 表示债券年利息率。

【例 4-2】　某企业平价发行债券 100 万元,筹资费率 2%,债券利息率 10%,所得税率 25%。求该债券资本成本率。

解　　　　债券资本成本率 $K_2 = \dfrac{10\% \times (1-25\%)}{1-2\%} \approx 7.65\%$

【例 4 - 3】　某企业发行债券 100 万元,面额 100 元,按溢价 105 元发行,票面利率 10%,所得税率 25%,发行筹资费率 1%。求该债券资本成本率。

解　　　　债券资本成本率 $K_2 = \dfrac{100 \times 10\% \times (1-25\%)}{105 \times (1-1\%)} \approx 7.22\%$

3. 优先股资本成本

优先股资本成本的计算公式为

$$K_3 = \frac{D}{P_3(1-f_3)}$$

其中：K_3 表示优先股资本成本；D 表示优先股年股利额；P_3 表示优先股筹资总额；f_3 表示优先股筹资费率。

【例 4 - 4】　弘达公司发行优先股，每股 12 元，年支付股利 1.2 元，发行费率 2%。求该优先股资本成本率。

解　　　　　　　优先股资本成本率 $K_3 = \dfrac{1.2}{12 \times (1 - 2\%)} = 10.2\%$

4. 普通股资本成本

普通股资本成本的计算公式为

$$K_4 = \frac{D_1}{P_4(1 - f_4)} + g$$

其中：K_4 表示普通股资本成本；D_1 表示预期第 1 年普通股股利；P_4 表示普通股筹资总额；f_4 表示普通股筹资费率；g 表示普通股年股利增长率。

【例 4 - 5】　弘达公司发行普通股，每股面值 8 元，溢价 10 元发行，筹资费率 4%，第一年末预计股利率 6%，以后每年增长 3%。求该普通股资本成本率。

解　　　　　　普通股资本成本率 $K_4 = \dfrac{8 \times 6\%}{10 \times (1 - 4\%)} + 3\% = 8\%$

5. 留存收益资本成本

一般企业都不会把盈利以股利的形式全部分给股东，且在宏观政策上也不允许这样做，因此，企业只要有盈利，总会有留存收益。留存收益是企业的可用资金，它属于普通股股东所有，其实质是普通股股东对企业的追加投资。留存收益资本成本可以参照市场利率，也可以参照机会成本，更多的是参照普通股股东的期望收益，即普通股资本成本，但它不会发生筹资费用，其他方面与普通股基本相同。其计算公式为

$$K_5 = \frac{D_1}{P_4} + g$$

其中：K_5 表示留存收益资本成本。

【例 4 - 6】　弘达公司发行普通股，每股面值 8 元，溢价 10 元发行，筹资费率 4%，第一年末预计股利率 6%，以后每年增长 3%。弘达公司留用利润 50 万元，求该留存收益资本成本率。

解　　　　　　留存收益资本成本率 $K_5 = \dfrac{8 \times 6\%}{10} + 3\% = 7.8\%$

四、综合资本成本

综合资本成本就是指一个企业各种不同筹资方式总的平均资本成本，它是以各种资本所占的比重为权数，对各种资本成本进行加权平均计算出来的，所以又称加权平均资本成本。其计算公式为

$$K_w = \sum_{j=1}^{n} K_j W_j$$

其中：K_w 表示综合资本成本（加权平均资本成本）；K_j 表示第 j 种资金的资本成本；W_j 表示第 j 种资金占全部资金的比重。

【例 4-7】　某企业共有资金 500 万元，其中银行借款占 25 万元，长期债券占 125 万元，普通股占 250 万元，优先股占 75 万元，留存收益占 25 万元，各种来源资金的资本成本率分

别为 4%、6%、10%、8%、9%。求综合资本成本率。

$$综合资本成本率 = \frac{25 \times 4\% + 125 \times 6\% + 250 \times 10\% + 75 \times 8\% + 25 \times 9\%}{500}$$

$$= 8.35\%$$

五、边际资本成本

边际资本成本是指资金每增加一个单位而增加的成本。当企业需要追加筹措资金时应考虑边际资本成本的高低。企业追加筹资，可以只采用某一种筹资方式，但这对保持或优化资本结构不利。当筹资数额较大，资本结构又有既定目标时，应通过边际资本成本的计算，确定最优的筹资方式的组合。

下面举例说明边际资本成本的计算和应用。

【例 4-8】 弘达公司目前的资本结构较为理想，拥有长期资金 400 万元，其中长期借款 60 万元，资本成本 3%，长期债券 100 万元，资本成本 10%，普通股 240 万元，资本成本 13%，加权平均资本成本为 10.75%。公司根据经营需要，计划追加筹资，并以原来的资本结构为目标资本结构。根据对金融市场的分析，得出不同筹资额的有关数据见表 4-1。

表 4-1 筹资规模与资本成本预测表

资本种类	目标资本结构	新筹资额/元	个别资本成本
长期借款	15%	45 000 以内	3%
		45 000~90 000	5%
		90 000 以上	7%
长期债券	25%	200 000 以内	10%
		200 000~400 000	11%
		400 000 以上	12%
普通股	60%	300 000 以内	13%
		300 000~600 000	14%
		600 000 以上	15%

1. 计算筹资总额分界点

因为一定的资本成本只能筹集到一定限度的资金，超过这一限度多筹集资金就要花费更高的成本，引起原有资本成本的变化，于是就把在保持某一资本成本的条件下可以筹集到的资金总限额称为现有资本结构下的筹资总额分界点。在筹资总额分界点范围内筹资，原来的资本成本不会改变。一旦筹资额超过筹资总额分界点，即使维持现有的资本结构，其资本成本也会增加。筹资总额分界点的计算公式为

$$筹资总额分界点 = \frac{可用某特定成本筹集到的某种资金额}{该种资金在资本结构中所占比重}$$

在花费 3% 的资本成本时，取得的长期借款筹资限额为 45 000 元(此限额又可称为个别资本新筹资额临界点)，由于长期借款占全部资本的 15%，所以其筹资总额分界点便为 45 000/15%=300 000 元，反过来说，只要筹资总额不超过 300 000 元，长期借款新筹资额不会超过 45 000 元，则其资本成本就能保持在 3% 的水平上。而在花费 5% 的资本成本时，

取得的长期借款筹资限额为 90 000 元，其筹资总额分界点则为 90 000/15％＝600 000元。

　　同理，一个临界点即可计算获得一个筹资总额分界点，各种情况下的筹资总额分界点的计算结果如表 4－2 所示。

表 4－2　筹资总额分界点计算表

资本种类	资本结构	新筹资额/元	筹资总额分界点/元	个别资本成本
长期借款	15％	45 000 以内	300 000	3％
		45 000～90 000	600 000	5％
		90 000 以上		7％
长期债券	25％	200 000 以内	800 000	10％
		200 000～400 000	1 600 000	11％
		400 000 以上		12％
普通股	60％	300 000 以内	500 000	13％
		300 000～600 000	1 000 000	14％
		600 000 以上		15％

　　表 4－2 显示了特定种类资本成本变动的分界点。例如，长期借款在 45 000 元以内时，其资本成本为 3％，而在该企业的资本结构中，长期借款的比例为 15％。这表明当长期借款资本成本由 3％上升到 5％之前，企业可总共筹资 300 000 元；当筹资总额多于300 000元时，长期借款资本成本就要上升到 5％。

2. 计算边际资本成本

　　根据上面计算得出的筹资总额分界点，可以得到七组筹资总额范围：30 万元以内；30 万元～50 万元；50 万元～60 万元；60 万元～80 万元；80 万元～100 万元；100 万元～160 万元；160 万元以上。对以上 7 组筹资总额范围分别计算加权平均资本成本，即可得到各种筹资总额范围的边际资本成本，计算结果见表 4－3。

表 4－3　边际资本成本计算表

筹资范围/元	筹资方式	个别资本成本 K_j	资本结构 W_j	边际资本成本 $\sum K_j W_j$
300 000 以内	长期借款	3％	15％	10.75％
	长期债券	10％	25％	
	普通股	13％	60％	
300 000～500 000	长期借款	5％	15％	11.05％
	长期债券	10％	25％	
	普通股	13％	60％	
500 000～600 000	长期借款	5％	15％	11.65％
	长期债券	10％	25％	
	普通股	14％	60％	
600 000～800 000	长期借款	7％	15％	11.95％
	长期债券	10％	25％	
	普通股	14％	60％	

筹资范围/元	筹资方式	个别资本成本 K_j	资本结构 W_j	边际资本成本 $\sum K_j W_j$
800 000～1 000 000	长期借款 长期债券 普通股	7% 11% 14%	15% 25% 60%	12.2%
1 000 000～1 600 000	长期借款 长期债券 普通股	7% 11% 15%	15% 25% 60%	12.8%
1 600 000 以上	长期借款 长期债券 普通股	7% 12% 15%	15% 25% 60%	13.05%

从上例可知,边际资本成本随着筹资总额的增加而增加。

第二节　杠杆系数的衡量

财务经理必须充分利用杠杆原理,提高理财能力,规避经营风险和财务风险。在财务管理中,杠杆效应是由于存在固定费用(包括固定的经营费用和固定的财务费用),当业务量发生较小变化时,导致息税前利润或每股收益产生较大幅度变化的经济现象。根据不同固定性费用,企业的杠杆效应可分为经营杠杆和财务杠杆。

一、经营风险与经营杠杆

1. 经营风险

1) 含义

经营风险是企业未使用债务时经营的内在风险。

2) 性质

(1) 经营活动(销售商品或提供劳务等营业活动及与此有关的生产性资产投资活动)的结果,与筹资活动(金融活动)无关。

(2) 只要企业从事经营活动,必然承担经营风险。

3) 表现

经营风险表现为息税前利润(EBIT)的变动性。

$$息税前利润=销量\times(单价-单位变动成本)-固定经营成本$$
$$=边际贡献-固定经营成本$$

(1) 息税前利润是营业收入扣除经营性成本费用的结果,完全由企业的经营活动所决定。

(2) 由于未减除债务利息费用,息税前利润不受筹资活动(资本结构、财务风险)的影响;筹资活动只影响息税前利润在债权人收益和股东收益之间的分配,而不影响息税前利润的大小。

4）经营风险的影响因素

经营风险的影响因素即影响息税前利润的因素，主要包括产品需求、产品售价、调整价格的能力、产品成本和固定（经营）成本的比重（经营杠杆）。

2. 经营杠杆

固定经营成本不随销量变动而变动。当销量变动时，营业收入等比例变动，而成本总额中只有变动成本与销量同比变动，固定经营成本不变，从而使成本总额变动率小于营业收入变动率，致使息税前利润产生更大幅度的变动。

经营杠杆作用的大小可用经营杠杆系数（DOL）来衡量。经营杠杆系数，又称经营杠杆率，是指息税前利润变动率相当于产销业务量变动率的倍数。一般而言，经营杠杆系数越大，经营风险越大。经营杠杆系数的计算公式为

$$DOL = \frac{\Delta EBIT/EBIT}{\Delta Q/Q} = \frac{\Delta EBIT/EBIT}{\Delta S/S}$$

式中：DOL 为经营杠杆系数；EBIT 为变动前的息税前利润；$\Delta EBIT$ 为息税前利润的变动额；Q 为变动前的销量；ΔQ 为销量的变动数；S 为变动前的销售额；ΔS 为销售收入的变动额。

通过推导可将上述公式简化为（推导过程从略）

$$DOL = \frac{Q(p-V)}{Q(p-V)-F} = \frac{S-VC}{S-VC-F}$$

式中：p 为单价；V 为单位变动成本；F 为固定成本总额；VC 为变动成本总额。

即经营杠杆系数为某一销售水平下的边际贡献总额与息税前利润的比率。

【例 4-9】 某公司有关资料如表 4-4 所示，试计算该企业 2021 年的经营杠杆系数。

表 4-4 收入成本计算表

项 目	2020 年	2021 年	变动额	变动率
销售额	10 000	12 000	2 000	20%
变动成本	6 000	7 200	1 200	20%
边际贡献	4 000	4 800	800	20%
固定成本	2 000	2 000	0	0
息税前利润	2 000	2 800	800	40%

根据上表有关数据可求得 2020 年的经营杠杆系数：

$$DOL = \frac{800/2\,000}{2\,000/10\,000} = \frac{40\%}{20\%} = 2$$

或

$$DOL = \frac{4\,000}{2\,000} = 2$$

同理，可按 2020 年的资料预测出 2021 年的经营杠杆系数：

$$DOL = \frac{4\,800}{2\,800} \approx 1.71$$

该公司 2020 年 DOL 为 2 表示：当企业销售增长 1 倍时，息税前利润将增长 2 倍；反之，当企业销售下降 1 倍时，息税前利润将下降 2 倍。前种情形表现为经营杠杆利益，后一

种情况则表现为经营杠杆损失。2021 年 DOL 下降至 1.71 表示：在单价、单位变动成本和固定成本不变的情况下，销售量上升，DOL 下降，公司的经营风险将会降低。

3. 经营杠杆与经营风险的关系

第一，经营杠杆"放大"经营风险（息税前利润的变动性），经营杠杆作用越强，经营风险越高。

第二，经营杠杆不存在（DOL＝1），经营风险（息税前利润的变动性）仍会存在，但不会被放大——销量变动引起息税前利润等比例变动。

第三，经营杠杆只是风险放大的"潜在"因素，如果企业保持稳定的销售水平和成本结构，较高的经营杠杆系数没有什么意义。

第四，在控制经营风险时，不应只考虑固定成本的绝对量，而应关注固定成本与盈利水平的相对关系。

二、财务风险与财务杠杆

1. 财务风险

1）含义

财务风险是指企业运用债务筹资方式产生的丧失偿付能力的风险，最终由普通股股东承担。

2）性质

财务风险的性质是债务筹资活动（金融活动）的结果，与经营活动无关。

3）表现

（1）丧失偿付能力的可能性。

（2）因承担固定性融资成本而产生的每股收益的变动性大于息税前利润的变动性——财务杠杆效应。

① 每股收益的变动性，通常是经营风险与财务风险共同作用的结果。

② 每股收益是息税前利润的函数，经营风险导致息税前利润变动的同时，也必然导致每股收益的变动。

③ 债务筹资产生的财务杠杆效应会使每股收益的变动性大于息税前利润的变动性，即在经营风险基础上"叠加"财务风险。

2. 财务杠杆

财务杠杆（Financial Leverage）是指企业在筹资活动中对资本成本固定的债务资金和优先股的利用。债务利息和优先股股利通常不会随着企业息税前利润变动而变动。当息税前利润增大时，每 1 元盈余所负担的固定财务费用就会相对减少，普通股的盈余会大幅度增加，给普通股股东带来财务杠杆利益；反之，当息税前利润减少时，每 1 元盈余所负担的固定财务费用就会相对增加，普通股的盈余会大幅度减少，造成财务杠杆损失。这种由于债务和优先股的存在而导致普通股股东权益变动大于息税前利润变动的杠杆效应，称为财务杠杆作用。

财务杠杆作用的大小用财务杠杆系数（DFL）来衡量。所谓财务杠杆系数，又称财务杠杆率，是指普通股每股收益的变动率相当于息税前利润变动率的倍数。一般而言，财务杠

杆系数越大，财务风险就越高。财务杠杆系数的计算公式为

$$DFL = \frac{\Delta EPS/EPS}{\Delta EBIT/EBIT}$$

式中：DFL 为财务杠杆系数；EPS 为变动前的普通股每股收益；ΔEPS 为普通股每股收益变动额。

通过推导可将上述公式简化为（推导过程从略）

$$DFL = \frac{EBIT}{EBIT - I - \dfrac{D_P}{1-T}}$$

式中：I 为债务年利息额；D_P 为优先股股利；T 为所得税率。

在企业没有优先股时，有

$$DFL = \frac{EBIT}{EBIT - I} = \frac{息税前利润}{税前利润}$$

【例 4-10】　甲公司只生产一种产品，产品单价为 6 元，单位变动成本为 4 元，产品销量为 10 万件/年，固定成本为 5 万元/年，利息支出为 3 万元/年。计算甲公司的财务杠杆。

解　　　甲公司的息税前利润 = $10 \times (6-4) - 5 = 15$（万元）

$$甲公司的财务杠杆 = \frac{15}{15-3} = 1.25$$

3. 总风险与联合杠杆

公司总风险，又称综合风险或复合风险，是指经营风险和财务风险之和。总风险分析通常用联合杠杆来衡量。将经营杠杆和财务杠杆联合在一起，就是联合杠杆（Total Leverage），又称为复合杠杆。如前所述，由于存在固定的生产经营成本，产生经营杠杆效应，使息税前利润的变动率大于产销业务量的变动率；同样，由于存在固定财务费用（如债务利息、优先股股利），产生财务杠杆效应，使企业每股收益的变动率大于息税前利润的变动率。两种杠杆共同作用的结果是，销售额稍有变动就会使每股收益产生更大的变动。这种由于固定生产经营成本和固定财务费用的共同存在而导致的每股收益变动大于产销业务量变动的数量化衡量指标就是联合杠杆系数（DTL）。联合杠杆系数等于经营杠杆系数与财务杠杆系数之积。一般而言，联合杠杆系数越大，总风险就越大。联合杠杆系数的计算公式是：

$$DTL = DOL \cdot DFL = \frac{\Delta EPS/EPS}{\Delta Q/Q}$$

通过推导可将上述公式简化为（推导过程从略）

$$DTL = \frac{Q(p-V)}{EBIT - I - \dfrac{D_P}{1-T}}$$

若无优先股，则总系数为某一销售水平下的边际贡献总额与税前利润的比率。

【例 4-11】　弘达公司销售额为 200 万元，变动成本率为 60%，固定成本总额为 40 万元，总资本为 100 万元，其中负债 40 万元，利率 10%，优先股 20 万元，股利率 10%，所得税率 25%，则

$$DTL = \frac{200 \times (1-60\%)}{200 \times (1-60\%) - 40 \times 10\% - \dfrac{20 \times 10\%}{1-25\%}} = 1.09$$

总杠杆系数为 1.09 表示：当企业销售量增长 1 倍时，EPS 将增长 1.09 倍；反之，当企业销售量下降 1 倍时，EPS 将下降 1.09 倍。

一般而言，公司的联合杠杆系数越大，每股收益随着销售量增长而扩张的能力就越强，但风险也随之加大。公司的风险越大，投资者要求的投资率就越高。过多使用联合杠杆的公司将不得不为此付出较高的固定成本，而固定成本反过来又在一定程度上抵消了普通股股东因公司杠杆作用发挥而获得的收益。

公司对财务风险的控制一般易于对经营风险的控制。公司可以通过财务政策的选择，在合理的范围内控制其财务风险。但企业所采用的经营杠杆水平有时候是由企业经营的物质需要确定的。比如，一家钢厂由于大量投资厂房和设备，因而其拥有很大的包含折旧的固定营业成本，从而使经营风险水平很高。

在实际工作中，经营杠杆和财务杠杆可以按多种方式联合以得到一个理想的联合杠杆系数和企业总风险水平。合适的企业总风险水平需要在企业总风险和期望报酬率之间进行权衡，这一权衡过程必须与企业价值最大化的财务管理目标相一致。

第三节　资 本 结 构

企业应根据生产经营和对外投资的需要，运用资本成本和杠杆分析工具，进行筹资决策，这是财务管理的一项重要任务。企业筹资决策的核心是资本结构决策，而资本结构决策的核心又是确定最优的资本结构，适度发挥财务杠杆作用，提升企业价值。

一、资本结构理论

1. MM 理论的假设条件

（1）经营风险可以用息税前利润的方差来衡量，具有相同经营风险的公司称为风险同类；

（2）投资者等市场参与者对公司未来的收益与风险的预期是相同的；

（3）完美资本市场，即在股票与债券进行交易的市场中没有交易成本，且个人与机构投资者的借款利率与公司相同；

（4）借债无风险，即公司或个人投资者的所有债务利率均为无风险报酬率，与债务数量无关；

（5）全部现金流量是永续的，即公司息税前利润具有永续的零增长特征，债券也是永续的。

2. 无税 MM 理论

命题 I：企业资本结构与企业价值无关，负债企业价值与无负债企业价值相等。

（1）无论企业是否有负债，（税前）加权平均资本成本保持不变。

① （税前）加权平均资本成本与资本结构（筹资决策、财务风险）无关，仅取决于企业的经营活动和经营风险；

② 经营风险相同的企业，税前加权平均资本成本相同；

③ 无负债企业的权益资本成本 K_e^u＝有负债企业的加权平均资本成本 K_{WACC}^0。

（2）企业价值仅由预期收益（EBIT）决定，即全部预期收益按照与企业经营风险等级相同的必要报酬率计算的永续年金现值：

$$V_L = \frac{\text{EBIT}}{K_{\text{WACC}}^0} = V_U = \frac{\text{EBIT}}{K_e^u}$$

命题 Ⅱ：有负债企业的权益资本成本随着财务杠杆的提高而增加。

由命题 Ⅰ 可知：

无负债企业的权益资本成本 K_e^u = 有负债企业的加权平均资本成本 K_{WACC}^0

$$= K_e^l \frac{E}{E+D} + K_d \frac{D}{D+E}$$

将上式变形，可得

$$K_e^l = K_e^u + \frac{D}{E}(K_e^u - K_d)$$

3. 有税 MM 理论

命题 Ⅰ：有负债企业的价值等于具有相同经营风险等级的无负债企业的价值加上债务利息抵税收益的现值，即

$$V_L = V_U + T \times D$$

（1）$T \times D$：债务利息的抵税价值（杠杆收益）$= \dfrac{D \times i \times T}{i}$。

（2）债务利息的抵税收益相当于增加了有负债企业的现金流量，增加了其价值；理论上，全部融资来源于负债时，企业价值最大。

命题 Ⅱ：有负债企业的权益资本成本等于相同经营风险等级的无负债企业的权益资本成本加上与以市值计算的债务／权益成比例的风险报酬（溢价），风险报酬取决于企业的债务比例及所得税税率。

（1）有负债企业的权益资本成本为

$$K_e^L = K_e^u + \frac{D}{E}(K_e^u - K_d)(1-T)$$

考虑所得税的 MM 理论中，有负债企业的权益资本成本因债务利息的抵税效应而小于无所得税时的水平，二者的风险溢价部分相差 $(1-T)$ 倍。

（2）税后加权平均资本成本＜税前加权平均资本成本，并且随着负债比例的提高而降低，即

$$K_{\text{WACC}}^T = \frac{E}{E+D}K_e^L + \frac{D}{E+D}K_d(1-T) = \underbrace{\frac{E}{E+D}K_e^L + \frac{D}{E+D}K_d}_{\text{税前 WACC}} - \underbrace{\frac{D}{E+D}K_dT}_{\text{利息抵税的抵减}}$$

4. 权衡理论 —— 有税 MM 理论的扩展

1）含义

权衡理论是指在平衡债务利息的抵税收益与财务困境成本的基础上，实现企业价值最大化时的资本结构。

（1）$V_L = V_U + P_V($利息抵税$) - P_V($财务困境成本$)$

（2）最佳资本结构（债务比率）：债务抵税收益的边际价值＝增加的财务困境成本现值

2）财务困境成本

财务困境成本包括直接成本和间接成本。

直接成本是指企业因破产、进行清算或重组所发生的法律费用和管理费用。

间接成本是指因财务困境所引发企业资信状况恶化以及持续经营能力下降而导致的企业价值损失，如：

（1）客户、供应商、员工的流失；

（2）投资者的警觉与谨慎导致融资成本增加；

（3）被迫接受保全他人利益的交易条款。

3）财务困境成本现值的决定因素

（1）发生财务困境的可能性，与企业收益现金流的波动程度有关；

（2）企业发生财务困境的成本大小，取决于这些成本来源的相对重要性以及行业特征。

5. 代理理论 —— 权衡理论的扩展

1）含义

$$V_L = V_U + P_V(\text{利息抵税}) - P_V(\text{财务困境成本})$$
$$- P_V(\text{债务的代理成本}) + P_V(\text{债务的代理收益})$$

2）债务的代理成本——过度投资与投资不足

6. 优序融资理论

1）含义

企业满足融资需求的顺序为：由内至外，由债至股。

（1）内源融资（留存收益）；

（2）债权融资（先普通债券后可转换债券）；

（3）（外部）股权融资。

2）理论依据：信息不对称

（1）企业内部管理层比外部投资者拥有更多更准的关于企业的信息，可能致使权益市场价值被错误定价。

① 股票价值低估→管理层避免增发新股；

② 股票价值高估→管理层尽量增发新股，维护现有股东价值，让新股东分担投资风险。

（2）外部投资者的逆向选择心理。

① 企业预期业绩好且确定性程度较高，将会选择债务筹资，增加每股收益，提高企业价值；

② 增发新股是未来投资收益并非有把握实现预期目标的信号，是经理在企业价值被高估时的行为；

③ 增股会降低投资者对企业价值的预期，导致股价下跌。

（3）管理者的筹资决策——由内至外，由债至股。

① 尽量采用内源融资（留存收益），摆脱利用价值被高估进行外部融资的嫌疑；

② 需要外部融资时，优先考虑债务融资，因投资者认为股票被高估的可能性超过了债券。

二、资本结构的含义和影响因素

（一）资本结构的含义

资本结构概念有广义和狭义之分。广义的资本结构，又称财务结构，是指企业全部资金的构成及其比例关系，其实质是企业资产负债表中右方所有项目之间的构成及其比例关系。通常所指的资本结构是指狭义的资本结构，即企业长期资本（包括长期负债与所有者权益）的构成及其比例关系，它表明一个企业长期性的筹资项目，可以长期地、稳定地使用的各种资本及其相互之间的比例关系状况，短期资金作为营运资金的一部分进行管理。

企业的资本结构可以用负债比率来反映，负债比率的高低对企业的资本成本、股票价格和企业总价值产生不同的影响。举债经营可以获得财务杠杆利益，产生节税作用，降低资本成本，为企业和股东创造更大的经济利益。但是，随着负债比例的逐步提高，债权人在提供贷款时会逐步提高利息率或提出额外要求，企业必然增加利息等固定费用的负担，资本成本随之上升，财务风险也在不断加大，企业再举债有可能会因风险过大而被贷款方拒绝。由于财务杠杆的作用，在息税前利润下降时，每股收益下降得会更快，导致企业股票价格下降。因此，负债比率是确定最优资本结构的核心问题。

（二）资本结构决策的影响因素

影响资本结构的因素主要有：

（1）企业的财务状况。一般来说，企业获利能力越强、财务状况越好，其负债经营的风险就越小，举债就相对容易。衡量企业偿债能力的财务指标主要有流动比率、速动比率、利息保障倍数等。

（2）企业的资产结构。企业已有的资产结构也会在一定程度上影响企业将来资本的构成及比例。如：拥有大量固定资产的企业主要通过长期负债和发行股票筹集资金；拥有较多流动资产的企业更多地依赖流动负债筹集资金。资产适合用于抵押的公司举债能力较强。

（3）企业的经营情况。一般来说，如果企业的销售情况比较稳定，则盈利能力也会相对稳定，那么企业负担固定财务费用的能力就相对较强；反之，企业就会面临较大的财务风险。如以研发等高新技术为主的公司由于经营风险较大，公司债的规模一般较少。

（4）所有者和经营者的态度。如果企业的所有者不能忍受控制权的分散或旁落，就会更多地采用负债的方式筹集资金；反之会采用发行股票的方式筹集资金。如果企业的经营者属于稳健型经营，就会尽量少地使用债务；而倾向于冒险的经营者，就会安排较高的负债比例。

（5）利率的影响。利息是债务筹资需要付出的代价，利率的高低会影响所有者和经营者的筹资决策，从而影响资本结构。

（6）所得税的影响。企业在使用负债的过程中可以获得减税利益，所以所得税率越高，负债的优势就越明显。

三、资本结构的计算

企业资本结构决策的核心是确定最优资本结构，其实质是进行风险和报酬的权衡及选择，确定合适的负债比率。企业财务人员在确定其最佳资本结构时不仅要综合考虑上述各影响因素，还应采取定量模型分析，常用的方法主要有综合资本成本比较法、每股收益分析法和公司价值比较法。

1. 综合资本成本比较法

综合资本成本比较法是指通过测算不同资本结构的综合资本成本(加权平均资本成本),以综合资本成本最低为标准确定最优资本结构的方法,可分为初始资本结构决策和追加资本结构决策。

1)初始资本结构决策

【例 4-12】 弘达公司初创时有三个筹资方案备选,有关数据见表 4-5。

表 4-5 资本成本及资本结构数据 单位:万元

筹资方式	方案 A			方案 B			方案 C		
	数额	比重	资本成本	数额	比重	资本成本	数额	比重	资本成本
长期借款	60	6%	6%	120	12%	6.5%	180	18%	7%
公司债券	240	24%	9%	180	18%	8%	220	22%	9%
优先股	100	10%	13%	200	20%	13%	100	10%	13%
普通股	600	60%	16%	500	50%	15%	500	50%	15%
合计	1000	100%	—	1000	100%	—	1000	100%	—

各方案的综合平均资本成本为

方案 A:$K_w = 6\% \times 6\% + 9\% \times 24\% + 13\% \times 10\% + 16\% \times 60\% = 13.42\%$

方案 B:$K_w = 6.5\% \times 12\% + 8\% \times 18\% + 13\% \times 20\% + 15\% \times 50\% = 12.32\%$

方案 C:$K_w = 7\% \times 18\% + 9\% \times 22\% + 13\% \times 10\% + 15\% \times 50\% = 12.04\%$

计算结果表明方案 C 的综合资本成本最低,在其他有关因素大致相同时,方案 C 是最优的筹资方案。

2)追加资本结构决策

企业在持续的生产经营过程中会追加筹资,企业原有的资本结构会随着资金总额和筹资环境的改变而发生变化。最优资本结构是一个动态的概念,企业应在资本结构的变化中对原有的资本结构进行适当的调整,以保持最优的资本结构。

按照最优资本结构的要求,追加筹资方案的选择一般有两种方法:一是独立分析法,即直接计算各增资备选方案的边际资本成本,择其最低者作为最优方案;二是汇总分析法,即将各备选方案与原有资本结构数据汇总,计算增资后全部资本的综合资本成本,比较确定最优追加增资方案。

【例 4-13】 若上例中公司需增资 200 万元,有两个增资方案,有关资料如表 4-6 所示。

表 4-6 增资资本数据 单位:万元

筹资方式	增资方案甲			增资方案乙		
	数额	比重	资本成本	数额	比重	资本成本
长期借款	20	10%	7%	30	15%	7%
公司债券	80	40%	9%	100	50%	9.5%
普通股	100	50%	16%	70	35%	15.5%
合计	200	100%	—	200	100%	—

① 独立分析法。

两个增资方案的边际资本成本(K_m)为

方案甲：$K_m = 10\% \times 7\% + 40\% \times 9\% + 50\% \times 16\% = 12.30\%$

方案乙：$K_m = 15\% \times 7\% + 50\% \times 9.5\% + 35\% \times 15.5\% = 11.23\%$

由计算结果可知，该公司应采用增资方案乙。

② 汇总分析法。

将增资资本与原有资本的有关数据汇总如表 4-7 所示。

表 4-7 资本成本和结构汇总表　　　　　　　　　单位：万元

	原资本结构		增资方案甲		增资方案乙		增资后资本结构	
	数额	资本成本	数额	资本成本	数额	资本成本	方案甲	方案乙
长期借款	180	7%	20	7%	30	7%	200	210
公司债券	220	9%	80	9%	100	9.5%	300	320
优先股	100	13%	—	—	—	—	100	100
普通股	500	15%	100	16%	70	15.5%	600	570
合计	1000	—	200	—	200	—	1200	1200

计算增资后的综合资本成本：

方案甲：

$$K_W = \frac{200}{1200} \times 7\% + \frac{300}{1200} \times 9\% + \frac{100}{1200} \times 13\% + \frac{500}{1200} \times 15\% + \frac{100}{1200} \times 16\%$$
$$= 12.08\%$$

方案乙：

$$K_W = \frac{210}{1200} \times 7\% + \frac{220}{1200} \times 9\% + \frac{100}{1200} \times 9.5\% + \frac{100}{1200} \times 13\% + \frac{500}{1200} \times 15\%$$
$$+ \frac{70}{1200} \times 15.5\%$$
$$= 11.90\%$$

计算结果仍然表明增资方案乙为较优的方案。从计算过程来看，独立分析法要简单得多。

综上，综合资本成本比较法易于理解，计算过程简单，但没有具体测算财务风险因素。一般适用于资本规模较小、资本结构较为简单的非股份制企业。

2. 每股收益分析法

每股收益分析法，又称每股收益无差别分析法或 EBIT-EPS 分析法，是财务管理常用的分析资本结构和进行融资决策的方法，它通过分析息税前利润、负债比率和每股收益的关系，为确定最优资本结构提供依据。在财务管理实践中，人们往往认为财务管理的目标是实现股东财富最大化，而对股份公司而言，财务管理的目标就是不断提高普通股股东的每股收益。因此，资本结构合理性的评价也离不开对每股收益的测定。一般而论，能提高每股收益的资本结构是合理的，反之就是不合理的。然而，每股收益的高低不仅受资本结构的影响，还受息税前利润的影响。要处理这三者的关系，必须运用每股收益分析法。

每股收益分析法的核心是确定每股收益无差别点(息税前利润平衡点或筹资无差别点),即使不同筹资方案下每股收益(EPS)相等时的息税前利润(EBIT)。每股收益无差别点有助于判断选择高或低债务比例筹资方案的 EBIT 取值范围,并以此安排和调整资本结构。

每股收益的计算公式是:

$$EPS = \frac{(EBIT - I)(1 - T) - D_P}{N}$$

式中:I 为利息;T 为所得税税率;N 为流通在外的普通股股数;D_P 为优先股股利。

假设有两个方案,分别为方案 1 和方案 2,则其每股收益分别为

$$EPS_1 = \frac{(EBIT_1 - I_1)(1 - T) - D_{P1}}{N_1}$$

$$EPS_2 = \frac{(EBIT_2 - I_2)(1 - T) - D_{P2}}{N_2}$$

则每股收益无差别点应为满足下列条件的息税前利润($EBIT^*$):

$$\frac{(EBIT^* - I_1)(1 - T) - D_{P1}}{N_1} = \frac{(EBIT^* - I_2)(1 - T) - D_{P2}}{N_2}$$

若企业预计息税前利润大于无差别点息税前利润,则应该选择债务比例较高的筹资方案;反之则应选择债务比例较低的筹资方案。

【例 4-14】 弘达公司目前的资本来源包括每股面值 1 元的普通股 800 万股和平均利率为 10% 的 3 000 万元债务。该公司现在拟投产一个新产品,该项目需要投资 4 000 万元,预期投产后每年可增加营业利润(息税前盈余)1 000 万元。该项目备选的筹资方案有三个:

(1) 按 11% 的利率发行债券;

(2) 按面值发行股利率为 12% 的优先股;

(3) 按 20 元 / 股的价格增发普通股。

该公司目前的息税前盈余为 1 600 万元;公司适用的所得税率为 40%;证券发行费可忽略不计。

要求:

(1) 计算增发普通股和债券筹资的每股(指普通股,下同)收益无差别点(用营业利润表示,下同),以及增发普通股和优先股筹资的每股收益无差别点。

(2) 根据以上计算结果分析,在不考虑财务风险的情况下,该公司应当选择哪一种筹资方式?计算按该方案筹资后的普通股每股收益。

『正确答案』

(1) 债券筹资与普通股筹资的每股收益无差别点:

$$\frac{(EBIT - 740) \times (1 - 40\%)}{800} = \frac{(EBIT - 300) \times (1 - 40\%)}{1\ 000}$$

解得:

$$EBIT = \frac{1\ 000 \times 740 - 800 \times 300}{1\ 000 - 800} = 2\ 500(万元)$$

优先股筹资与普通股筹资的每股收益无差别点:

$$\frac{(EBIT - 300) \times (1 - 40\%) - 480}{800} = \frac{(EBIT - 300) \times (1 - 40\%)}{1\ 000}$$

解得：

$$EBIT = 4300(万元)$$

（2）当项目新增营业利润为 1 000 万元时，公司息税前利润总额为 2 600 万元，高于债券筹资与普通股筹资的每股收益无差别点 2 500 万元，即债券筹资优于普通股筹资；低于优先股筹资与普通股筹资的每股收益无差别点 4 300 万元，即普通股筹资优于优先股筹资；因此，在不考虑财务风险的情况下应选择债券筹资方案。

$$发行债券筹资后的普通股每股收益 = \frac{(2\,600 - 740) \times (1 - 40\%)}{800} = 1.395(元)$$

3. 公司价值比较法

公司价值比较法是将公司风险、资本成本和公司价值相结合分析，通过测算和比较不同资本结构下的公司总价值，以公司总价值最大和加权平均资本成本最低为标准，确定公司最优资本结构的决策分析方法。最优资本结构是使公司总价值最高，但不一定是使 EPS 最大的资本结构。由资本结构理论可知，使公司总价值最高同时也是加权平均资本成本最低的资本结构。

测算公司总价值的有关公式是：

$$公司总价值(V) = 权益资本总市价(S) + 债务资本总市价(B)$$

权益资本总市价类似于永续年金形式，计算公式为

$$S = \frac{(EBIT - I)(1 - T)}{K_s}$$

式中，K_s 为权益资本的成本，可根据资本资产定价模型（CAPM）确定：

$$K_s = R_f + \beta(R_m - R_f)$$

公司的加权平均资本成本 K_w 公式为

$$K_w = K_b \cdot \frac{B}{V} \cdot (1 - T) + K_s \cdot \frac{S}{V}$$

式中，K_b 为债务资本的税前成本即债务利率。

【例 4-15】 弘达公司本无负债，资本全部由普通股资本构成，其账面价值为 1 500 万元，EBIT 为 800 万元，所得税率 25%。公司用拟发行债券购回部分普通股股票的方法调整其资本结构。假设无风险报酬率为 8%，市场证券组合的必要报酬率为 12%。根据上述公式计算有关数据如表 4-8 所示。

表 4-8　不同债务水平下的个别资本成本

债券市场价值 (B)/万元	债券利率 (K_b)	β 系数	无风险报酬率 (R_f)	市场证券组合必要报酬率(R_m)	权益资本成本 (K_s)
0	—	1.1	8%	12%	12.4%
300	6%	1.2	8%	12%	12.8%
600	7%	1.3	8%	12%	13.2%
900	8%	1.5	8%	12%	14%
1 200	9%	1.7	8%	12%	14.8%
1 500	10%	2.0	8%	12%	16%

以发行债券 600 万元为例说明权益资本成本的计算过程：

$$K_s = 8\% + 1.3 \times (12\% - 8\%) = 13.2\%$$

仍以发行债券 600 万元为例说明股票市场价值、公司总价值和综合资本成本的计算过程：

$$S = \frac{(800 - 600 \times 7\%) \times (1 - 25\%)}{13.2\%} \approx 4\,307(万元)$$

$$V = 600 + 4\,307 = 4\,907(万元)$$

$$K_w = 7\% \times \frac{600}{4\,907} \times (1 - 25\%) + 13.2\% \times \frac{4\,307}{4\,907} \approx 12.23\%$$

公司总价值和资本成本计算如表 4-9 所示。

表 4-9　公司总价值和资本成本计算表

债券市场价值 (B)/万元	股票市场价值 (S)/万元	公司总价值 (V)/万元	债券利率 (K_b)	权益资本成本 (K_s)	综合资本成本 (K_w)
0	4 839	4 839	—	12.4%	12.40%
300	4 582	4 882	6%	12.8%	12.29%
600	4 307	4 907	7%	13.2%	12.23%
900	3 900	4 800	8%	14%	12.50%
1 200	3 507	4 707	9%	14.8%	12.75%
1 500	3 047	4 547	10%	16%	13.20%

可见，无负债时公司总价值等于股票市场价值；当用债务资本部分地替换权益资本时，公司总价值开始上升，同时综合资本成本开始下降；资本结构在债券市场价值为 600 万元时达到最优，即公司总价值最高，综合资本成本最低；随后负债的增加导致公司总价值的下降和综合资本成本的增加。

本 章 小 结

一、理论梳理

（1）资本成本是企业筹资决策的主要依据，是企业为筹集和使用资金而付出的代价，分为个别资本成本、加权平均资本成本和边际资本成本三大类。个别资本成本中包括债券、长期借款、普通股、优先股、留存收益等资本成本。债务利息可以抵税，其资本成本一般低于权益资本成本。普通股资本成本的计算方法有股利增长法、资本资产定价法和风险溢价法。加权平均资本成本是个别资本成本的加权平均。边际资本成本是指资金每增加一个单位而增加的成本。

（2）企业需要利用杠杆原理。经营杠杆是因固定成本而导致的息税前利润变动，用经营杠杆系数衡量，经营杠杆系数越大，企业的经营风险越大。财务杠杆是指企业对资本成本固定的债务资金和优先股的利用，用财务杠杆系数来衡量，财务杠杆系数越大，企业的财务风险越大。总杠杆系数衡量企业总风险，是经营杠杆系数与财务杠杆系数的乘积。

（3）资本结构理论的假设条件，无税 MM 理论、有税 MM 理论、权衡理论、代理理论。

（4）资本结构一般指企业长期资本的构成及其比例关系，其主要影响因素有企业商业风险、资产结构、成长性、财务弹性、经营者与所有者的态度、信用等级与债权人态度等，最优资本结构的确定方法有综合资本成本比较法、每股收益分析法和公司价值比较法等。

本章理论梳理如图 4-1 所示。

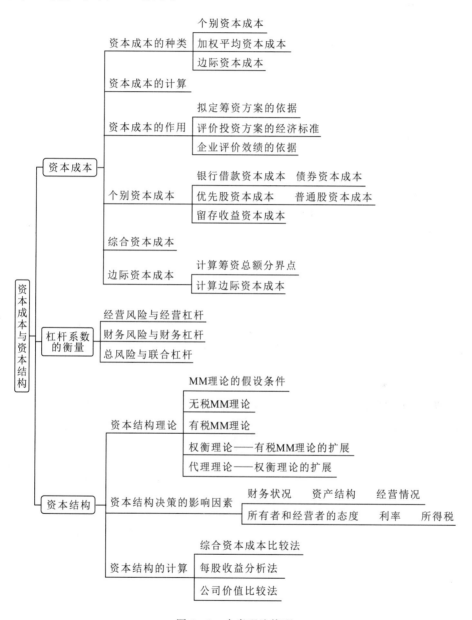

图 4-1 本章理论梳理

二、知识检测

（1）资本成本的基本特点。

（2）资本成本的主要分类。

（3）每股收益分析法的含义和应用。

（4）简述公司价值比较法。

三、案例分析

东方公司目前的资本结构为：公开发行的长期债券 900 万元，普通股 1 200 万元，留存收益 900 万元。其他有关信息如下：

（1）该公司债券税后资本成本为 4%；

（2）该公司股票报酬率与市场组合报酬率的相关系数为 0.5，市场组合报酬率的标准差为 3.0，该公司股票报酬率的标准差为 3.9；

（3）国库券的利率为 5%，股票市场的风险附加率为 8%；

（4）公司所得税率为 25%；

（5）由于股东比债权人承担更大的风险，所以要求的风险溢价为 5%。

要求：

（1）按照资本资产定价模型计算普通股成本；

（2）按照债券收益率风险调整模型计算留存收益成本；

（3）根据以上结果计算公司的加权平均资本成本。

四、应用实训

实训目标：

通过个别资本成本的学习，会测算公司的综合资本成本。

实训内容：

ABC 公司现有长期资本总额 10 000 万元，其中长期借款 2 000 万元，长期债券 3 500 万元，优先股 1 000 万元，普通股 3 000 万元，保留盈余 500 万元，各种长期资本成本率分别为 4%，6%，10%，14% 和 13%。该公司综合资本成本是多少。

实训要求：

先计算个别筹资的资本成本，并分析每种筹资方式的资本成本的特点，比较综合资本成本和个别资本成本的联系。

第五章　项目投资决策

【知识目标】

了解项目投资的概念、类型及项目投资决策的程序；了解各种贴现与非贴现指标的特点。掌握现金净流量、各种贴现与非贴现指标的含义及计算方法；掌握在风险项目投资决策情况下，风险调整贴现率法的含义及计算技巧。理解投资风险分析的肯定当量法的含义及计算技巧。

【能力目标】

掌握项目投资决策评价指标的应用，并作出项目投资决策。

【案例导读】

某合资公司在进行正常经营时，有闲置资金 40 万元，技术部根据近期收集的一些资料，提供了以下信息，以期最大效益地利用这 40 万元资金。

资料如下：目前国内市场中等水平的小家电紧缺，预计今后 15 年内总需求为 600 万台，而国内现有的年生产能力仅为 20 万台，并且品种单一、功能不全。该公司具有小家电生产技术，并且能充分保证质量、增加品种。

生产小家电需要新建一间车间，购置一条生产流水线。新建车间预计投资 15.5 万元，预计可使用 15 年，15 年后残值约为 0.5 万元，构建生产线有两个方案可供选择。

(1) 从国内市场购置，投资额为 31 万元，预计工期 2 年，2 年后正式投产，年生产能力 6 000 台，可使用 10 年，残值为 6 000 元。

(2) 从国外市场购置，售价折合人民币 15 万元，另外还需要支付进口关税、运杂费、安装费等共 9.6 万元，预计工期 1 年，年生产能力为 5000 台，该流水线可使用 6 年，残值 6 000 元。

这两个方案均需预先支付投资费用。经市场调查提供的信息基本属实，小家电的生产能保证质量，年销量可达 1.5 万台(350 元/台)。

财务科根据以上资料进行了成本预测：如果从国内购置流水线，年固定成本为 12 万元(包括厂房、流水线折旧费等，均采用直线折旧法)；如从国外购置，年固定成本增加 4 000元。小家电的单位变动成本均为 252 元，所得税税率 25%，贴现率为 10%。车间使用 6 年后，若不再使用，可转让给其他企业，预计收回 9.5 万元；如使用 10 年后转让，可收回 5.5 万元。

该项投资的财务可行性如何？公司经理该如何做出投资决策？

通过本章的学习，将了解怎样解决这些问题。

第一节　项目投资决策概述

一、项目投资的种类

投资，广义的说是指企业为了在未来取得收益而发生的投入财力的行为。它包括用于机器、设备、厂房的购建与更新改造等生产性资产的投资，简称项目投资，也包括购买债券、股票等有价证券的投资和其他类型的投资。本章所介绍的项目投资是一种以特定项目为对象，直接与新建项目或更新改造项目有关的长期投资行为。

项目投资主要分为新建项目和更新改造项目。

1. 新建项目

新建项目是以新建生产能力为目的的外延式扩大再生产。新建项目按其涉及的内容又可细分为单纯固定资产投资项目和完整工业投资项目。

（1）单纯固定资产投资项目简称固定资产投资，其特点在于：在投资中只包括为取得固定资产而发生的垫支资本投入而不涉及周转资本的投入。

（2）完整工业投资项目，其特点在于：不仅包括固定资产投资，而且涉及流动资金投资，甚至包括无形资产等其他长期资产投资。

2. 更新改造项目

更新改造项目是以恢复或改善生产能力为目的的内涵式扩大再生产。因此，不能将项目投资简单地等同于固定资产投资。项目投资对企业的生存和发展具有重要意义，是企业开展正常生产经营活动的必要前提，是推动企业生产和发展的重要基础，是提高产品质量，降低产品成本不可缺少的条件，是增加企业市场竞争能力的重要手段。

二、项目投资的程序

1. 投资项目的设计

投资规模较大，所需资金较多的战略性项目，应由董事会提议，由各部门专家组成专家小组提出方案并进行可行性研究。投资规模较小、投资金额不大的战术性项目由主管部门提议，并由有关部门组织人员提出方案并进行可行性研究。

2. 项目投资的决策

（1）估算出投资方案的预期现金流量；

（2）预计未来现金流量的风险，并确定预期现金流量的概率分布和期望值；

（3）确定资本成本的一般水平即贴现率；

（4）计算投资方案现金流入量和流出量的总现值；

（5）通过项目投资决策评价指标的计算，作出投资方案是否可行的决策。

3. 项目投资的执行

对已作出可行决策的投资项目，企业管理部门要编制资金预算，并筹措所需要的资金。在投资项目实施过程中，要进行控制和监督，使之按期按质完工，投入生产，为企业创造经济效益。

三、现金流量

在进行项目投资决策时，首要环节就是估计投资项目的预算现金流量。所谓现金流量，是指投资项目在其计算期内因资金循环而引起的现金流入和现金流出增加的数量。这里的"现金"概念是广义的，包括各种货币资金及与投资项目有关的非货币资产的变现价值。

现金流量包括现金流入量、现金流出量和现金净流量三个具体概念。

1. 现金流入量

现金流入量是指投资项目实施后在项目计算期内所引起的企业现金收入的增加额，简称现金流入。现金流入量包括营业收入、国家资产的余值、回收流动资金和其他现金流入量。

（1）营业收入：项目投产后每年实现的全部营业收入。为简化核算，假定正常经营年度内，每期发生的赊销额与回收的应收账款大致相等。营业收入是经营期主要的现金流入量项目。

（2）固定资产的余值：投资项目的固定资产在终结报废清理时的残值收入，或中途转让时的变价收入。

（3）回收流动资金：投资项目在项目计算期结束时，收回原来投放在各种流动资产上的营运资金。固定资产的余值和回收流动资金统称为回收额。

（4）其他现金流入量：以上三项指标以外的现金流入量项目。

2. 现金流出量

现金流出量是指投资项目实施后在项目计算期内所引起的企业现金流出的增加额，简称现金流出。现金流出量包括建设投资、垫支的流动资金、付现成本、所得税额和其他现金流出量。

（1）建设投资（含更改投资）：包括固定资产投资和无形资产投资。固定资产投资包括固定资产的购置成本或建造成本、运输成本、安装成本等。建设投资是建设期发生的主要现金流出量。

（2）垫支的流动资金：投资项目建成投产后为开展正常经营活动而投放在流动资产（存货、应收账款等）上的营运资金。建设投资与垫支的流动资金合称为项目的原始总投资。

（3）付现成本（或经营成本）：在经营期内为满足正常生产经营而需用现金支付的成本。它是生产经营期内最主要的现金流出量。其计算公式为

付现成本＝变动成本＋付现的固定成本＝总成本－折旧额及摊销额

（4）所得税额：投资项目建成投产后，因应纳税所得额增加而增加的所得税。

（5）其他现金流出量：不包括在以上内容中的现金流出项目。

3. 现金净流量

现金净流量是指投资项目在项目计算期内现金流入量和现金流出量的净额。由于投资项目的计算期超过一年，且资金在不同的时间具有不同的价值，所以本章所述的现金净流量是以年为单位的，并且在本节中不考虑所得税的因素。

现金净流量的计算公式为

现金净流量（NCF）＝年现金流入量－年现金流出量

当流入量大于流出量时，净流量为正值；反之，净流量为负值。

4. 项目计算期

项目计算期是指投资项目从投资建设开始到最终清理结束的全部时间，用 n 表示。

项目计算期通常以年为单位，第 0 年称为建设起点，若建设期不足半年，可假定建设

期为零；项目计算期最后一年第 n 年称为终结点，可假定项目最终报废或清理均发生在终结点，但更新改造除外。

项目计算期包括建设期和生产经营期，从项目投产日到终结点的时间间隔称为生产经营期，也叫寿命期，由此可得：

$$项目计算期(n)＝建设期＋经营期$$

所以，现金净流量可分为建设期的现金净流量和经营期的现金净流量。

（1）建设期现金净流量的计算。

$$现金净流量＝-该年投资额$$

由于在建设期没有现金流入量，所以建设期的现金净流量总为负值。其次，建设期现金净流量还取决于投资额的投入方式是一次投入还是分次投入，若投资额是在建设期一次全部投入的，上述公式中的该年投资额即为原始总投资。

（2）经营期营业现金净流量的计算。

经营期营业现金净流量是指投资项目投产后，在经营期内由于生产经营活动而产生的现金净流量。

① 不考虑所得税的营业现金净流量。

$$现金净流量(NCF)＝营业收入(或销售收入)-付现成本$$
$$＝营业利润＋非付现成本$$

上述公式中，非付现成本主要是指固定资产的年折旧费和无形资产的年摊销额。如果有其他较大数额的跨年摊销费用，如跨年的大修理摊销费用、改良工程折旧摊销费用、筹建开办费摊销费用等，也都作为非付现成本予以考虑。

② 考虑所得税的营业现金净流量。

$$现金净流量(NCF)＝营业收入(或销售收入)-付现成本-所得税$$
$$＝营业收入(或销售收入)-(总成本-折旧额及摊销额)-所得税$$
$$＝净利润＋折旧额及摊销额$$

（3）经营期终结现金净流量的计算。

经营期终结现金净流量是指投资项目在项目计算期结束时所发生的现金净流量。

$$现金净流量＝营业现金净流量＋回收额$$

四、确定现金流量时应考虑的问题

（一）现金流量的假设

由于项目投资的现金流量的确定是一项很复杂的工作，为了便于确定现金流量的具体内容，简化现金流量的计算过程，本章特作以下假设。

1. 全投资假设

全投资假设即假设在确定项目的现金流量时，只考虑全部投资的运动情况。不论是自有资金还是借入资金等具体形式的现金流量，都将其视为自有资金。

2. 建设期投入全部资金假设

建设期投入全部资金假设即项目的原始总投资不论是一次投入还是分次投入，均假设它们是在建设期内投入的。

3. 项目投资的经营期与折旧年限一致假设

项目投资的经营期与折旧年限一致假设即假设项目主要固定资产的折旧年限或使用年限与其经营期相同。

4. 时点指标假设

时点指标假设即现金流量的具体内容所涉及的价值指标，不论是时点指标还是时期指标，均假设按照年初或年末的时点处理。其中，建设投资在建设期内有关年度的年初发生；垫支的流动资金在建设期的最后一年末即经营期的第一年初发生；经营期内各年的营业收入、付现成本、折旧（摊销等）、利润、所得税等项目的确认均在年末发生；项目最终报废或清理（中途出售项目除外），回收流动资金均发生在经营期最后一年末。

5. 确定性假设

确定性假设即假设与项目现金流量估算有关的价格、产销量、成本水平、所得税率等因素均为已知常数。

（二）现金流量的估算

在确定项目投资的现金流量时，应遵循的基本原则是：只有增量现金流量才是与投资项目相关的现金流量。所谓增量现金流量，是指由于接受或放弃某个投资项目所引起的现金变动部分。由于采纳某个投资方案引起的现金流入增加额，才是该方案的现金流入。同理，某个投资方案引起的现金流出增加额，才是该方案的现金流出。为了正确计算投资项目的增量现金流量，要注意以下几个问题：

1. 沉没成本

沉没成本是过去发生的支出，而不是新增成本。这一成本是由于过去的决策所引起的，对企业当前的投资决策不产生任何影响。例如某企业在两年前购置的某设备原价 10 万元，估计可使用五年，无残值，按直线法计提折旧，目前账面净值为 6 万元。由于科学技术的进步，该设备已被淘汰，在这种情况下，账面净值 6 万元就属于沉没成本。所以，企业在进行投资决策时要考虑的是当前的投资是否有利可图，而不是过去已花掉了多少钱。

2. 机会成本

在投资决策中，如果选择了某一投资项目，就会放弃其他投资项目，其他投资机会可能取得的收益就是本项目的机会成本。机会成本不是我们通常意义上的成本：它不是实际发生的支出或费用，而是一种潜在的放弃的收益。例如，一笔现金用来购买股票就不能存入银行，那么存入银行的利息收入就是股票投资的机会成本。如果某企业有一闲置的仓库，准备用来改建职工活动中心，但将仓库出租每年可得租金收入 2 万元，则这租金收入就是改建活动中心的机会成本。机会成本作为丧失的收益，离开被放弃的投资机会就无从计量。在投资决策过程中考虑机会成本，有利于全面分析评价所面临的各个投资机会，以便选择经济上最为有利的投资项目。

3. 公司其他部门的影响

一个项目建成后，该项目会对公司的其他部门和产品产生影响，这些影响所引起的现金流量变化应计入项目现金流量。

4. 对净营运资金的影响

一个新项目投产后，存货和应收账款等流动资产的需求随之增加，同时应付账款等流动负债也会增加。这些与项目相关的新增流动资产与流动负债的差额即净营运资金应计入项目现金流量。

【例 5 - 1】 弘达公司一新建投资项目原始总投资额为 1 000 万元，其中固定资产投资 700 万元，流动资产投资 190 万元，无形资产投资 110 万元。除流动资产投资在项目完工时投入外，其他投资均于建设起点一次投入。项目建设期 2 年，经营期 10 年。固定资产按直线法计提折旧，期满预计残值为 50 万元；无形资产从投产年份起分 10 年摊销完毕；流动资金于终结点一次收回。预计项目相关营业收入和经营付现成本分别为 460 万元和 280 万元，所得税的税率为 25%。

要求：计算该项目下列指标：① 项目计算期；② 固定资产年折旧额；③ 无形资产摊销额；④ 建设期各年的现金净流量；⑤ 投产后每年的营业现金净流量；⑥ 经营期终结现金净流量。

① 项目计算期＝建设期＋经营期＝2＋10＝12（年）；

② 固定资产年折旧额＝$\frac{700-50}{10}$＝65（万元）；

③ 无形资产摊销额＝$\frac{110}{10}$＝11（万元）；

④ 建设期各年的现金净流量：

建设期第一年年初现金净流量 NCF_0＝－700＋（－110）＝－810（万元）

建设期第一年年末现金净流量 NCF_1＝0

建设期第二年年末现金净流量 NCF_2＝－190（万元）

⑤ 投产后每年的营业现金净流量：

每年净利润＝[460－（280＋65＋11）]×（1－25%）＝78（万元）

每年营业现金净流量 NCF_{3-11}＝78＋65＋11＝154（万元）

⑥ 经营期终结现金净流量 NCF_{12}＝154＋190＋50＝394（万元）。

【例 5 - 2】 弘达公司拟更新一套尚可使用 5 年的旧设备。旧设备原价为 170 万元，账面净值为 110 万元，期满预计残值为 10 万元，目前旧设备变价净收入 50 万元。旧设备每年营业收入 200 万元，付现成本为 164 万元。新设备投资总额为 300 万元，可用 5 年，使用新设备后每年可增加营业收入 60 万元，并降低付现成本 24 万元，期满残值为 30 万元。所得税的税率为 25%。

要求：① 计算继续使用旧设备每年的折旧额和每年的净利润；② 计算继续使用旧设备的各年现金净流量；③ 计算使用新设备每年的折旧额和每年的净利润；④ 计算使用新设备的各年现金净流量。

① 继续使用旧设备每年的折旧额＝$\frac{110-10}{5}$＝20（万元）；

继续使用旧设备每年的净利润＝[200－（164＋20）]×（1－25%）＝12（万元）。

② 继续使用旧设备的各年现金净流量：

第一年年初现金净流量 NCF_0＝－50－（110－50）×25%＝－65（万元）；

（变价净收入和出售旧设备损失减税为机会成本。）

第一年年末至第四年年末每年现金净流量 NCF_{1-4}＝12＋20＝32（万元）；

第五年年末现金净流量 $NCF_5 = 32 + 10 = 42$（万元）。

③ 使用新设备每年的折旧额 $= \dfrac{300 - 30}{5} = 54$（万元）；

使用新设备每年的净利润 $= [(200 + 60) - (164 - 24 + 54)] \times (1 - 25\%) = 49.5$（万元）。

④ 使用新设备的各年现金净流量：

第一年年初现金净流量 $NCF_0 = -300$（万元）；

第一年年末至第四年年末每年现金净流量 $NCF_{1-4} = 49.5 + 54 = 103.5$（万元）；

第五年年末现金净流量 $NCF_5 = 103.5 + 30 = 133.5$（万元）。

第二节　项目投资决策评价指标与应用

在项目投资决策中，估计项目的现金流量固然重要，但是现金流量的多少并不能告诉管理者该项目是否经济可行。因此，还需要采用不同的评价指标对投资项目进行分析和评价，从而做出决策。项目投资决策评价指标很多，根据是否考虑资金时间价值因素可分为静态评价指标和动态评价指标两类。

一、静态评价指标

静态评价指标也称非贴现评价指标，是没有考虑资金时间价值因素的指标。主要包括投资回收期和投资收益率。

1. 投资回收期

投资回收期是指收回初始投资所需要的时间，即指投资引起的现金流入累计到与投资额相等所需要的时间，一般以年为单位来表示。该方法是从收回投资所需要的时间长短角度评价项目的经济可行性。回收期越短，项目就越有利。

（1）投资项目的原始投资额是一次支出，且每年现金净流入量相等时，投资回收期的计算公式为

$$投资回收期 = \frac{投资额}{每年现金净流入量}$$

如果考虑建设期，投资回收期的计算公式如下：

$$包括建设期的投资回收期 = 建设期 + \frac{投资额}{每年现金净流入量}$$

【例 5 - 3】　弘达公司有一项目需投资 400 万元（一次性支出），建设期 2 年，该项目有效经济使用年限 5 年，预计每年现金净流入量均为 120 万元。要求：计算该投资项目的投资回收期。

$$不包括建设期的投资回收期 = \frac{400}{120} = 3.33（年）$$

$$包括建设期的投资回收期 = 2 + \frac{400}{120} = 5.33（年）$$

（2）投资项目各年的净现金流量不等，或原始投资额不是一次投入时，需计算逐年累计的现金净流量，然后用插入法计算出投资回收期。

$$投资回收期 = 整数\ n + \frac{尚未回收额}{第\ n+1\ 年现金净流入量}$$

【例 5 - 4】 弘达公司有一项目需投资 400 万元(一次性支出),建设期 3 年,该项目有效经济使用年限 5 年,预计每年现金净流入量分别为 90 万元、130 万元、170 万元、180 万元、200 万元。要求:计算该投资项目的投资回收期。

根据上述资料可知,第三年末累计现金净流量为 390 万元,第四年末累计现金净流量为 570 万元。因此,投资回收期肯定在第 3 年和第 4 年之间,用插入法可计算出投资回收期。

$$投资回收期 = \frac{3 + (400 - 390)}{180} = 3.06(年)$$

$$包括建设期的投资回收期 = 3 + 3.06 = 6.06(年)$$

投资回收期指标的优点是计算简便、容易理解。缺点是没有考虑资金时间价值因素,也没有考虑回收期满后继续发生的净现金流量对投资收益的贡献,也就是说没有考虑投资方案的全部现金净流量,所以有较大的局限性。因此,单纯地运用投资回收期作为投资决策评价指标,是不能准确地反映投资方案的经济效益。所以在评价投资方案时,投资回收期一般只能作为辅助指标,必须和其他指标相结合,用以判断项目的可行性。

2. 投资利润率

投资利润率又称投资报酬率,是指项目投资方案的年平均利润额占平均投资总额的百分比。投资利润率的决策标准是:投资项目的投资利润率越高越好,低于无风险投资利润率的方案为不可行方案。

投资利润率的计算公式为

$$投资利润率 = \frac{年平均利润额}{投资总额} \times 100\%$$

上式公式中分子是平均利润,不是现金净流量,不包括折旧等;分母可以用投资总额的 50% 来简单计算平均投资总额,一般不考虑固定资产的残值。

【例 5 - 5】 弘达公司有甲、乙两个投资方案,投资总额均为 10 万元,全部用于购置新的设备,折旧采用直线法,使用期均为 5 年,无残值,其他有关资料如表 5 - 1 所示。

表 5 - 1 单位:元

项目计算期	甲方案		乙方案	
	利润	现金净流量(NCF)	利润	现金净流量(NCF)
0		(100 000)		(100 000)
1	15 000	35 000	10 000	30 000
2	15 000	35 000	14 000	34 000
3	15 000	35 000	18 000	38 000
4	15 000	35 000	22 000	42 000
5	15 000	35 000	26 000	46 000
合计	75 000	75 000	90 000	90 000

要求:计算甲、乙两方案的投资利润率。

解 $$甲方案投资利润率 = \frac{15\ 000}{100\ 000/2} \times 100\% = 30\%$$

$$乙方案投资利润率 = \frac{90\ 000/5}{100\ 000/2} \times 100\% = 36\%$$

从计算结果来看，乙方案的投资利润率比甲方案的投资利润率高 6%（36%－30%），应选择乙方案。

二、动态评价指标

动态评价指标也称贴现评价指标，是指考虑了资金时间价值因素的指标。动态评价指标主要包括净现值、净现值率、获利指数和内部收益率。

1. 净现值

净现值（NPV）是指在项目计算期内，未来现金净流量的现值与投资额现值之间的差额，即

净现值（NPV）＝未来现金净流量现值之和－投资额现值之和。

它是评价项目是否可行的最重要的指标。按照这种方法，所有未来现金流入和流出都要用资金成本折算现值，然后用流入的现值减去流出的现值得出净现值。如果净现值为正数，表明投资报酬率大于资金成本，该项目可以增加股东财富，应予采纳。如果净现值为零，表明投资报酬率等于资金成本，不改变股东财富，没有必要采纳。如果净现值为负数，表明投资报酬率小于资金成本，该项目将损失股东财富，应予放弃。

净现值的计算分两种情况：

（1）经营期内各年现金净流量相等，建设期为零：

净现值＝经营期每年相等的现金净流量×年金现值系数－原始投资额现值

（2）经营期内各年现金净流量不相等：

净现值（NPV）＝∑（经营期各年的现金净流量×各年的复利现值系数）－原始投资额现值

【例 5 - 6】　假设弘达公司的资金成本或折现率为 10%，有三个投资项目，有关资料如表 5 - 2 所示。

表 5 - 2　某企业项目投资资料表　　　　　　　单位：元

年份	A 项目			B 项目			C 项目		
	净利润	折旧	现金流量	净利润	折旧	现金流量	净利润	折旧	现金流量
0			－20 000			－9 000			－15 000
1	1 000	10 000	11 000	－1 800	3 000	1 200	600	5 000	5 600
2	2 500	10 000	12 500	3 000	3 000	6 000	600	5 000	5 600
3				3 000	3 000	6 000	600	5 000	5 600
合计	3 500		3 500	4 200		4 200	1 800		1 800

要求：分别计算三个投资项目的净现值。

净现值（A）＝11 000×0.9091＋12 500×0.8264－20 000

＝20 330.1－20 000

＝330.1（元）

净现值（B）＝（1 200×0.9091＋6 000×0.8264＋6 000×0.7513）－9 000

＝10 557.12－9 000

＝1 557.12（元）

$$净现值(C)=5\ 600\times2.4868-15\ 000$$
$$=13\ 926.64-15\ 000$$
$$=-1\ 073.92(元)$$

由上述计算结果表明，A、B 两项投资的净现值为正数，说明这两个项目的投资报酬率均超过 10%，都可以采纳。C 项目净现值为负数，说明该项目的投资报酬率达不到 10%，应予放弃。

净现值的优点是考虑了资金时间价值，能比较合理地反映投资项目的真正经济价值；考虑了项目计算期的全部现金净流量，体现了流动性与收益性的统一；考虑了投资的风险性，因为资金成本的大小与风险大小有关，风险越大，资金成本就越高。其缺点是净现值指标只能说明投资项目的报酬率高于或近于预定的资金成本，而不能揭示各个投资项目本身可能达到的实际报酬率，而且净现值本身是个绝对数，当各项目投资额不同时，难以确定最优的投资项目。

2. 净现值率

净现值率是投资项目的净现值与原始投资额现值的比值，亦可理解为单位原始投资额现值所创造的净现值。在只有一个备选方案的采纳与否决策中，净现值率大于或等于 0，则采纳，否则就拒绝。在有多个方案的互斥选择决策中，应采用净现值率超过 0 最多的投资项目。

$$净现值率=\frac{净现值}{原始投资额现值}$$

【例 5-7】 根据例 5-6 的资料，计算三个投资项目的净现值率。

$$净现值率(A)=\frac{330.1}{20\ 000}=0.0165$$

$$净现值率(B)=\frac{1\ 557.12}{9\ 000}=0.173$$

$$净现值率(C)=-\frac{1\ 073.92}{15\ 000}=-0.0716$$

由上述计算结果表明，A、B 两个项目的净现值率均大于 0，都可以投资，但由于 B 项目的净现值率最大，所以应采用 B 投资项目。

净现值率的优点是可以从动态的角度反映项目投资的资金投入与净产出之间的关系，计算过程比较简单。其缺点与净现值指标相似，同样无法直接反映投资项目的实际报酬率。

3. 获利指数

获利指数是指投资项目投产后，未来现金净流量的现值与原始投资额现值的比率，即投资回收额的现值与投资额现值的比率，亦称现值指数。

净现值率与获利指数之间的关系如下：

$$获利指数=净现值率+1$$

$$获利指数=\frac{未来现金净流量现值}{原始投资额现值}$$

获利指数是一个相对数指标，反映投资的效率，即 1 元的原始投资可获得的现值净收益，也叫获利能力。获利指数大于 1，表明投资项目的报酬率高于资金成本，存在额外收益。获利指数等于 1，表明投资项目的报酬率等于资金成本，收益只能抵补资金成本。获利指数小于 1，表明投资项目的报酬率小于资金成本，收益不能抵补资金成本。所以，对于单一方案的项目来说，获利指数大于或等于 1，是项目可行的必要条件。当有多个投资项目可供选择时，由于获利指数越大，企业的投资报酬率水平就越高，所以应采用获利指数大于 1 中的最大者。

【例 5－8】　根据例 5－6 的资料，计算三个投资项目的获利指数。

$$获利指数(A) = \frac{11\,000 \times 0.9091 + 12\,500 \times 0.8264}{20\,000}$$

$$= \frac{20\,330.1}{20\,000}$$

$$= 1.0165$$

$$获利指数(B) = \frac{1\,200 \times 0.9091 + 6\,000 \times 0.8264 + 6\,000 \times 0.7513}{9\,000}$$

$$= \frac{10\,557.12}{9\,000}$$

$$= 1.173$$

$$获利指数(C) = \frac{5\,600 \times 2.4868}{15\,000} = \frac{13\,926.08}{15\,000} = 0.9284$$

由上述计算结果表明，A、B 两个项目的获利指数均大于 1，都可以投资，但由于 B 项目的获利指数最大，所以应采用 B 投资项目。

获利指数的优点是考虑了资金时间价值，能够真实地反映投资项目的盈利能力。由于获利指数是用相对数来表示的，所以有利于在初始投资额不同的投资项目之间进行对比。获利指数的缺点与净现值相似，同样无法直接反映投资项目的实际报酬率水平。

4. 内含报酬率

内含报酬率又称内部收益率，是指投资项目在项目计算期内各年现金净流量现值合计数等于零时的贴现率，亦可将其定义为能使投资项目的净现值等于零时的贴现率。显然，内含报酬率 IRR 满足下列等式：

$$\sum_{t=0}^{n} \text{NCF}_t \times (P/F, \text{IRR}, t) = 0$$

从上式中可知，净现值的计算是根据给定的贴现率求净现值。而内含报酬率的计算是先令净现值等于零，然后求能使净现值等于零的贴现率。所以，净现值不能揭示各个方案本身可以达到的实际报酬率是多少，而内含报酬率实际上反映了项目本身的真实报酬率。用内含报酬率评价项目可行的必要条件是：内含报酬率大于或等于贴现率。

（1）经营期内各年现金净流量相等，且全部投资均于建设起点一次投入，建设期为零，即：经营期每年相等的现金净流量（NCF）× 年金现值系数（P/A, IRR, t）－ 投资总额 ＝ 0。

内含报酬率具体计算的程序如下：

① 计算年金现值系数（P/A, IRR, t）；

$$年金现值系数 = \frac{投资总额}{经营期每年相等的现金净流量}$$

② 根据计算出来的年金现值系数与已知的年限 n，查年金现值系数表，确定内含报酬率的范围；

③ 用插入法求出内含报酬率。

【例 5-9】 弘达公司购入设备一台，价值为 30 000 元，按直线法计提折旧，使用寿命 6 年，期末无残值。预计投产后每年可获得利润 4 000 元，假定贴现率为 12%。要求：计算内含报酬率。

解

$$NCF_0 = -30\ 000（元）$$

$$NCF_{1-6} = 4\ 000 + \frac{30\ 000}{6} = 9\ 000（元）$$

$$(P/A,\ IRR,\ 6) = \frac{30000}{9000} = 3.3333$$

查年金现值系数表，内含报酬率与年金现值系数如图 5-1 所示。

$$IRR = 18\% + \frac{3.4976 - 3.3333}{3.4976 - 3.3255} \times (20\% - 18\%) = 19.91\%$$

```
    18%              IRR              20%
    ├────────────────┼────────────────┤
  3.4976           3.3333           3.3255
```

图 5-1 内含报酬率与贴现率

（2）经营期内各年现金净流量不相等。

若投资项目在经营期内各年现金净流量不相等，或建设期不为零，投资额是在建设期内分次投入的情况下，无法应用上述的简便方法，必须按定义采用逐次测试的方法，计算能使净现值等于零的贴现率，即内含报酬率。计算步骤如下：

① 估计一个贴现率，用它来计算净现值。如果净现值为正数，说明方案的实际内含报酬率大于预计的贴现率，应提高贴现率再进一步测试；如果净现值为负数，说明方案本身的报酬率小于估计的贴现率，应降低贴现率再进行测算。如此反复测试，寻找出使净现值由正到负或由负到正且接近零的两个贴现率。

② 根据上述相邻的两个贴现率用插入法求出该方案的内含报酬率。由于逐步测试法是一种近似方法，因此相邻的两个贴现率不能相差太大，否则误差会很大。

【例 5-10】 假定例 5-9 中，投产后每年可获得利润分别为 3 000 元、3 000 元、4 000 元、4 000 元、5 000 元、6 000 元，其他资料不变。

要求：计算内含报酬率

解

$$NCF_0 = -30\ 000（元）$$

$$年折旧额 = \frac{30\ 000}{6} = 5\ 000（元）$$

$$NCF_1 = 3\ 000 + 5\ 000 = 8\ 000（元）$$

$$NCF_2 = 3\ 000 + 5\ 000 = 8\ 000（元）$$

$$NCF_3 = 4\ 000 + 5\ 000 = 9\ 000（元）$$

$$NCF_4 = 4\ 000 + 5\ 000 = 9\ 000（元）$$

$$NCF_5 = 5\ 000 + 5\ 000 = 10\ 000（元）$$

$$NCF_6 = 6\ 000 + 5\ 000 = 11\ 000（元）$$

先按 16% 估计的贴现率进行测试，其结果净现值为 2 855.8 元，是正数；于是把贴现率提高到 18% 进行测试，净现值为 1 090.6 元，仍为正数，再把贴现率提高到 20% 重新测试，净现值为 −526.5 元，是负数，说明该项目的内含报酬率在 18%～20% 之间，内含报酬率与净现率如图 5 - 2 所示。有关贴现率测试计算见表 5 - 3 所示。

表 5 - 3 贴现率测试计算表 单位：元

年份	现金净流量（NCF）	贴现率＝16%		贴现率＝18%		贴现率＝20%	
		现值系数	现值	现值系数	现值	现值系数	现值
0	(30 000)	1	(30 000)	1	(30 000)	1	(30 000)
1	8 000	0.8621	6 896.8	0.8475	6 780	0.8333	6 666.4
2	8 000	0.7432	5 945.6	0.7182	5 745.6	0.6944	5 555.2
3	9 000	0.6407	5 766.3	0.6086	5 477.4	0.5787	5 208.3
4	9 000	0.5523	4 970.7	0.5158	4 642.2	0.4823	4 340.7
5	10 000	0.4762	4 762	0.4371	4 371	0.4019	4 019
6	11 000	0.4104	4 514.4	0.3704	4 074.4	0.3349	3 683.9
净现值			2 855.8		1 090.6		−526.5

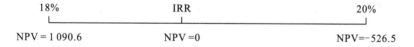

图 5 - 2 内含报酬率与净现率

然后用插入法近似计算内含报酬率：

$$\text{IRR} = 18\% + \frac{1090.6 - 0}{1090.6 - (-526.5)} \times (20\% - 18\%) = 19.35\%$$

内含报酬率是个动态相对量正指标，它既考虑了资金时间价值，又能从动态的角度直接反映投资项目的实际报酬率，且不受贴现率高低的影响，比较客观，但该指标的计算过程比较复杂。

5. 贴现评价指标之间的关系

净现值 NPV、净现值率 NPVR、现值指数 PI 和内含报酬率 IRR 指标之间存在以下数量关系，即

当 NPV ＞ 0 时，NPVR ＞ 0，PI ＞ 1，IRR ＞ i；
当 NPV ＝ 0 时，NPVR ＝ 0，PI ＝ 1，IRR ＝ i；
当 NPV ＜ 0 时，NPVR ＜ 0，PI ＜ 1，IRR ＜ i。

这些指标的计算结果都受到建设期和经营期的长短、投资金额及方式，以及各年现金净流量的影响。所不同的是净现值（NPV）为绝对数指标，其余为相对数指标。计算净现值、净现值率和现值指数所依据的贴现率（i）都是事先已知的，而内含报酬率（IRR）的计算本身与贴现率（i）的高低无关，只是采用这一指标的决策标准是将所测算的内含报酬率与其贴现率进行对比，当 IRR ≥ i 时该方案是可行的。

第三节 项目投资评价指标的应用

计算评价指标的目的是为了进行项目投资方案的对比与选优，使它们在方案的对比与选优中正确地发挥作用，为项目投资方案提供决策的定量依据。但投资方案对比与选优的方法会因项目投资方案的不同而有区别。

一、独立方案的投资决策

独立方案是指两个以上的投资项目互相独立、互不排斥，可以独立并存。采用一个方案时，不会影响另外方案的采用或不采用。例如：投资兴建一个服装厂和一个食品厂，它们之间并不冲突，可以同时进行，是完全独立的投资项目。在只有一个投资项目可供选择的条件下，只需评价其财务上是否可行。

常用的评价指标有净现值、净现值率、获利指数和内部收益率。如果评价指标同时满足以下条件：净现值（NPV）$\geqslant$0，净现值率$\geqslant$0，获利指数$\geqslant$1，内部收益率（IRR）$\geqslant$行业资金成本，则项目具有财务可行性；反之，则不具备财务可行性。而静态的投资回收期和投资收益率可作为辅助指标评价投资项目，但需要注意，当辅助指标与主要指标（净现值等）的评价结论发生矛盾时，应当以主要指标的结论为准。

【例 5-11】 弘达公司拟引进一条生产线，投资额为 120 万元，分两年投入。第一年年初投入 80 万元，第二年年初投入 40 万元，建设期为 2 年，净残值为 20 万元，折旧采用直线法。在投产初期投入流动资金 30 万元，项目使用期满仍可全部收回。该项目可使用 10年，每年销售收入为 70 万元，总成本为 45 万元。企业所得税税率 25%。假定企业期望的投资报酬率为 10%。要求：计算该项目的净现值、内部收益率，并判断该项目是否可行。

第一年年初现金净流量 $NCF_0 = -80$（万元）

第一年年末现金净流量 $NCF_1 = -40$（万元）

第二年年末现金净流量 $NCF_2 = -30$（万元）

年折旧额 $= (120-20) \div 10 = 10$（万元）

第三年到第十一年年末平均每年现金净流量 $NCF_{3-11} = (70-45) \times (1-25\%) + 10$
$$= 28.75（万元）$$

第十二年年末现金净流量 $NCF_{12} = 28.75 + (20+30) = 78.75$（万元）

$$
\begin{aligned}
净现值\ NPV =\ & 28.75 \times [(P/A, 10\%, 11) - (P/A, 10\%, 2)] + 78.75 \times (P/F, 10\%, 12) \\
& - [80 + 40 \times (P/F, 10\%, 1) + 30 \times (P/F, 10\%, 2)] \\
=\ & 28.75 \times (6.4951 - 1.7355) + 78.75 \times 0.3186 - (80 + 40 \times 0.9091 \\
& + 30 \times 0.8264) \\
=\ & 20.772\ 25（万元）
\end{aligned}
$$

因为经营期每年的现金净流量不相等，所以计算内部收益率需要进行逐步测试。

当折现率 $i = 12\%$ 时：

净现值 NPV $= 28.75 \times [(P/A, 12\%, 11) - (P/A, 12\%, 2)] + 78.75 \times (P/F, 12\%, 12)$
$\qquad - [80 + 40 \times (P/F, 12\%, 1) + 30 \times (P/F, 12\%, 2)]$
$\qquad = 28.75 \times (5.9377 - 1.6901) + 78.75 \times 0.2567 - (80 + 40 \times 0.8929$
$\qquad + 30 \times 0.7972)$
$\qquad = 2.7016(万元)$

当折现率 $i = 14\%$ 时：

净现值 NPV $= 28.75 \times [(P/A, 14\%, 11) - (P/A, 14\%, 2)] + 78.75 \times (P/F, 14\%, 12)$
$\qquad - [80 + 40 \times (P/F, 14\%, 1) + 30 \times (P/F, 14\%, 2)]$
$\qquad = 28.75 \times (5.4527 - 1.6467) + 78.75 \times 0.2076 - (80 + 40 \times 0.8772$
$\qquad + 30 \times 0.7695)$
$\qquad = -12.402(万元)$

用插入法近似计算内部收益率，计算结果如下：

折现率	净现值
12%	2.7016
IRR	0
14%	-12.402

$$内部收益率(IRR) = 12\% + (14\% - 12\%) \times \frac{2.7016 - 0}{2.7016 - (-12.402)}$$
$$= 12.36\%$$

由以上计算结果表明，净现值为 20.77225 万元，大于零，内部收益率为 12.36%，大于企业期望的投资报酬率 10%，所以该项目在财务上是可行的。

二、互斥方案的投资决策

互斥方案是指相互关联、互相排斥的方案，即是指接受一个项目就必须放弃另一个项目的情况。通常，它们是为解决一个问题而设计的两个备选方案。例如：厂房是自建还是委托外单位承建；为生产一个新产品，是选择进口设备，还是选择国产设备等等。这些方案之间是相互排斥的，自建厂房和委托外单位承建之间，以及是选择进口设备还是购国产设备之间只能选择其中的一个。互斥方案之间具有排他性。

互斥方案的投资决策过程就是在每一个入选方案已具备财务可行性的前提下，利用具体决策方法比较各个方案的优劣，利用评价指标从各个备选方案中最终选出一个最优方案的过程。

1. 互斥方案的原始投资额、项目计算期均相等

互斥方案的原始投资额、项目计算期均相等时，可采用净现值法或内部收益率法。所谓净现值法，是指通过比较互斥方案的净现值指标的大小来选择最优方案的方法。所谓内部收益率法，是指通过比较互斥方案的内部收益率指标的大小来选择最优方案的方法。净现值或内部收益率最大的方案为优。

【例 5-12】 弘达公司一项固定资产原始投资额为 50 万元，有效使用期限为 5 年。现有 A、B、C 三个互斥的备选方案，要求的折现率为 12%，各方案的营业现金净流量如表5-4所示。

表 5 - 4 弘达公司各方案的营业现金净流量表　　　单位：万元

年份	营业现金净流量		
	A 方案	B 方案	C 方案
1	15	20	10
2	15	20	10
3	15	10	10
4	15	10	20
5	15	10	20

要求：计算各方案的净现值，选出最优方案。

A 方案的净现值 $NPV = 15 \times (P/A, 12\%, 5) - 50$

$\qquad\qquad\qquad = 15 \times 3.6048 - 50$

$\qquad\qquad\qquad = 54.072 - 50 = 4.072$（万元）

B 方案的净现值 $NPV = 20 \times (P/A, 12\%, 2) + 10 \times (P/F, 12\%, 3) + 10$

$\qquad\qquad\qquad\quad \times (P/F, 12\%, 4) + 10 \times (P/F, 12\%, 5) - 50$

$\qquad\qquad\qquad = 20 \times 1.6901 + 10 \times 0.7118 + 10 \times 0.6355 + 10 \times 0.5674 - 50$

$\qquad\qquad\qquad = 52.949 - 50$

$\qquad\qquad\qquad = 2.949$（万元）

C 方案的净现值 $NPV = 10 \times (P/A, 12\%, 3) + 20 \times (P/F, 12\%, 4) + 20$

$\qquad\qquad\qquad\quad \times (P/F, 12\%, 5) - 50$

$\qquad\qquad\qquad = 10 \times 2.4018 + 20 \times 0.6355 + 20 \times 0.5674 - 50$

$\qquad\qquad\qquad = 48.076 - 50$

$\qquad\qquad\qquad = -1.924$（万元）

由上述计算结果表明，A、B 两方案的净现值大于零，故 A、B 方案具备财务可行性；C 方案净现值小于零，故 C 方案不具备财务可行性，而 A 方案的净现值大于 B 方案的净现值，所以，A 方案为最优方案。

2. 互斥方案的原始投资额不相等，但项目计算期相等

互斥方案的原始投资额不相等，但项目计算期相等时，可采用差额法。所谓差额法，是指在两个原始投资额不相等方案的差额现金净流量（记作 ΔNCF）的基础上，计算出差额净现值（记作 ΔNPV）或差额内部收益率（记作 ΔIRR），并据以判断方案孰优孰劣的方法。

在此方法下，一般以原始投资额大的方案减原始投资额小的方案，当 ΔNPV≥0 或 ΔIRR≥资金成本或要求的折现率时，原始投资额大的方案较优；反之，则投资额小的方案为优。

差额净现值或差额内部收益率的计算过程和计算技巧同净现值或内部收益率完全一样，只是所依据的是差额现金净流量。

【例 5 - 13】 弘达公司有 A、B 两个投资方案可供选择。A 方案的投资额为 100 000 元，每年现金净流量均为 30 000 元，可使用 5 年；B 方案的投资额为 70 000 元，每年现金净流量分别为 10 000 元、15 000 元、20 000 元、25 000 元、30 000 元，使用年限也为 5 年。A、B

两方案建设期均为 0 年，假定折现率为 10%。要求：对 A、B 方案做出选择。

因为两方案的项目计算期相同，但投资额不相等，所以可采用差额法来评判。

$\Delta NCF_0 = -100\ 000 - (-70\ 000) = -30\ 000(元)$

$\Delta NCF_1 = 30\ 000 - 10\ 000 = 20\ 000(元)$

$\Delta NCF_2 = 30\ 000 - 15\ 000 = 15\ 000(元)$

$\Delta NCF_3 = 30\ 000 - 20\ 000 = 10\ 000(元)$

$\Delta NCF_4 = 30\ 000 - 25\ 000 = 5\ 000(元)$

$\Delta NCF_5 = 30\ 000 - 30\ 000 = 0(元)$

$$\begin{aligned}\Delta NPV_{A-B} &= 20\ 000 \times (P/F, 10\%, 1) + 15\ 000 \times (P/F, 10\%, 2) \\ &\quad + 10\ 000 \times (P/F, 10\%, 3) + 5\ 000 \times (P/F, 10\%, 4) - 30\ 000 \\ &= 20\ 000 \times 0.9091 + 15\ 000 \times 0.8264 + 10\ 000 \times 0.7513 \\ &\quad + 5\ 000 \times 0.6830 - 30\ 000 \\ &= 11\ 506(元) > 0\end{aligned}$$

因为经营期内每年的差额现金净流量（ΔNCF）不相等，因此计算差额内部收益率（ΔIRR）需要进行逐步测试。

当 $i = 28\%$ 时测算差额净现值（ΔNPV）：

$$\begin{aligned}\Delta NPV &= 20\ 000 \times (P/F, 28\%, 1) + 15\ 000 \times (P/F, 28\%, 2) \\ &\quad + 10\ 000 \times (P/F, 28\%, 3) + 5\ 000 \times (P/F, 28\%, 4) - 30\ 000 \\ &= 20\ 000 \times 0.7813 + 15\ 000 \times 0.6104 + 10\ 000 \times 0.4768 + 5\ 000 \times 0.3725 - 30\ 000 \\ &= 1\ 412.5(元) > 0\end{aligned}$$

当 $i = 32\%$ 时测算差额净现值（ΔNPV）：

$$\begin{aligned}\Delta NPV &= 20\ 000 \times (P/F, 32\%, 1) + 15\ 000 \times (P/F, 32\%, 2) \\ &\quad + 10\ 000 \times (P/F, 32\%, 3) + 5\ 000 \times (P/F, 32\%, 4) - 30\ 000 \\ &= 20\ 000 \times 0.7576 + 15\ 000 \times 0.5739 + 10\ 000 \times 0.4348 \\ &\quad + 5\ 000 \times 0.3294 - 30\ 000 \\ &= -244.5(元) < 0\end{aligned}$$

用插入法近似计算 ΔIRR，计算结果如下：

折现率	净现值
28%	1412.5
IRR	0
32%	-244.5

$$\Delta IRR = 28\% + (32\% - 28\%) \times \frac{1412.5 - 0}{1412.5 - (-244.5)} = 31.41\%$$

由上述计算结果表明，差额净现值为 11 506 元，大于零，差额内部收益率为 31.41%，大于折现率 10%，故应选择 A 方案。

3. 互斥方案的原始投资额不相等，项目计算期也不相同

互斥方案的原始投资额不相等，项目计算也不相同时，可采用年回收额法。所谓年回收额法，是指通过比较所有投资方案的年等额净现值指标的大小选择最优方案的决策方法。在此方法下，年等额净现值最大的方案为优。

年回收额法的计算步骤如下:

(1) 计算各方案的净现值 NPV;

(2) 计算各方案的年等额净现值,若折现率为 i,项目计算期为 n,则

$$年等额净现值 = \frac{净现值}{年金现值系数} = \frac{NPV}{(P/A, i, n)}$$

【例 5 - 14】 弘达公司有两个投资方案,其现金净流量如表 5 - 5 所示。

表 5 - 5 某企业两个投资方案的净现金流量 单位:元

项目计算期	A 方案		B 方案	
	净利润	现金净流量	净利润	现金净流量
0		−200 000		−120 000
1	20 000	120 000	16 000	56 000
2	32 000	132 000	16 000	56 000
3			16 000	56 000

要求:当企业期望达到的最低报酬率为 12% 时,请做出决策。

(1) 计算 A、B 方案的净现值 NPV。

$$NPV_A = 120\,000 \times (P/F, 12\%, 1) + 132\,000 \times (P/F, 12\%, 2) - 200\,000$$
$$= 120\,000 \times 0.8929 + 132\,000 \times 0.7972 - 200\,000$$
$$= 12\,378.4(元)$$

$$NPV_B = 56\,000 \times (P/A, 12\%, 3) - 120\,000$$
$$= 56\,000 \times 2.4018 - 120\,000$$
$$= 14\,500.8(元)$$

(2) 计算 A、B 方案的年等额净现值。

$$A 方案的年等额净现值 = \frac{12\,378.4}{(P/A, 12\%, 2)} = \frac{12\,378.4}{1.6901} = 7\,324.06(元)$$

$$B 方案的年等额净现值 = \frac{14\,500.8}{(P/A, 12\%, 3)} = \frac{14\,500.8}{2.4018} = 6\,037.47(元)$$

(3) 做出决策。

因为 A 方案年等额净现值 7 324.06 元大于 B 方案年等额净现值 6 037.47 元,所以应选择 A 方案。

由上述计算结果表明,B 方案的净现值大于 A 方案的净现值,但 B 方案的项目计算期为 3 年,而 A 方案仅为 2 年,所以,B 方案的净现值高并不能说明该方案优,因此需通过年回收额法计算年等额净现值得出结论。A 方案的年等额净现值高于 B 方案,即 A 方案为最优方案。

4. 其他方案的对比与选优

在实际工作中,有些投资方案不能单独计算盈亏。当投资方案的收入相同或收入基本相同且难以具体计量时,一般可考虑采用成本现值比较法或年成本比较法来做出比较和评

价。所谓成本现值比较法，是指通过计算各个方案的成本现值之和，并对它们进行对比，来选出最优方案的一种决策方法。成本现值之和最低的方案为最优方案。成本现值比较法一般适用于项目计算期相同的投资方案间的对比、选优。对于项目计算期不同的方案就不能用成本现值比较法进行评价，而应采用年成本比较法，即通过比较年平均成本现值对投资方案做出选择，年平均成本现值最低的方案为最优方案。

【例 5-15】　弘达公司有 A、B 两个投资方案可供选择，两个方案的设备生产能力相同，设备的寿命期均为 3 年，建设期为零。A 方案的投资额为 50 万元，每年的经营成本分别为 4 万元、4.5 万元、6 万元，寿命终期有 7 万元的净残值。B 方案投资额为 55 万元，每年的经营成本均为 4 万元，寿命终期有 10 万元的净残值。要求：当企业的折现率为 10% 时，试比较两个方案的优劣。

因为 A、B 两方案的收入不知道，无法计算净现值，且项目计算期相同，均为 3 年，所以应采用成本现值比较法。

A 方案的投资成本现值 $= 50 + 4 \times (P/F, 10\%, 1) + 4.5 \times (P/F, 10\%, 2)$
$$+ 6 \times (P/F, 10\%, 3) - 7 \times (P/F, 10\%, 3)$$
$$= 50 + 4 \times 0.9091 + 4.5 \times 0.8264 + 6 \times 0.7513 - 7 \times 0.7513$$
$$= 56.6039(万元)$$

B 方案的投资成本现值 $= 55 + 4 \times (P/A, 10\%, 3) - 10 \times (P/F, 10\%, 3)$
$$= 55 + 4 \times 2.4869 - 10 \times 0.7513$$
$$= 57.4346(万元)$$

由上述计算结果表明，A 方案的投资成本现值较低，所以，A 方案优于 B 方案。

【例 5-16】　根据例 5-15 所给的资料，假设 A、B 投资方案寿命期分别为 3 年和 4 年，建设期仍为零，其他资料不变。要求：判断当企业的折现率仍为 10% 时，应选择哪个方案。

因为 A、B 两个方案的项目计算期不相同：

$$A\ 方案项目计算期 = 0 + 3 = 3(年)$$
$$B\ 方案项目计算期 = 0 + 4 = 4(年)$$

所以不能采用成本现值比较法，而应采用年成本比较法。

计算步骤如下：

(1) 计算 A、B 方案的投资成本现值。

A 方案投资成本现值 $= 56.6039(万元)$

B 方案投资成本现值 $= 55 + 4 \times (P/A, 10\%, 4) - 10 \times (P/F, 10\%, 4)$
$$= 55 + 4 \times 3.1699 - 10 \times 0.683$$
$$= 60.8496(万元)$$

(2) 计算 A、B 方案的年平均成本。

$$A\ 方案的年平均成本 = \frac{56.6039}{(P/A, 10\%, 3)} = \frac{56.6039}{2.4869} = 22.7608(万元)$$

$$B\ 方案的年平均成本 = \frac{60.8496}{(P/A, 10\%, 4)} = \frac{60.8496}{3.1699} = 19.1961(万元)$$

由上述计算结果表明，B 方案的年平均成本低于 A 方案的年平均成本，因此，应采用 B 方案。

第四节 投资风险分析

前面我们所讲的资金时间价值是假定在没有风险和通货膨胀条件下的投资报酬率。但是，风险是客观存在的，投资活动充满了风险性。如果决策面临的风险性比较小，一般可忽略它们的影响，把决策视为确定情况下的决策；如果决策面临的风险比较大，足以影响方案的选择，那么就应对它们进行计量并在决策时加以考虑。

在有风险的情况下，决策不仅要考虑到资金时间价值，而且要考虑到投资风险价值，即决策者所要求的投资报酬率必须包括资金时间价值与投资风险价值两部分。资金时间价值是无风险最低报酬率，风险价值是指投资者因投资活动中冒风险而取得的报酬，通常以风险报酬率来表示。投资者冒风险越大，可能得到的风险价值越多，风险报酬率就越高。

投资风险分析的常用方法是风险调整贴现率法和肯定当量法。

一、风险调整贴现率法

在不考虑通货膨胀的情况下，风险调整贴现率法是将无风险报酬率调整为考虑风险的投资报酬率（即风险调整贴现率），然后根据风险调整率贴现率来计算净现值并据此选择投资方案的决策方法。这种方法的基本思路就是对于高风险的项目必须要有高的贴现率，对于低风险的项目必须采用低的贴现率。所以风险调整贴现率法主要解决两个问题：一是投资项目风险程度大小如何确定；二是风险报酬斜率如何确定。解决了这两个问题后包含风险报酬的贴现率就能计算出来。

根据第二章第二节讨论的内容已知：

$$风险调整贴现率＝无风险报酬率＋风险报酬率$$
$$＝无风险报酬率＋风险报酬斜率×风险程度$$

假如用 K 表示风险调整贴现率，i 表示无风险报酬率，b 表示风险报酬斜率，Q 表示风险程度，则上式可以表示为

$$K = i + b \times Q$$

下面我们通过一个例子来说明怎样计算风险程度、风险报酬斜率，以及根据风险调整贴现率法来选择最佳方案。

【例 5－17】 弘达公司的无风险报酬率为 5%，现有两个投资方案，有关资料如表 5－6 所示。

要求：采用风险调整贴现率法来选择使用哪一方案。

解：具体计算步骤如下：

（1）确定风险程度 Q。

① 计算投资方案各年现金净流量的期望值 E_t。

$$E_t = \sum_{i=1}^{n} X_i P_i$$

本例的风险因素全部在经营期的 NCF 之中，有三种可能，并且已知了概率，但并不意味着建设期的 NCF 没有风险，只是为了简化。

表 5 - 6 单位：元

项目计算期	A 方案		B 方案	
	现金净流量	概率（P_i）	现金净流量	概率（P_i）
0	(500 000)	1	(200 000)	1
1	300 000	0.25	75 000	0.2
	200 000	0.5	100 000	0.6
	100 000	0.25	125 000	0.2
2	400 000	0.3	75 000	0.2
	300 000	0.4	100 000	0.6
	200 000	0.3	125 000	0.2
3	250 000	0.2	75 000	0.2
	200 000	0.6	100 000	0.6
	150 000	0.2	125 000	0.2

A 方案：

$E_0 = -500\ 000 \times 1 = -500\ 000$（元）

$E_1 = 300\ 000 \times 0.25 + 200\ 000 \times 0.5 + 100\ 000 \times 0.25 = 200\ 000$（元）

$E_2 = 400\ 000 \times 0.3 + 300\ 000 \times 0.4 + 200\ 000 \times 0.3 = 300\ 000$（元）

$E_3 = 250\ 000 \times 0.2 + 200\ 000 \times 0.6 + 150\ 000 \times 0.2 = 200\ 000$（元）

B 方案：

$E_0 = -200\ 000 \times 1 = -200\ 000$（元）

$E_1 = E_2 = E_3 = 75\ 000 \times 0.2 + 100\ 000 \times 0.6 + 125\ 000 \times 0.2 = 100\ 000$（元）

② 计算反映各年现金净流量离散程度的标准差 d_t。

$$d_t = \sqrt{\sum_{i=1}^{n}(X_i - E_t)^2 \times P_i}$$

A 方案：

$d_1 = \sqrt{(300\ 000 - 200\ 000)^2 \times 0.25 + (200\ 000 - 200\ 000)^2 \times 0.5 + (100\ 000 - 200\ 000)^2 \times 0.25}$
$= 70\ 710.68$（元）

$d_2 = \sqrt{(400\ 000 - 300\ 000)^2 \times 0.3 + (300\ 000 - 300\ 000)^2 \times 0.4 + (200\ 000 - 300\ 000)^2 \times 0.3}$
$= 77\ 459.67$（元）

$d_3 = \sqrt{(250\ 000 - 200\ 000)^2 \times 0.2 + (200\ 000 - 200\ 000)^2 \times 0.6 + (150\ 000 - 200\ 000)^2 \times 0.2}$
$= 31\ 622.78$（元）

B 方案

$d_1 = d_2 = d_3$

$= \sqrt{(75\ 000 - 100\ 000)^2 \times 0.2 + (100\ 000 - 100\ 000)^2 \times 0.6 + (125\ 000 - 100\ 000)^2 \times 0.2}$
$= 15\ 811.39$（元）

标准差越大，说明现金净流量分布的离散程度越大，风险就越大；反之，风险越小。用标准差反映现金净流量的不确定性即风险的大小是很重要的，但也存在一定的局限性。因为标准差是一个绝对值，不便于比较期望值不同的决策方案风险的大小。因此，还需计算标准差系数，即标准离差率。

③ 计算标准差系数 q_t。

A 方案：

$$q_t = \frac{d_t}{E_t}$$

$$q_1 = \frac{70\ 710.68}{200\ 000} = 0.3536$$

$$q_2 = \frac{77\ 459.67}{300\ 000} = 0.2582$$

$$q_3 = \frac{31\ 622.78}{200\ 000} = 0.1581$$

B 方案：

$$q_1 = q_2 = q_3 = \frac{15\ 811.39}{100\ 000} = 0.1581$$

上述计算只反映了某一年的风险大小，为了综合各年的风险，还需计算综合的标准差系数。

④ 计算综合标准差系数 Q。

$$Q = \frac{D}{\text{EPV}}$$

上式中：

D 为综合标准差，其计算公式为

$$D = \sqrt{\sum_{t=1}^{n} \left[\frac{d_t}{(1+i)^t} \right]^2}$$

EPV 为各年期望值的现值之和，其计算公式为

$$\text{EPV} = \sum_{t=1}^{n} \frac{E_t}{(1+i)^t}$$

A 方案：

$$D_A = \sqrt{\left[\frac{70\ 710.68}{(1+5\%)} \right]^2 + \left[\frac{77\ 459.68}{(1+5\%)^2} \right]^2 + \left[\frac{31\ 622.78}{(1+5\%)^3} \right]^2} = 101\ 081.97(元)$$

$$\text{EPV}_A = \frac{200\ 000}{(1+5\%)} + \frac{300\ 000}{(1+5\%)^2} + \frac{200\ 000}{(1+5\%)^3} = 635\ 352.55$$

$$Q_A = \frac{101\ 081.97}{635\ 352.55} = 0.1591$$

B 方案：

$$D_B = \sqrt{\left[\frac{15\ 811.39}{(1+5\%)} \right]^2 + \left[\frac{15\ 811.39}{(1+5\%)^2} \right]^2 + \left[\frac{15\ 811.39}{(1+5\%)^3} \right]^2} = 24\ 879.41(元)$$

$$\text{EPV}_B = 100\ 000 \times (P/A, 5\%, 3) = 100\ 000 \times 2.7232 = 272\ 320(元)$$

$$Q_B = \frac{24\ 879.41}{272\ 320} = 0.0914$$

（2）确定风险报酬斜率 b。

风险报酬斜率 b 的高低反映了风险程度变化对风险调整贴现率影响的大小，其数值的大小可以根据历史资料用高低点法或直线回归法求出，也可以由企业领导或有关专家根据经验数据确定。

假定该企业过去五项投资的投资报酬率和标准差系数之间的关系如表 5-7 所示。

表 5-7　投资报酬率和标准差系数关系表

投资项目	标准差系数	投资报酬率
甲	0.2	8%
乙	1.2	18%
丙	1.5	21%
丁	0.4	10%
戊	0.8	14%

根据直线方程 $K = i + b \times Q$，采用高低点法来确定 b。

$$b = \frac{最高报酬率 - 最低报酬率}{最高标准差系数 - 最低标准差系数} = \frac{21\% - 8\%}{1.5 - 0.2} = 0.1$$

① 计算风险调整贴现率 K。

根据 $K = i + b \times Q$，得出：

$$K_A = 5\% + 0.1 \times 0.1591 = 6.6\%$$

$$K_B = 5\% + 0.1 \times 0.0914 = 5.9\%$$

② 根据风险调整贴现率计算投资方案的净现值，其计算公式为

$$NPV = \sum_{t=0}^{n} \frac{E_t}{(1+k)^t}$$

$$NPV_A = \frac{200\ 000}{(1+6.6\%)} + \frac{300\ 000}{(1+6.6\%)^2} + \frac{200\ 000}{(1+6.6\%)^3} - 500\ 000 = 116\ 723.32(元)$$

$$NPV_B = \frac{100\ 000}{(1+5.9\%)} + \frac{100\ 000}{(1+5.9\%)^2} + \frac{100\ 000}{(1+5.9\%)^3} - 200\ 000 = 67\ 796.51(元)$$

$$NPVR_A = \frac{116\ 723.32}{500\ 000} = 0.2334$$

$$NPVR_B = \frac{67\ 796.51}{200\ 000} = 0.3390$$

考虑了风险价值后，A 方案的净现值 116 723.51 元大于 B 方案的净现值 67 796.51 元，但是，A、B 方案的投资额不相等，用净现值指标进行方案之间的选择有所不妥，所以采用净现值率这一相对数指标进行决策，A 方案的净现值率 0.2334 小于 B 方案的净现值率 0.3390，因此，应选择 B 方案进行投资。

风险调整贴现率法对风险大的项目采用较高的贴现率，对风险小的项目采用比较低的贴现率，理论比较完善，便于理解，使用广泛。但是这种方法把时间价值和风险价值混淆在一起，对每年的现金流量进行贴现，意味着风险随着时间的推移而加大，这种假设有时与实际情况不符，也是风险调整贴现率法的局限性。

二、肯定当量法

由于风险因素使得投资项目每年的现金净流量变得不稳定,这样就需要按风险程度对每年的现金净流量进行调整,再进行投资决策。所谓肯定当量法,就是按照一定的系数(肯定当量系数)把有风险的每年现金净流量调整为相当于无风险的现金净流量,然后根据无风险的报酬率计算净现值等指标,并据以评价风险投资项目的决策方法。其计算公式为

$$NPV = \sum_{t=0}^{n} \frac{\alpha_t \times E_t}{(1+i)^t}$$

式中:α_t 为第 t 年现金净流量的肯定当量系数;E_t 为第 t 年的有风险的现金净流量期望值;i 为无风险的贴现率。

肯定当量系数,是把有风险的 1 元现金净流量,相当于确定的也即无风险的现金净流量金额的系数。即为确定的现金净流量与不确定的现金净流量期望值之间的比值。其计算公式为

$$\alpha_t = \frac{肯定的现金净流量}{不肯定的现金净流量期望值}$$

但在实际工作中,肯定当量系数往往是在估计风险程度的基础上凭借经验确定的,所以又可以说它是一个经验系数。投资方案风险大小通过标准差系数来表示,某方案标准系数越小,说明该方案的风险越小,将其不肯定的现金净流量换算为肯定的现金净流量的数额就相对较大;反之,则换算为肯定的现金净流量的数额就相对较小。显然,标准差系数越小,其相对应的肯定当量系数则越大;标准差系数越大,其相对应的肯定当量系数越小。标准差系数与肯定当量系数的经验关系如表 5-8 所示。

表 5-8 标准差系数与肯定当量系数关系表

标准差系数 q	肯定当量系数 α_t
$0 \leqslant q \leqslant 0.07$	1
$0.07 < q \leqslant 0.15$	0.9
$0.15 < q \leqslant 0.23$	0.8
$0.23 < q \leqslant 0.32$	0.7
$0.32 < q \leqslant 0.42$	0.6
$0.42 < q \leqslant 0.54$	0.5
……	……

【例 5-18】 根据例 5-17 所给资料

要求:采用肯定当量法来评价 A、B 两方案的优劣。

解:根据例 5-17 计算的结果

A 方案:

$\quad q_1 = 0.3536 \qquad\qquad \alpha_1 = 0.6$

$\quad q_2 = 0.2582 \qquad$ 相对应 $\qquad \alpha_2 = 0.7$

$\quad q_3 = 0.1581 \qquad\qquad \alpha_3 = 0.8$

B 方案:

$$q_1 = q_2 = q_3 = 0.1581 \quad 相对应 \quad \alpha_1 = \alpha_2 = \alpha_3 = 0.8$$

$$\mathrm{NPV_A} = 0.6 \times \frac{200\,000}{(1+5\%)} + 0.7 \times \frac{300\,000}{(1+5\%)^2} + 0.8 \times \frac{200\,000}{(1+5\%)^3} - 500\,000$$

$$= 114\,285.71 + 190\,476.19 + 138\,214.01 - 500\,000$$

$$= -57\,024.08(元)$$

$$\mathrm{NPV_B} = 0.8 \times 100\,000 \times (P/A, 5\%, 3) - 200\,000$$

$$= 0.8 \times 100\,000 \times 2.7232 - 200\,000$$

$$= 17\,856(元)$$

肯定当量法计算的结果是：B 方案的净现值 17 856 元，大于 A 方案的净现值 —57 024.08元，与按风险调整贴现率法的结论不一致，其原因就是风险调整贴现率法对远期现金净流量的调整比较大，夸大了远期风险。

风险调整贴现率法是通过调整净现值公式中的分母来考虑风险因素。肯定当量法是通过调整净现值公式中的分子来考虑风险因素，它虽然克服了风险调整贴现率法将资金时间价值与风险价值混在一起的缺陷，但要准确、合理地确定当量系数。

本 章 小 结

一、理论梳理

（1）项目投资是一种以特定项目为对象，直接与新建项目或更新改造项目有关的长期投资行为。项目投资主要分为：单纯固定资产投资、完整工业投资项目和更新改造项目。项目投资的程序包括：投资项目的设计、项目投资的决策、项目投资的执行等。

（2）现金流量是指投资项目在其计算期内因资金循环而引起的现金流入和现金流出增加的数量。包括现金流入量、现金流出量和现金净流量三个具体概念。

现金流入量是指投资项目实施后在项目计算期内所引起的企业现金收入的增加额，包括：营业收入、固定资产的余值和回收流动资金及其他现金流入量。

现金流出量是指投资项目实施后在项目计算期内所引起的企业现金流出的增加额，包括：建设投资、垫支的流动资金、付现成本、所得税额及其他现金流出量。

现金净流量是指投资项目在项目计算期内现金流入量和现金流出量的净额，现金净流量可分为建设期的现金净流量和经营期的现金净流量。

建设期现金净流量的计算：

现金净流量 ＝ —该年投资额

经营期营业现金净流量的计算：

现金净流量 ＝ 营业收入 — 付现成本—所得税

＝税后利润＋折旧额

＝营业收入×（1 — 所得税率）— 付现成本×（1 — 所得税率）

＋折旧额×所得税率

经营期终结现金净流量＝营业现金净流量＋回收额

（3）现金流量的假设主要分为：全投资假设、建设期投入全部资金假设、项目投资的经营期与折旧年限一致假设、时点指标假设和确定性假设。为了正确计算投资项目的增量现金流量，要注意：沉没成本、机会成本、公司其他部门的影响和净营运资金等因素的影响。

（4）项目投资决策评价指标分为非贴现指标和贴现指标两大类。非贴现指标也称为静态指标，主要包括投资利润率、投资回收期等指标；贴现指标也称为动态指标，主要包括净现值、净现值率、获利指数，内含报酬率等指标。贴现评价指标之间的关系为

当 NPV >0 时，NPVR >0，$PI>1$，IRR $>i$；

当 NPV $=0$ 时，NPVR $=0$，$PI=1$，IRR $=i$；

当 NPV <0 时，NPVR <0，$PI<1$，IRR $<i$。

这些指标的计算结果都受到建设期和经营期的长短、投资金额及方式，以及各年现金净流量的影响。所不同的是净现值（NPV）为绝对数指标，其余为相对数指标。计算净现值、净现值率和现值指数所依据的贴现率（i）都是事先已知的，而内含报酬率（IRR）的计算本身与贴现率（i）的高低无关，只是采用这一指标的决策标准要将所测算的内含报酬率与其贴现率进行对比，当 IRR $\geq i$ 时该方案是可行的。

（5）项目投资决策评价指标的决策应用分为：独立方案的对比与选优、互斥方案的对比与选优和其他方案的对比与选优等。

（6）风险价值是指投资者因为投资活动中冒风险而取得的报酬，通常以风险报酬率来表示。投资者冒风险越大，可能得到的风险价值越多，风险报酬率就越高。投资风险分析的常用方法是风险调整贴现率法和肯定当量法。

本章理论梳理如图 5-3 所示。

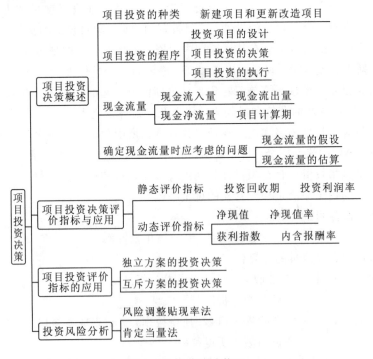

图 5-3 本章理论梳理

二、知识检测

（1）简述现金流量的含义及构成。

（2）企业投资评价方法主要有哪些？

（3）试述各种不同投资评价方法的优缺点和核算程序。

（4）如何进行项目投资的风险处置。

三、案例分析

康元葡萄酒厂是生产葡萄酒的中型企业，该厂生产的葡萄酒酒香纯正，价格合理，长期以来供不应求。为了扩大生产能力，康元葡萄酒厂准备新建一条生产线。

张晶是该厂的助理会计师，主要负责筹资和投资工作。总会计师王冰要求张晶搜集建设新生产线的有关资料，并对投资项目进行财务评价，以供厂领导决策考虑。

张晶经过十几天的调查研究，得到以下有关资料：

（1）投资新的生产线需一次性投入 1000 万元，建设期 1 年，预计可使用 10 年，报废时无残值收入；按税法要求该生产线的折旧年限为 8 年，使用直线法折旧，残值率为 10%。

（2）购置设备所需的资金通过银行借款筹措，借款期限为 4 年，每年年末支付利息 100 万元，第 4 年年末用税后利润偿付本金。

（3）该生产线投入使用后，预计可使工厂第 1～5 年的销售收入每年增长 1000 万元，第 6～10 年的销售收入每年增长 800 万元，耗用的人工和原材料等成本为收入的 60%。

（4）生产线建设期满后，工厂还需垫支流动资金 200 万元。

（5）所得税税率为 30%。

（6）银行借款的资金成本为 10%。

为了完成总会计师交给的任务，请你帮助张晶完成以下工作：

（1）预测新的生产线投入使用后，该工厂未来 10 年增加的净利润。

（2）预测该项目各年的现金净流量。

（3）计算该项目的净现值，以评价项目是否可行。

四、应用实训

（1）某企业拟进行一项固定资产投资，该项目的现金流量表（部分）如表 5-9 所示。

表 5-9　固定资产投资项目现金流量表　　　　单位：万元

	0	1	2	3	4	5	合计
净现金流量	-1000	200	500	C	D	1000	E
累计净现金流量	-1000	A	B	500	1300	2300	—

要求：

① 计算上表中用英文字母表示的项目的数值。

② 假设折现率为 10%，计算或确定下列指标：静态投资回收期、净现值、净现值率。

③ 评价该项目的财务可行性。

（2）某企业投资 15 500 元购入一台设备，当年投入使用。该设备预计残值 500 元，可使用 3 年，按直线法计提折旧，设备投产后每年增加现金净流量分别为 6 000 元、8 000 元、10 000 元，企业要求最低投资报酬率为 18%。

要求：计算该投资方案的净现值、内含报酬率并作出评价。

（3）假设某公司计划开发一种新产品，该产品的寿命期为 5 年，开发新产品的成本及预计收入为：需投资固定资产 200 000 元，需垫支流动资金 150 000 元，5 年后可收回固定资产残值为 20 000 元，用双倍余额递减法计提折旧。投产后，预计每年的销售收入可达 250 000 元，每年需支付直接材料、直接人工等变动成本 100 000 元，每年的设备维修费为 10 000 元。该公司要求的最低投资收益率为 10%，适用的所得税税率为 25%。

要求：请用净现值法对该项新产品是否开发做出分析评价。

（4）某企业拟在计划年度更新某设备。原有设备账面净值 6 000 元，尚可使用 5 年，5 年后残值为 1 000 元，每年付现成本为 15 000 元。拟购置的新设备价款为 35 000 元，预计使用年限为 5 年，5 年后的残值为原价的 5%，每年付现成本为 1 500 元。假如年初更新设备即可投入使用，原有设备即可变现，变现价值为 800 元，新、旧设备均采用直线法计提折旧，所得税率为 40%，贴现率为 12%。

要求：以净现值指标为决策依据，判断该企业是否应该采用售旧购新方案。

（5）某企业拟购置 A 设备，价格 1 000 万元，估计使用年限 5 年，每年的现金净流量及概率如下：

各年现金净流量（万元）	概率
600	0.25
400	0.5
200	0.25

要求：假如无风险报酬率为 10%，风险报酬斜率为 0.5，请按风险调整贴现率法计算该方案的净现值。

第六章　证券投资决策

【知识目标】

了解债券投资的概念、种类、程序及其风险；理解债券价值和股票价值相关计算原理；理解资本资产定价模型及证券市场线。

【能力目标】

掌握不同类型的债券价值和股票价值的计算方法。

【案例导读】

甲公司欲投资购买证券，甲要求债券投资的最低报酬率为 6%，有两家公司证券可供挑选：

1.A 公司债券期限为 5 年，属于可转换债券，目前价格为 1 050 元，已经发行 2 年，转换期为 5 年(从债券发行时开始计算)，每张债券面值为 1 000 元，票面利率为 5%，到期一次还本付息。转换比率为 40，打算三年后转换为普通股，预计每股市价为 32 元，转股之后可以立即出售。请计算 A 公司债券持有期年均收益率，并判断是否值得投资。

2.B 公司债券，债券面值为 1 000 元，5 年期，票面利率为 8%，每年付息一次，3 年后到期还本，若债券的目前价格为 1 020 元，甲公司欲投资 B 公司债券(购买之后可以立即收到债券的第二期利息)，并一直持有至到期日。计算目前该债券的价值，并判断是否值得投资。

第一节　证券投资决策的基本原理

企业除了直接将资金投入生产经营活动，进行直接投资外，常常还将资金投放于有价证券，进行证券投资。证券投资相对于项目投资而言，变现能力强，少量资金也能参与投资，便于随时调用和转移资金，这为企业有效利用资金、充分挖掘资金的潜力提供了十分理想的途径，所以证券投资已经成为企业投资的重要组成部分。

一、证券投资的概念

证券投资是指企业为获取投资收益或特定经营目的而买卖有价证券的一种投资行为。

二、证券投资的种类

要了解证券投资的种类，首先要了解证券的种类。

(一)证券的种类

1. 按证券体现的权益关系分类

按证券体现的权益关系分类，证券可分为所有权证券、信托投资证券和债权证券。所有权证券是一种既不定期支付利息，也无固定偿还期的证券，它代表着投资者在被投资企业所占权益的份额，在被投资企业赢利且宣布发放股利的情况下，才可能分享被投资企业的部分净收益。股票是典型的所有权证券。信托投资证券是由公众投资者共同筹集、委托专门的证券投资机构投资于各种证券，以获取收益的股份或收益凭证，如投资基金。债权证券是一种必须定期支付利息，并要按期偿还本金的有价证券。各种债券如国库券、企业债券、金融债券等都是债权证券。所有权证券的投资风险要大于债权证券。投资基金的风险低于股票投资而高于债券投资。

2. 按证券的收益状况分类

证券按收益状况可分为固定收益证券和变动收益证券。固定收益证券是指在证券票面上规定有固定收益率，投资者可定期获得稳定收益的证券，如优先股股票、债券等。变动收益证券是指证券票面无固定收益率，其收益情况随企业经营状况而变动的证券。变动收益证券风险大，投资报酬也相对较高；固定收益证券风险低，投资报酬也相对较低。

3. 按证券发行主体分类

证券按发行主体可分为政府证券、金融证券和公司证券三种。政府证券是指中央或地方政府为筹集资金而发行的证券，如国库券等；金融证券是指银行或其他金融机构为筹集资金而发行的证券；公司证券又称企业证券，是工商企业发行的证券。

4. 按证券到期日的长短分类

证券按其到期日的长短可分为短期证券和长期证券。短期证券是指一年内到期的有价证券，如银行承兑汇票、商业本票、短期融资券等。长期证券是指到期日在一年以上的有价证券，如股票、债券等。

（二）证券投资的分类

1. 债券投资

债券投资是指企业将资金投入各种债券，如国债、公司债和短期融资券等。相对于股票投资，债券投资一般风险较小，能获得稳定收益，但要注意投资对象的信用等级。

2. 股票投资

股票投资是指企业购买其他企业发行的股票作为投资，如普通股、优先股股票。股票投资风险较大，收益也相对较高。

3. 组合投资

组合投资是指企业将资金同时投放于债券、股票等多种证券，这样可分散证券投资风险，组合投资是企业证券投资的常用投资方式。

4. 基金投资

基金就是投资者的钱和其他许多人的钱合在一起，然后由基金公司的专家负责管理，用来投资于多家公司的股票或者债券。基金按受益凭证可否赎回，分为"封闭式基金"与"开放式基金"。"封闭式基金"在信托契约期限未满时，不得向发行人要求赎回。而"开放式基金"是指投资者可以随时要求基金公司收购所买基金（"赎回"），同时在"赎回"的时候，要承担一定的手续费。基金投资者的收益主要来自分红。与封闭式基金普遍采取的年终分红不同，根据行情和基金收益状况的"不定期分红"是开放式基金的主流分红方式。基金投资由于由专家经营管理，风险相对较小，正越来越受到广大投资者的青睐。

本章将主要介绍债券投资、股票投资及组合投资。

三、证券投资的一般程序

1. 合理选择投资对象

合理选择投资对象是证券投资成败的关键，企业应根据一定的投资原则，认真分析投资对象的收益水平和风险程度，以便合理选择投资对象，将风险降至最低限度，取得较好的投资收益。

2. 委托买卖

由于投资者无法直接进场交易，买卖证券业务需委托证券商代理。企业可通过电话委托、电脑终端委托、递单委托等方式委托证券商代为买卖有关证券。

3. 成交

证券买卖双方通过中介证券商的场内交易员分别出价委托，若买卖双方的价位与数量合适，交易即可达成，这个过程叫成交。

4. 清算与交割

企业委托证券商买入某种证券成功后，即应解交款项，收取证券。清算即指证券买卖双方结清价款的过程。

5. 办理证券过户

证券过户只限于记名证券的买卖业务。当企业委托买卖某种记名证券成功后，必须办理证券持有人的姓名变更手续。

四、证券投资的风险

风险性是证券投资的基本特征之一。在证券投资活动中，投资者买卖证券是希望获取预期的收益。在投资者持有证券期间，因各种因素的影响可能使预期收益减少甚至使本金遭受损失。持有期间越长，各种因素产生影响的可能性越大。与证券投资活动相关的所有风险统称为总风险。总风险按是否可以通过投资组合加以回避及消除，分为系统性风险与非系统性风险。

（一）系统性风险

系统性风险是指由于政治、经济及社会环境的变动而影响证券市场上所有证券的风险。这类风险的共同特点是：其影响不是作用于某一种证券，而是对整个证券市场发生作用，导致证券市场上所有证券出现风险。由于系统性风险对所有证券的投资总是存在的，并且无法通过投资多样化的方法加以分散、回避与消除，故称不可分散风险。它包括市场风险、利率风险、购买力风险以及自然因素导致的社会风险等。

1. 市场风险

市场风险是指由有价证券的"空头"和"多头"等市场因素所引起的证券投资收益变动的可能性。

空头市场即熊市，是证券市场价格指数从某个较高点（波峰）开始下降，一直呈下降趋势至某一较低点（波谷）结束。多头市场即牛市，是证券市场价格指数从某一个较低点开始上升，一直呈上升趋势至某个较高点并开始下降时结束。从这一点开始，证券市场又进入空头市场。多头市场和空头市场的这种交替，导致市场证券投资收益发生变动，进而引起市场风险。多头市场的上升和空头市场的下跌都是就市场的总趋势而言的。显然，市场风险是无法回避的。

2. 利率风险

利率风险是指由于市场利率变动引起证券投资收益变动的可能性。

因为市场利率与证券价格具有负相关性，即当利率下降时，证券价格上升；当利率上升时，证券价格下降。由于市场利率变动引起证券价格变动，进而引起证券投资收益变动，这就是利率风险。市场利率的波动基于市场资金供求状况与基准利率水平的波动。不同经济发展阶段的市场资金供求状况不同，中央银行根据宏观金融调控的要求调节基准利率水平，当中央银行调整利率时，各种金融资产的利率和价格必然作出灵敏的市场反应，所以利率风险是无法回避的。

3. 购买力风险

购买力风险又称通货膨胀风险，是指由于通货膨胀所引起的投资者实际收益水平下降的风险。

由于通货膨胀必然引起企业制造成本、管理成本、融资成本的提高，当企业无法通过涨价或内部消化加以弥补时，就会导致企业经营状况与财务状况的恶化，投资者因此会丧失对股票投资的信心，股市价格随之跌落。一旦投资者对通货膨胀的未来态势产生持久的不良预期，股价暴跌风潮也就无法遏止。世界证券市场发展的历史经验表明，恶性通货膨胀是引发证券市场混乱的祸根。

此外，通货膨胀还会引起投资者本金与收益的贬值，使投资者货币收入增加却并不一定真的获利。通货膨胀是一种常见的经济现象，它的存在必然使投资者承担购买力风险，而且这种风险不会因为投资者退出证券市场而避免。

（二）非系统性风险

非系统性风险是指由于市场、行业以及企业本身等因素影响个别企业证券的风险。它是由单一因素造成的只影响某一证券收益的风险，属个别风险，能够通过投资多样化来抵消，又称可分散风险或公司特别风险。它包括行业风险、企业经营风险、企业违约风险等。

1. 行业风险

行业风险是指由证券发行企业所处的行业特征所引起的该证券投资收益变动的可能性。

有些行业本身包含较多的不确定因素，如高新技术行业，而有些行业则包含较少的不确定因素，如电力、煤气等公用事业。

2. 经营风险

经营风险是指由于经营不善，企业业绩下降而使投资者无法获取预期收益或者亏损的可能性。

3. 违约风险

违约风险是指企业不能按照证券发行契约或发行承诺支付投资者债息、股息、红利及偿还债券本金而使投资者遭受损失的风险。

第二节　债券投资财务评价

一、债券的价值

债券的价值，又称债券的内在价值。根据资产的收入资本化定价理论，任何资产的内在价值都是在投资者预期的资产可获得的现金收入的基础上进行贴现决定的。运用到债券上，债券的价值是指进行债券投资时投资者预期可获得的现金流入的现值。债券的现金流入主要包括利息和到期收回的本金或出售时获得的现金两部分。债券的购买价格低于债券价值时才值得购买。

一般来讲，投资者购买债券基本都能够按债券的票面利率定期获取利息并到期收回债券面值。因此，债券投资的估价就是计算债券在未来期间获取的利息和到期收回的面值的现值之和。

根据利息支付方式的不同，债券投资的估价模型可分为以下几种。

1. 债券价值计算的基本模型

债券价值的基本模型主要是指按复利方式计算的每年定期付息、到期一次还本情况下的债券的估价模型。

$$V = \frac{I_1}{(1+i)^1} + \frac{I_2}{(1+i)^2} + \cdots + \frac{I_n}{(1+i)^n} + \frac{M}{(1+i)^n}$$
$$= I \cdot (P/A, i, n) + M \cdot (P/F, i, n) \tag{6-1}$$

式中：V 为债券价值，I 为每年利息，i 为市场利率（或投资者要求的必要收益率），M 为到期的本金（债券面值），n 为债券到期前的年数。

【例 6-1】　弘达公司拟于 2021 年 2 月 1 日购入一张面值为 1 000 元的债券，其票面利率为 8%，每年 2 月 1 日计算并支付一次利息，该债券于 2026 年 2 月 1 日到期，按面值收回本金。假设要求的报酬率为 10%，则债券的价值是多少？

解　由公式（6-1）可知：

$$V = \frac{80}{(1+10\%)^1} + \frac{80}{(1+10\%)^2} + \frac{80}{(1+10\%)^3} + \frac{80}{(1+10\%)^4} + \frac{80}{(1+10\%)^5}$$
$$+ \frac{1000}{(1+10\%)^5}$$
$$= 80 \times (P/A, 10\%, 5) + 1\,000 \times (P/F, 10\%, 5)$$
$$= 80 \times 3.791 + 1\,000 \times 0.621$$
$$= 303.28 + 621$$
$$= 924.28（元）$$

该债券的价值是 924.28 元，如果不考虑其他因素，这种债券的价格只有等于或低于 924.28 元时，投资者才会购买。

【例 6-2】 弘达公司债券的面值为 1 000 元，票面利率为 12%，期限为 5 年，每半年计息一次，当前市场利率为 10%，则该债券估价过程如下：

票面利率为 12%，半年利率 = 12% ÷ 2 = 6%；计息期数 = 2 × 5 = 10；市场利率为 10%，半年利率 = $\frac{10\%}{2}$ = 5%。

根据债券估价模型，该债券的价值为

$$V = 1\,000 \times 6\% \times (P/A, 5\%, 10) + 1\,000 \times (P/F, 5\%, 10)$$
$$= 60 \times 7.721\,7 + 1\,000 \times 0.613\,9 = 1\,077.2(元)$$

2. 到期一次还本付息债券的价值模型

到期一次还本付息债券的价值模型如下：

$$V = \frac{M + M \cdot i \cdot n}{(1+K)^n} = \frac{M(1+i \cdot n)}{(1+K)^n} \tag{6-2}$$

式中：i 为债券票面利率；K 为折现率，一般采用当时的市场利率或投资人要求的必要报酬率；其余符号含义同上。

【例 6-3】 弘达公司拟购入另一家企业发行的利随本清的企业债券，该债券面值为 1 000 元，期限为 5 年，票面利率为 10%，不计复利，当前市场利率为 8%，该债券发行价格为多少时，企业才能购买？

解 由公式(6-2)可知：

$$V = \frac{1\,000 + 1\,000 \times 10\% \times 5}{(1+8\%)^5} = 1\,020(元)$$

即该债券价格必须低于 1 020 元时，企业才能购买。

3. 零息债券的价值模型

零息债券，亦称纯贴现债券，是指承诺在未来某一特定日期作某一单笔支付的债券。这种债券没有票面利率，在到期日前购买人不能得到任何现金支付，到期按票面金额偿还。该类债券的估价模型为

$$V = \frac{M}{(1+K)^n}$$

【例 6-4】 某债券面值为 1 000 元，期限为 5 年，以折现方式发行，期内不计利息，到期按面值偿还，当时市场利率为 8%，其价格为多少时，企业才能购买？

解 由上述公式可知：

$$V = \frac{1\,000}{(1+8\%)^5} = 1\,000 \times (P/F, 8\%, 5) = 1\,000 \times 0.681 = 681(元)$$

即该债券的价格只有低于 681 元时，企业才能购买。

二、债券投资的到期收益率

债券投资的收益水平通常用到期收益率来衡量。到期收益率是指以特定价格购买债券并持有至到期日所能获得的收益率。它是使未来现金流量现值等于债券购买价格的折现率。计算到期收益率的方法是求解含有折现率的方程，即

购进价格 = 每年利息 × 年金现值系数 + 面值 × 复利现值系数　　　(6-3)

【例 6 - 5】　弘达公司 2021 年 2 月 1 日平价购入一张面值为 1 000 元的债券，其票面利率为 8%，每年 2 月 1 日计算并支付一次利息，并于 5 年后的 1 月 31 日到期。该公司持有该债券至到期日，计算其到期日收益率。

解　依题意知

$$债券年利息 = 1 000 \times 8\% = 80(元)$$

由公式(6 - 3)得

$$1 000 = 80 \times (P/A, K, 5) + 1 000 \times (P/F, K, 5)$$

采用"逐次测试法"解该方程。

当 $K = 8\%$ 时试算：

$$80 \times (P/A, 8\%, 5) + 1 000 \times (P/F, 8\%, 5) = 80 \times 3.9927 + 1 000 \times 0.6806$$
$$= 1 000(元)$$

可见，平价发行的每年付息一次的债券的到期收益率等于票面利率。

如果债券的购入价格高于面值，则情况将发生变化。例如，买价为 1 105 元时，债券的到期收益率计算如下：

$$1 105 = 80 \times (P/A, K, 5) + 1 000 \times (P/F, K, 5)$$

通过前面计算已知，当 K 为 8% 时，等式右方为 1 000 元，小于 1 105，可判断收益率低于 8%，降低折现率进一步试算：

当 $K = 6\%$ 时试算：

$$80 \times (P/A, 6\%, 5) + 1 000 \times (P/F, 6\%, 5) = 80 \times 4.212 + 1 000 \times 0.747$$
$$= 1 083.96(元)$$

由于折现率仍小于 1 105，还应进一步降低折现率。当 $K = 4\%$ 时试算：

$$80 \times (P/A, 4\%, 5) + 1 000 \times (P/F, 4\%, 5) = 80 \times 4.452 + 1 000 \times 0.822$$
$$= 1 178.16(元)$$

贴现值高于 1 105，可判断收益率高于 4%。用内插法计算近似值：

$$K = 4\% + \frac{1\ 178.16 - 1\ 105}{1\ 178.16 - 1\ 083.96} \times (6\% - 4\%) = 5.55\%$$

从此例可以看出，如果买价和面值不等，则收益率和票面利率不同。

在某些情况下，债券持有人会在债券到期日前将其售出。这类债券收益率的计算方法与上述方法基本一致。

三、债券投资的优缺点

(一)债券投资的优点

债券投资的优点如下：

(1) 本金安全性高。与股票相比，债券投资风险比较小。政府发行的债券有国家财力作后盾，其本金的安全性非常高，通常视为无风险证券。公司债券的持有者拥有优先求偿权，即当公司破产时，优先于股东分得公司资产，因此，本金损失的可能性相对较小。

(2) 收入稳定性强。债券票面一般都标有固定利息率，债券的发行人有按时支付利息的法定义务。因此，在正常情况下，投资债券能获得比较稳定的利息收入。

(3) 市场流动性好。许多债券都具有较好的流动性，政府及大公司发行的债券一般都可在金融市场上迅速出售，流动性很好。

（二）债券投资的缺点

债券投资的缺点如下：

（1）购买力风险较大。债券的面值和利息率在发行时就已确定，如果投资期间的通货膨胀率比较高，则本金和利息的购买力将受到不同程度的侵蚀，在通货膨胀率非常高时，投资者虽然名义上有收益，但实际上是损失。

（2）没有经营管理权。投资于债券只是获得收益的一种手段，投资者无权对债券发行单位施以影响和控制。

第三节　股票投资财务评价

公司进行股票投资的目的主要有两个：一是获利，即作为一般的证券投资，获取股利收入及股票买卖差价；二是控股，即通过购买某一公司的大量股票对该公司进行控制。

一、股票的价值

股票的价值又称股票的内在价值，是进行股票投资所获得的现金流入的现值。股票带给投资者的现金流入包括两部分：股利收入和股票出售时的资本利得。因此股票的内在价值由一系列的股利和将来出售股票时售价的现值所构成。通常当股票的市场价格低于股票内在价值时才适宜投资。股票股价的模型主要有以下几种。

1. 股票估价的基本模型

通常情况下，投资者投资于股票，不仅希望得到现金股利收入，还希望在未来出售股票时从股票的价格上涨中得到好处。其估价模型为

$$V = \frac{D_1}{1+K} + \frac{D_2}{(1+K)^2} + \cdots + \frac{D_n}{(1+K)^n} + \frac{V_n}{(1+K)^n}$$

$$= \sum_{t=1}^{\infty} \frac{D_t}{(1+K)^t} + \frac{V_n}{(1+K)^n} \qquad (6-4)$$

式中：V 为股票内在价值，K 为股东要求的收益率，D_n 为第 n 年现金股利，V_n 为第 n 期股票的售价，n 为预计持有的股票期数。

【**例 6-6**】　弘达公司拟购买 A 公司发行的股票，预计每年可获现金股利依次为 10 元、5 元、20 元，3 年后股票出售的预计售价是 300 元，股东要求的收益率是 10%，则该股票的内在价值为多少？

解　由公式（6-4）得

$$V_0 = 10 \times (P/F, 10\%, 1) + 5 \times (P/F, 10\%, 2) + 20 \times (P/F, 10\%, 3)$$
$$+ 300 \times (P/F, 10\%, 3)$$
$$= 10 \times 0.9091 + 5 \times 0.8264 + 320 \times 0.7513$$
$$= 253.64（元）$$

该股票内在价值为 253.64 元，如当前该股票的市场价格等于或低于其内在价值，则该公司可以购入。

2. 股利零增长型股票的估价模型

股利零增长模型是假设未来现金股利保持固定金额，即 $D_0 = D_1 = D_2 = \cdots = D_n$，股东永久性持有股票，即中途不转让出售，则股票估价模型为

$$V = \frac{D}{K} \tag{6-5}$$

【例 6-7】　某股票每年每股分配股利 4 元，且打算长期持有，股东要求的收益率是 10%，则该股票价值是多少？

解　由公式(6-5)得

$$V = \frac{4}{10\%} = 10(元)$$

3. 股利固定增长型股票的估价模型

企业的股利不应当是固定不变的，而应当是不断增长的。在这种情况下，由于投资人的投资期限非常长，公司股利不断增长，股票的估价就更困难了，只能计算近似数。

假设弘达公司上年的股利为 D_0，D_1 为第 1 年的股利，则第 t 年的股利应为

$$D_t = D_0(1+g)^t$$

式中：g 为股利年增长率。

固定增长股票的价值计算公式如下：

$$V = \sum_{t=1}^{\infty} \frac{D_0(1+g)^t}{(1+K)^t}$$

当 g 为常数，并且 $K > g$ 时，上式可简化为

$$V = \frac{D_0(1+g)}{K-g} = \frac{D_1}{K-g}$$

【例 6-8】　弘达公司持有股票的报酬率为 16%，年增长率为 12%，$D_0 = 1$ 元，则该股票的内在价值是多少？

解
$$D_1 = 1 \times (1+12\%) = 1 \times 1.12 = 1.12(元)$$
$$V = \frac{1.12}{16\% - 12\%} = 28(元)$$

【例 6-9】　弘达公司准备购买东方公司的股票，该股票上年每股股利为 2 元，预计今后每年以 4% 的增长率增长，弘达公司经过分析后，认为必须得到 10% 的报酬率，才能购买该股票。计算该股票的内在价值。

解
$$V = 2 \times \frac{(1+4\%)}{(10\% - 4\%)} = 34.67(元)$$

即东方公司的股票价格在 34.67 元以下时，弘达公司才能购买。

4. 非固定成长股票的价值

有些公司的股票在一段时间里高速成长，在另一段时间里又正常固定增长或固定不变，这样我们就要分段计算，才能确定股票的价值。

【例 6-10】　弘达公司持有 A 公司股票，其必要报酬率为 12%，预计 A 公司未来三年股利高速增长，成长率为 20%，此后转为正常增长，增长率为 8%。公司最近支付的股利是 2 元，计算该公司的股票价值。

首先,计算非正常增长期的股利现值计算结果如表 6 - 1 所示。

表 6 - 1 A 公司非正常增长期的股利现值

年 份	股 利	现值因素	现 值
1	$2 \times 1.2 = 2.4$	0.8929	2.1430
2	$2.4 \times 1.2 = 2.88$	0.7972	2.2959
3	$2.88 \times 1.2 = 3.456$	0.7118	2.4600
合计(3 年股利现值)			6.8989

其次,按固定股利成长模型计算固定增长部分的股票价值。

$$V_3 = \frac{d_3 \times (1+g)}{K-g} = \frac{3.456 \times 1.08}{0.12 - 0.08} = 93.312(元)$$

由于这部分股票价值是第三年年底以后的股利折算的内在价值,需将其折算为现值:

$$V_3 \times (P/F, 12\%, 3) = 93.312 \times 0.7118 = 66.419(元)$$

最后,计算股票目前的内在价值:

$$V = 6.8989 + 66.419 = 73.32(元)$$

二、股票投资期望收益率

前面我们主要讨论如何估计股票的价值,通过股票价值与价格的比较,我们可以判断某种股票被市场高估或低估。现在,我们假设股票价格是公平的市场价格,证券市场处于均衡状态,在任何一点,证券价格都能完全反映有关该公司的任何可获得的公开信息,并且证券价格对新信息能迅速做出反应。在这种假设条件下,股票的期望收益率等于其必要的收益率。

从理论上讲,股票的收益率应是使股票未来现金流量的现值等于股票购入价格的折现率。

根据固定增长股利模型,我们知道 $P_0 = \frac{D_1}{K-g}$,将公式移项整理,求 K,可以得到

$$K = \frac{D_1}{P_0} + g$$

股票投资的收益率包括两部分:一是股利收益率,它是根据预期现金股利除以当前股价计算出来的;二是现金股利增长(g),它可以根据公司的可持续增长率估计。股票价值(V_0)即股票市场形成的价格,只要能预计下一年的现金股利,就可估计出股票的预期收益率。

【例 6 - 11】 某股票的价格为 20 元,预计下一期的股利是 1 元,该股利将以大约 10% 的速度持续增长。求该股票的预期报酬率。

解 依题意

$$K = \frac{1}{20} + 10\% = 15\%$$

即该股票的预期报酬率为 15%。

如果用 15% 作为必要报酬率,则一年后的股价为

$$P_1 = \frac{D_1 \times (1+g)}{K-g} = \frac{1 \times (1 + 10\%)}{15\% - 10\%} = \frac{1.1}{5\%} = 22(元)$$

即如果你现在用 20 元购买该股票,年末你将收到 1 元股利,并且得到 2 元(22−20)的资本利得。

$$总报酬率 = 股利收益率 + 资本利的收益率 = \frac{1}{20} + \frac{2}{20} = 5\% + 10\% = 15\%$$

这个例子验证了股票期望报酬率模型的正确性。该模型可以用来计算特定公司风险情况下股东要求的必要报酬率，也就是公司的权益资本成本。这就是说，股东期望或者说要求公司赚取15%的收益。如果股东要求的收益率大于15%，他就不会进行该投资；如果股东的要求小于15%，就会争相购入该股票，使得股票价格上升。既然股东们接受了20元的价格，就表明他们要求的是15%的报酬率。

三、股票投资的优缺点

（一）股票投资的优点

股票投资是一种具有挑战性的投资，收益和风险都比较高。其优点主要有：

（1）投资收益高。普通股的价格虽然变动频繁，但从长期看，优质股票的价格总是上涨的居多，只要选择得当，就能取得优厚的投资收益。

（2）购买力风险低。普通股的股利不固定，当通货膨胀率比较高时，由于物价普遍上涨，股份公司盈利增加，股利的支付也随之增加。因此，与固定收益证券相比，普通股可以有效地降低购买力风险。

（3）拥有经营控制权。普通股股东是股份公司的所有者，有权监督和管理公司。因此，欲控制某家公司，最好是收购这家公司的股票。

（二）股票投资的缺点

股票投资的缺点主要是风险大，其原因是：

（1）求偿权居后。普通股对公司盈利和剩余资产的求偿权均居于最后。公司破产时，股东原来的投资可能得不到全额补偿，甚至一无所有。

（2）价格不稳定。普通股的价格受众多因素影响，很不稳定。政治因素、经济因素、投资者心理因素、公司的盈利情况和风险情况都会影响股票价格，这会使股票投资具有较高的风险。

（3）股利收入不稳定。普通股股利的多少，视公司经营状况和财务状况而定，其有无、多寡均无法律上的保证，其收入的风险也远远大于固定收益证券。

第四节 证券投资组合财务评价

证券投资组合又叫证券组合，是指在进行证券投资时，不将所有的资金都投向单一的某种证券，而是有选择地投向一组证券。这种同时投资多种证券的方式叫做证券的投资组合。通过有效的证券投资组合，就能防范证券风险，并达到降低风险的目的。证券投资组合是证券投资的重要手段，它可以帮助投资者全面捕捉获利机会，降低投资风险。

一、证券投资组合的风险与收益

（一）证券投资组合的方法

1. 选择足够数量的证券进行组合

当证券数量增加时，可分散风险会逐步减少。当数量足够多时，大部分可分散风险都能被分散掉。

2. 把不同风险程度的证券组合在一起

该方法即三分之一资金投资于风险大的证券,三分之一资金投资于风险中等的证券,三分之一资金投资于风险小的证券。这种组合法虽不会获得太高的收益,但也不会承担太大的风险。

3. 把投资收益呈负相关的证券放在一起组合

负相关股票是指一种股票的收益上升而另一种股票的收益下降的两种股票,把收益呈负相关的股票组合在一起,能有效分散风险。

(二)证券投资组合的期望收益率

证券投资组合的期望收益率是各种证券预期收益率的加权平均,其中权数是各个证券在整个证券组合总额中所占的比重,其计算公式如下:

$$\overline{K_P} = \sum_{i=1}^{n} K_i \cdot W_i \cdot P_i = \sum_{i=1}^{n} \overline{K_i} \cdot W_i$$

式中:$\overline{K_P}$ 为证券投资组合的期望收益率,$\overline{K_i}$ 为第 i 种证券的期望收益率;W_i 为第 i 种证券价值占证券投资组合总价值的比重,n 为证券组合中的证券数。

(三)证券投资组合的风险

证券投资组合的期望收益率可由各个证券期望收益率的加权平均而得到,但证券投资组合的风险并不是各个证券标准差的加权平均数,即 $\sigma_P \neq \sum_{i=1}^{n} \sigma_i \cdot w_i$。证券投资组合理论研究表明,理想的证券投资组合的风险一般要小于单独投资某一证券的风险,通过证券投资组合,可以规避各证券本身的非系统性风险。

【例 6-12】 弘达公司投资于由 W、M 两种证券组成的投资组合,投资比重各为 50%,2021—2025 年各年的收益率及标准差资料如表 6-2 所示。

表 6-2 完全负相关的两种证券组合

年度	证券 W 收益率 K_W(%)	证券 M 收益率 K_M(%)	WM 投资组合收益率 K_P
2021	40	−10	15
2022	−10	40	15
2023	35	−5	15
2024	−5	35	15
2025	15	15	15
平均收益率	15	15	15
标准差	22.6	22.6	0.0

由此可见,如果只投资 W 或 M,它们的风险都很高;但如将两种证券进行投资组合,则其风险为零(标准差为零)。这种组合之所以风险会为零,是因为这两种证券的投资收益率的变动方向正好相反:当 W 的投资收益率上升时,M 的投资收益率下降;反之,当 W

的投资收益率下降时，M 的投资收益率上升。这种收益率的反向变动趋势统计学上称之为完全负相关，相关系数 $r = -1.0$。如果两种证券的收益率变动方向完全一致，统计学上称之为完全正相关（$r = +1.0$），这样的两种证券进行投资组合，不能抵消风险。对于大多数证券，一般表现为正相关，但又不是完全正相关，所以投资组合可在一定程度上降低投资风险，但不能完全消除投资风险。一个证券组合的风险，不仅取决于组合中各构成证券个别的风险，也决定于它们之间的相关程度。

（四）系统性风险的衡量

前已述及，系统性风险是由于政治、经济及社会环境的变动而影响整个证券市场上所有证券价格变动的风险。它使证券市场平均收益水平发生变化，但是，每一种具体证券受系统性风险的影响程度并不相同。β 值就是用来测定一种证券的收益随整个证券市场平均收益水平变化程度的指标，它反映了一种证券收益相对于整个市场平均收益水平的变动性或波动性。如果某种股票的 β 系数为 1，说明这种股票的风险情况与整个证券市场的风险情况一致，即如果市场行情上涨了 10%，该股票也会上涨 10%；如果市场行情下跌 10%，该股票也会下跌 10%。如果某种股票的 β 系数大于 1，说明其风险大于整个市场的风险；如果某种股票的 β 系数小于 1，说明其风险小于整个市场的风险。

1. 单项资产 β 系数的计量有两种方法

（1）使用回归直线法 $Y = a + bX$，其中 b 就是我们所要求得 β 系数。计算公式如下：

$$\beta = \frac{n \sum X_i Y_i - \sum X_i \times \sum Y_i}{n \sum X_i^2 - (\sum X_i)^2}$$

（2）利用公式法：

$$r_{相关系数} = \frac{\sum \left[(X_i - X_{平均}) \times (Y_i - Y_{平均}) \right]}{\left[\sum (X_i - X_{平均})^2 \right]^{1/2} \times \left[\sum (Y_i - Y_{平均})^2 \right]^{1/2}}$$

$$\sigma_{标准差} = \left[\frac{\sum (X_i - X_{平均})^2}{n - 1} \right]^{1/2}$$

然后计算 β 系数，其计算公式为

$$\beta_j = r_{jm相关系数} \times \frac{\sigma_j}{\sigma_m}$$

通过公式计算可以知道，一种股票的 β 值的大小取决于：该种股票与整个股票市场的相关性；这只股票自身的标准差；整个市场的标准差。

2. 证券投资组合的 β 系数的计量

证券投资组合的 β 值可由证券投资组合中各组成证券 β 值加权计算而得到，其计算公式如下：

$$\beta_P = \sum_{i=1}^{n} w_i \beta_i$$

式中：β_P 为证券投资组合的 β 系数，w_i 为证券组合中第 i 种股票所占的比重，β_i 为第 i 种股票的 β 系数，n 为证券组合中股票的数量。

【例 6-13】　某投资者持有三种股票构成的证券组合，它们的 β 系数分别为 2.0、1.0 和

0.5，它们在证券组合中所占的比重分别为 50％、30％ 和 20％，则

$$\beta = 50\% \times 2.0 + 30\% \times 1.0 + 20\% \times 0.5 = 1.4\%$$

3. 投资组合的协方差和相关系数

对于投资组合而言，一种资产的收益和另一种资产的收益之间存在一定的关系，在统计上，用于度量两个变量之间相互关系的常用指标是协方差和相关系数。证券 A 和 B 的协方差(σ_{AB}) 的数学公式是

$$\sigma_{AB} = \mathrm{Cov}(R_A, R_B) = \sum_{i=1}^{n} (R_{Ai} - \bar{R}_A)(R_{Bi} - \bar{R}_B) \times P_i$$

如果计算得出的协方差为正，则表明两个变量呈同一方向变动；如协方差为负，则表明两个变量呈相反方向变动；如协方差为零，表明两个变量的变动方向既不一致也不相反，即两证券收益之间没有关系。

证券 A 和 B 的相关系数的数学公式是

$$r_{AB} = \mathrm{Corr}(R_A - R_B) = \frac{\mathrm{Cov}(A, B)}{\sigma_A \sigma_B}$$

相关系数的符号取决于两个变量的协方差的符号，相关系数总是介于 ＋1 和 －1 之间。如果计算得出的相关系数为正，说明两个变量之间为正相关；如果相关系数为负，说明两个变量为负相关；如果相关系数为零，说明两个变量之间没有关系。

(五) 证券投资组合的风险和收益的计量

1. 组合的方差和标准差

由证券 A 和 B 组成的投资组合的方差为

$$V_{AB} = W_A^2 \sigma_A^2 + W_B^2 \sigma_B^2 + 2W_A W_B \sigma_{AB}$$

上述公式表明，投资组合的方差取决于组合中各种证券的方差和每两种证券之间的协方差。每种证券的方差度量每种证券收益的变动程度；协方差度量两种证券的收益之间的关系。在证券方差给定的情况下，如果两种证券收益之间的相互关系或协方差为正，组合的方差就上升；如果两种证券收益之间的相互关系或协方差为负，组合的方差就下降。

根据以上投资组合的方差，可以计算投资组合的标准差：

$$V_P = \sqrt{V_{AB}}$$

投资组合标准差的含义与单个证券标准差的含义相同。计算分析表明，只要两种证券的收益之间的相关系数小于1，组合的标准差就小于组合中各个证券标准差的加权平均数。其主要原因是组合多元化效应。另外，投资组合是否有风险及风险程度到底有多少，更多地取决于任意两种证券的协方差，而不取决于单个证券的风险即标准差。由此可见，通常所讲的"不要把所有的鸡蛋放在一个篮子里"，其本身含义是建议投资者进行分散投资，但仅仅分散还不够，还必须注意投资组合的品种间的相互关系，即必须进行有意义的分散化。如果投资组合中的各个证券是来自于同一行业的 10 种股票，即这 10 种股票的收益之间有很高的相关关系时，试图通过投资组合分散风险的功能将会降低。而当所选择的股票来自不同的行业，甚至来自不同国家的金融市场时，其规避风险的功能将大大加强。

2. 投资组合风险与收益的关系

(1) 投资组合的风险主要是系统风险。由于多样化投资可以把所有的非系统风险分散

掉，因而投资组合的风险主要是系统风险。从这一点上讲，投资组合的收益只反映系统风险（暂不考虑时间价值和通货膨胀因素）的影响程度，投资组合的风险收益是投资者因冒不可分散风险而要求的、超过时间价值的那部分额外收益，用公式表示为

$$R_P = \beta_P \times (K_m - R_f)$$

式中：R_P 为投资组合的风险报酬率；β_P 为投资组合的 β 系数；K_m 为所有投资的平均收益率，又称市场收益率；R_f 为无风险收益率，一般用国家公债利率表示。

（2）投资组合风险和收益的决定因素。决定投资组合风险和收益高低的关键因素是不同投资组合中各证券的比重，因为个别证券的 β 系数是客观存在的，是无法改变的。但是，人们通过改变投资组合中的证券种类或比重即可改变投资组合的风险和收益。

因此人们可以通过调整某一投资组合内各证券的比重来控制该投资组合的风险和收益。

3. 证券投资的必要收益率

证券投资的必要收益率等于无风险收益率加上风险收益率，即

$$K_i = R_f + \beta(K_m - R_f)$$

这就是资本资产定价模型（CAPM）。

此时，K_i 的实质是在不考虑通货膨胀情况下无风险收益率与风险收益率之和。

【例6-14】　弘达公司持有甲、乙、丙三种股票构成的证券组合，其 β 系数分别是 1.2、1.6 和 0.8，它们在证券组合中所占的比重分别是 40%、35% 和 25%，此时证券市场的平均收益率为 10%，无风险收益率为 6%。问：

（1）上述投资组合的风险收益率和收益率是多少？

（2）如果该企业要求投资组合的收益率为 13%，你将采取何种措施来满足投资的要求？

解　（1）　　　　　$\beta_P = 1.2 \times 40\% + 1.6 \times 35\% + 0.8 \times 25\% = 1.24$

$R_P = 1.24 \times (10\% - 6\%) = 4.96\%$

$K_i = 6\% + 4.96\% = 10.96\%$

（2）由于该组合的收益率 10.96% 低于企业要求的收益率 13%，因此可以通过提高 β 系数高的甲种或乙种股票的比重、降低丙种股票的比重实现企业增加收益的目标。

二、资本资产定价模型

资本资产定价模型是研究风险与收益的理论，用来反映任何证券或证券组合的期望收益率和系统性风险之间的关系。资本资产定价模型不仅能说明单个证券或证券组合的期望收益率与系统性风险之间的关系，而且把这种关系用简单的线性方程表示出来。

资本资产定价模型的基本公式为

$$K_i = R_f + \beta(K_m - R_f)$$

（一）资本资产定价模型的研究对象

资本资产定价模型的研究对象，是在充分组合的情况下，风险与要求的收益率之间的均衡关系。资本资产定价模型可用于回答如下不容回避的问题：① 为了补偿某一特定程度的风险，投资者应获得多大的收益；② 风险是预期报酬率的不确定性；③ 高度分散化的资

本市场里只有系统风险，并且会得到相应的回报。

(二) 资本资产定价模型的假设

资本资产定价模型的假设如下：

(1) 所有投资者均追求单期财富的期望效应最大化，并以各备选组合的期望收益率和标准差为基础进行组合选择。

(2) 所有投资者均可以无风险利率、无限制地借出或借入资金。

(3) 所有投资者拥有同样的预期，即对所有资产收益的均值、方差和协方差等，投资者均有完全相同的主观估计。

(4) 所有的资金均可以被完全细分，拥有充分的流动性而且没有交易成本。

(5) 没有税金。

(6) 所有投资者均为价格接受者，即日任何一个投资者的买卖行为都不会对股票价格产生影响。

(7) 所有投资者的数量是给定的和固定不变的。

【例 6 - 15】 弘达公司股票的 β 系数为 1.5，无风险利率为 4%，市场平均收益率为 8%，则该股票的必要收益率为多少时，投资者才会购买？

解 $K_i = R_f + \beta(K_m - R_f) = 4\% + 1.5 \times (8\% - 4\%) = 10\%$

弘达公司的股票的收益率达到或超过 10% 时，投资者才会购买。

(三) 证券市场线

按照资本资产定价模型，单一证券的系统风险可由 β 系数来度量，而其风险与收益之间的关系可以由证券市场线来描述。

证券市场线的计算公式为

$$K_i = R_f + \beta(K_m - R_f)$$

其中：K_i 是指第 i 个股票的要求收益率，R_f 是指无风险收益率（通常用国库券的收益率作为无风险收益率），K_m 是平均股票要求的收益率（是指 β 值等于 1 时的股票要求的收益率，也是指包括整个股票的组合即市场组合要求的收益率）。在均衡状态下，$(K_m - R_f)$ 是投资者为补偿承担超过无风险收益的平均风险而要求的额外的收益，也就是风险价格。

(1) 证券市场线的图例如图 6 - 1 所示。

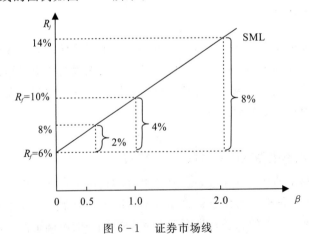

图 6 - 1 证券市场线

（2）证券市场线的主要含义如下：纵轴为要求的收益率，横轴则是以 β 值表示的风险。无风险证券的 $\beta = 0$，故 R_f 成为证券市场线在纵轴的截距。证券市场线的斜率 $\Delta Y / \Delta X = \dfrac{K_m - R_f}{1 - 0} = 12\% - 8\% = 4\%$，表示经济系统中风险厌恶感的程度。投资者对风险的厌恶感越强，证券市场线的斜率就越大，对风险资产所要求的风险补偿越大，对风险资产的要求收益率越高。β 值越大，要求的收益率就越高。

（3）投资者要求的收益率不仅仅取决于市场风险，而且还取决于无风险利率（证券市场线的截距）和市场风险补偿程度（证券市场线的斜率）。由于这些因素始终处于变动之中，所以证券市场线不一定会一成不变。预计通货膨胀提高时，无风险利率会随之提高，进而导致证券市场线的向上平移。风险厌恶感的加强，会提高证券市场线的斜率。

证券市场线适用于单个证券和证券组合（不论它是否已经有效地分散了风险），它测度的是证券（或证券组合）每单位系统风险（贝他系数）的超额收益。证券市场线比资本市场线的前提宽松，应用也更广泛。

本 章 小 结

一、理论梳理

（1）证券是指具有一定票面金额，代表财产所有权和债权，可以有偿转让的凭证。证券投资可分为债券投资、股票投资、基金投资及组合投资等。

（2）风险性是证券投资的基本特征之一。风险按是否可以通过投资组合加以回避及消除，可分为系统性风险与非系统性风险。系统性风险，包括市场风险、利率风险、购买力风险以及自然因素导致的社会风险等。非系统性风险属个别风险，能够通过投资多样化来抵消，又称可分散风险或公司特别风险。它包括行业风险、企业经营风险、企业违约风险等。β 值是用来测定一种证券的收益随整个证券市场平均收益水平变化程度的指标。证券投资组合的风险收益是投资者因承担系统性风险而要求的，超过货币时间价值的那部分额外收益。其计算公式为

$$R_P = \beta_P \cdot (K_m - R_f)$$

（3）① 债券价值评估的基本模型：

$$V = \frac{I_1}{(1+i)^1} + \frac{I_2}{(1+i)^2} + \cdots + \frac{I_n}{(1+i)^n} + \frac{M}{(1+i)^n}$$
$$= I \cdot (P/A, i, n) + M \cdot (P/F, i, n)$$

② 到期一次还本付息债券的价值模型：

$$V = \frac{M + M \cdot i \cdot n}{(1+K)^n} = \frac{M(1 + i \cdot n)}{(1+K)^n}$$

③ 零息债券的价值模型：

$$V = \frac{M}{(1+K)^n}$$

（4）① 股票价值评估的基本模型：

$$V = \frac{D_1}{1+K} + \frac{D_2}{(1+K)^2} + \cdots + \frac{D_n}{(1+K)^n} = \sum_{t=1}^{\infty} \frac{D_t}{(1+K)^i}$$

当 g 为常数，并且 $K > g$ 时，上式可简化为

$$V = \frac{D_0(1+g)}{K-g} = \frac{D_1}{K-g}$$

② 股利零增长型股票的估价模型：

$$V = \frac{D}{K}$$

③ 股利固定增长型股票的估价模型：

$$V = \sum_{t=1}^{\infty} \frac{D_0(1+g)^t}{(1+K)^t}$$

（5）证券投资的必要收益率等于无风险收益率加上风险收益率，即：$K_i = R_f + \beta(K_m - R_f)$，这就是资本资产计价模型（CAPM）。

本章理论梳理如图 6-2 所示。

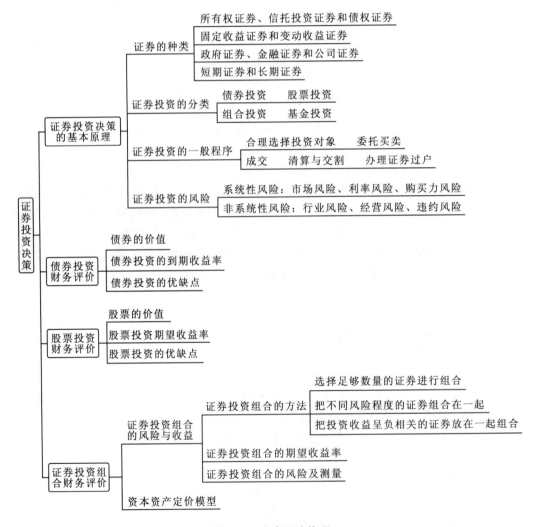

图 6-2 本章理论梳理

二、知识检测

(1) 证券投资的种类。

(2) 债券投资的优缺点。

(3) 股票投资的优缺点。

(4) 什么是证券市场线？

三、案例分析

某公司拟购置一处房产，房主提出三种付款方案：

(1) 从现在起，每年年初支付 20 万，连续支付 10 次，共 200 万元；

(2) 从第 5 年开始，每年末支付 25 万元，连续支付 10 次，共 250 万元；

(3) 从第 5 年开始，每年初支付 24 万元，连续支付 10 次，共 240 万元。

讨论：

假设该公司的资金成本率（即最低报酬率）为 10%，你认为该公司应选择哪个方案？

四、应用实训

(1) 有一面值为 1 000 元的债券，5 年期，票面利率为 8%。假设折现率为 6%，要求：

① 按每半年付息一次，计算其价值；

② 按每年付息一次，计算其价值。

(2) 某 5 年期债券，2021 年 2 月 1 日发行，面值 1 000 元，票面利率 10%，半年付息 1 次，发行价格为 1 100 元。要求计算其到期收益率。

(3) 一个投资人持有 ABC 公司的股票，他的投资最低报酬率为 15%。预计 ABC 公司未来 3 年股利将高速增长，成长率为 20%。在此以后转为正常的增长，增长率为 12%。公司最近支付的股利是 2 元。要求计算该公司股票的内在价值。

(4) 某投资者准备从证券市场购买 A、B、C、D 四种股票组成投资组合。已知 A、B、C、D 四种股票的 β 系数分别为 0.7、1.2、1.6、2.1。现行国库券的收益率为 8%，市场平均股票的必要收益率为 15%。

要求：

① 采用资本资产定价模型分别计算这四种股票的预期收益率；

② 假设该投资者准备长期持有 A 股票。A 股票去年的每股股利为 4 元，预计年股利增长率为 6%，当前每股市价为 58 元，投资 A 股票是否合算？

③ 若该投资者按 5:2:3 的比例分别购买了 A、B、C 三种股票，计算该投资组合的 β 系数和预期收益率；

④ 若该投资者按 3:2:5 的比例分别购买了 B、C、D 三种股票，计算该投资组合的 β 系数和预期收益率。

第七章　营运资本管理

【知识目标】

通过本章学习，了解营运资本的含义与分类，营运资本的管理目标，现金持有的动机，信用证的意义，存货管理的目的；理解营运资本的管理策略，现金管理的目标，信用政策的内容，应收账款的日常管理及存货的日常管理；掌握最佳现金持有量的确定，短期有价证券管理，信用政策的决策，存货经济订货批量的确定。

【能力目标】

营运资本是指企业可以在一年内或超过一年的一个营业周期内变现或者运用的资产。营运资本管理是企业财务管理的重要组成部分。本章主要介绍营运资本管理的概念、现金管理、应收账款管理和存货管理，要求理解营运资本的含义、分类和管理目标及管理策略，熟悉现金、应收账款和存货的日常管理，掌握最佳现金持有量的计算、信用政策的决策和存货的批量控制。

【案例导读】

欠债 1.96 万亿元，恒大遭遇生死危机，许家印的钱都去哪了？

欠债 1.96 万亿元，恒大资金告急，恒大财富 400 亿理财资金难以给投资人兑付。2021 年前 10 个月，中国恒大股票暴跌超 70%，恒大汽车股票暴跌 90%，恒大物业暴跌超 50%。在年初的福布斯排行榜上，许家印还以 277 亿美元的身价位列中国富豪排行榜第 14 位。许老板的钱从哪来的？又去哪了？

1996 年，38 岁的许家印辞职创业，成立了恒大集团。之前的月薪才 2000 块钱，做房地产需要大量的资金，怎么办？借！许家印从银行贷款，打造了小户型的"金碧花园"，然后低价出售，快速回款。也许是第一次杠杆操作太顺利，许老板在以后的日子里胆子很大。一个创业不久的公司，居然同时开发 13 个楼盘，不管是拿地，还是建设，都需要大量的资金，回款稍微慢一点，就有巨大的危机。许老板无疑是幸运的，当时的房地产市场顺风顺水，杠杆操作，再加上比较新颖的开发理念，用了 3 年时间，就赶超广州 1600 多家房产企业，成为广州房产 30 强的第 7 名。

恒大的钱哪去了？

恒大的财报显示，今年上半年合约销售额是 3567 亿元，净利润只有 105 亿元，这 105 亿元对恒大来说，杯水车薪。今年恒大的债务增加了 158 亿元，总债务达到了 1.96 万亿元。

买地花了 4568 亿

恒大的核心是房地产事业，其财报显示，截至 6 月 30 日，土地储备项目 778 个，规划建筑面积 2.14 亿平方米，购买这些地花了 4568 亿元。如果建筑成本按每平米 2200 块钱算，恒大建造这些楼花了 4708 亿元，所以，在房屋硬件成本上，恒大花了近万亿元。当然，这些钱不是一次花了，每盖一栋楼都是在赚钱，这些年恒大的售楼总价外界难以计算，但据官网介绍，这些年恒大纳税 3000 亿元，可见销售规模还是非常庞大的。

买车花了 389 亿

随着房地产的降温和楼市趋于饱和，恒大最近两年押注最大的就是新能源汽车。2019年，许家印曾带队在全球各地跑，拜访各大车企。恒大汽车的模式也是简单粗暴，自己没有技术也没时间去搞研发，直接买，恒大汽车 2019—2020 年共投入 757 亿元。除了恒大汽车外，许老板在贾跃亭创办的法拉第未来也投入了不少钱，投资 20 亿美金到法拉第未来和香港时颖公司合资的 Smart King 公司中，不包括 2021 年的投入，恒大在造车上至少投了 389 亿元。这些投入到目前为止，没有任何回报，而且还在连年亏损。

恒大该怎么办？

在"恒大财富专题会"上，许老板表示目前恒大遇到了前所未有的困难，但恒大年销售 7000 亿元的基本面没有改变。接下来恒大要全力复工复产，全力保证交楼，全力做好销售，恢复正常经营。

因为疫情影响，民众手里的钱本就不宽裕，再加上恒大负面新闻缠身，大家都持观望态度。如今来看，想要靠售楼回款救恒大，这不太现实。从 2021 年 7 月 1 日到 8 月 27 日，恒大以房抵款 251.7 亿元，出售股份等资产获得流动资金 142.9 亿元，但是这还远远不够。

最快的方法就是出售部分核心资产——2.3 万亿元的资产，出售 3000 亿元，恒大就会有周转的资金，然后慢慢降低负债率。

第一节　营运资本管理策略

一、营运资本的含义与分类

（一）营运资本的含义

营运资本是企业用以维持正常经营所需要的资金，即企业在生产经营中可用流动资产的净额。流动资产是指可以在一年或超过一年的一个营业周期内变现或者耗用的资产，包括货币资金、短期投资、应收预付款项、存货等。流动负债是指必须在一年或超过一年的一个营业周期内偿还的债务，包括短期借款、应付预收款项、应交税金等。营运资金的存在表明企业的流动资产占用的资金除了以流动负债筹集外，还以长期负债或所有者权益筹集。

（二）营运资本的分类

营运资本是企业在一个营业周期内变现或者运用的资产，具有占用时间短、周转速度快、容易变现等特点，属于生产经营过程中短期置存的资产，是企业资产的重要组成部分。营运资本具体包括：

1. 货币资金

货币资金是指企业在再生产过程中由于种种原因而持有的、停留在货币形态的资金，包括库存现金和存入银行的各种存款。

2. 应收及预付款项

应收及预付款项是指在商业信用条件下企业延期收回和预先支付的款项，如应收票据、应收账款、其他应收款、预付账款等。

3. 存货

存货是指企业在日常生产经营过程中持有以备出售的产成品或商品、处在生产过程中的在产品、在生产过程或提供劳务过程中耗用的材料、物料等，包括原材料、在产品、半成品、产成品、商品和周转材料等。

4. 交易性金融资产

交易性金融资产是指企业为了近期内出售而持有的金融资产。通常情况下，以赚取差价为目的的从二级市场购入的股票、债券和基金等，应分类为交易性金融资产。

二、营运资本的管理目标

营运资本的管理目标如下：

（1）既要保证生产经营需要，又要合理使用资金。

在流动资产管理中，既要保证生产经营发展的需要，又要合理使用资金，提高资金使用效果，这两方面要统一起来，要正确处理二者之间的关系。要在保证生产经营需要的前提下，遵守勤俭节约的原则，挖掘资金潜力，精打细算地使用流动资金，以充分发挥流动资金管理对生产经营的促进作用。

（2）资金管理与资产管理相结合。

流动资产是流动资金赖以存在的物质形态。财务部门要管好流动资金，必须深入生产一线，关心流动资产的管理。只有各项流动资产安全完整，使用合理，流动资金才能完整无缺，占用减少，效益提高。另外，财务部门还必须促使有关部门管理流动资产，要求使用流动资产的部门树立经济核算思想，提高经济效益观念，关心流动资金管理。为此，流动资金的管理必须在实行财务管理部门集中统一管理的同时，又实行分口分级管理，建立有关部门管理的责任制度。

（3）坚持钱货两清，遵守结算纪律，保证资金使用和物资运动相结合。

资金是物资的货币表现，资金使用同物资运用有密切的联系。在流动资金管理工作中，必须把资金使用同物资运用结合起来，坚持钱货两清的原则，企业必须严格遵守结算纪律，不得无故拖欠。只有坚持钱货两清，遵守结算纪律，才能保证每个企业的生产经营顺利进行。

流动资产的主要项目是现金、应收账款、存货，它们占用了绝大部分的流动资产。流动资产有一个不断投入和回收的循环过程，这一过程没有终止的日期，这就使我们难以直接评价其投资的报酬率。因此，流动资产投资评价的基本方法是以最低的成本满足生产经营周转的需要。

三、营运资本的管理策略

营运资本的管理就是对企业流动资产和流动负债的管理，既要保证有足够的资金满足生产经营的需要，又要保证能按时按量偿还各种到期债务。企业营运资本管理的基本要求是：

（1）合理确定并控制流动资金的需要量。

企业流动资金的需要量取决于生产经营规模和流动资金的周转速度，同时也受市场及供、产、销情况的影响。企业应综合考虑各种因素，合理确定流动资金的需要量，既要保证企业经营的需要，又不能因安排过量而浪费。平时也应控制流动资金的占用，使其纳入计划预算的良性范围内。

（2）合理确定流动资金的来源构成。

企业应选择合适的筹资渠道及方式，力求以最小的代价谋取最大的经济利益，并使筹资与日后的偿债能力等合理配合。

（3）加快资金周转，提高资金效益。

当企业的经营规模一定时，流动资产周转的速度与流动资金需要量成反方向变化。企业应加强内部责任管理，适度加速存货周转、缩短应收账款的收款周期、延长应付账款的付款周期，以改进资金的利用效果。

第二节 现金及短期有价证券的管理

一、持有现金的动机

现金是指在生产过程中暂时停留在货币形态的资金，包括企业的库存现金、各种形式的银行存款、银行本票、银行汇票等。现金是企业中流动性最强的资产，是可以立即投入流动的交换媒介。它的首要特点是普遍的可接受性，即可以有效且立即用来购买商品、货物、劳务或偿还债务。因此，拥有足够的现金对于降低企业的风险，增强企业资产的流动性和债务的可清偿性具有重要意义。但是，现金属于非盈利性资产，即使是银行存款，其利率也非常低。因此，企业必须合理确定现金持有量，使现金收支不但在数量上，而且在时间上相互衔接，以便在保证企业经营活动所需现金的同时，尽量减少企业闲置的现金数量，提高资金收益率。

有价证券是企业现金的一种转换形式。有价证券变现能力强，可以随时兑换成现金。企业有多余现金时，常将现金兑换成有价证券；现金流出量大于流入量需要补充现金时，再出让有价证券换回现金。在这种情况下，有价证券就成了现金的替代品。获取收益是持有有价证券的原因。

持有现金的动机主要有：

1. 交易动机

交易动机即企业在正常生产经营秩序下应当保持一定的现金支付能力。企业经常得到收入，也经常发生支出，两者不可能同步同量。收入多于支出，形成现金置存；收入少于支出，需要借入现金。企业必须维持适当的现金余额，才能使业务活动正常地进行下去。

2. 投机动机

投机动机即企业为了抓住各种瞬息即逝的市场机会，获取较大的利益，需准备适当的现金余额。比如遇到廉价原材料或其他资产供应机会时，可用手头现金大量购入；或者在适当时机购入价格有利的股票和其他有价证券等。当然，除了金融和投资公司外，一般地讲，其他企业专为投机性需要而特别置存现金的不多，而是遇到不寻常的购买机会时，常设法临时募集资金。但拥有数量可观的现金，确实为突然的大批采购提供了方便。

3. 预防动机

预防动机即企业为应付紧急情况而需要保持的现金支付能力。企业有时会出现意想不到的开支，现金流量的不确定性越大，预防性现金的数额也就应该越大；反之，企业现金流量的可预测性强，预防性现金数额则可以小一些。此外，预防性现金数额还与企业的借款能力有关，如果企业能够很容易地随时借到短期资金，也可以减少预防性现金的数额。

二、现金管理的目标

现金管理的目标就是要使持有现金的成本最低、效益最大。企业的库存现金没有收益，银行存款的利息率也远远低于企业资金利润率。现金结余过多，会降低企业的收益。但现金太少，可能出现现金短缺，影响生产经营活动。现金管理应在保证企业生产经营所需现金的同时，节约使用资金，并从暂时闲置的现金中获得最大收益。

三、最佳现金持有量的确定

现金的管理除了做好日常收支，加速现金流转速度外，还需控制好现金持有规模，即确定适当的现金持有量。下面是几种确定最佳现金持有量的方法。

（一）成本分析模式

成本分析模式是通过分析持有现金的成本，寻找持有成本最低的现金持有量。该模式只考虑持有一定数量的现金而发生的管理成本、机会成本和短缺成本，而不考虑交易成本。管理成本、机会成本和短缺成本之和最小的现金持有量，就是最佳现金持有量。如果把以上三种成本线放在一张图上，如图 7-1 所示，就能表现出持有现金的总成本（总代价），找出最佳现金持有量的点：机会成本线向右上方倾斜，短缺成本线向右下方倾斜，管理成本线为平行于横轴的平行线，总成本线便是一条抛物线，该抛物线的最低点即为持有现金的最低总成本。超过这一点，机会成本上升的代价又会大于短缺成本下降的好处；这一点之前，短缺成本上升的代价又会大于机会成本下降的好处。这一点横轴上的量，即是最佳现金持有量。

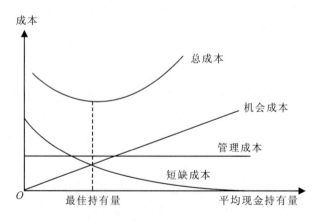

图 7-1　持有现金的总成本

关于最佳现金持有量的具体计算，可以先分别计算出各种方案的机会成本、管理成本、短缺成本之和，再从中选出总成本之和最低的现金持有量，即为最佳现金持有量。

【例7-1】　弘达公司有三种现金持有方案，它们的机会成本、管理成本、短缺成本如表7-1所示。

表 7-1　现金持有方案　　　　　　　　　　　　单位：元

方案项目	A	B	C
现金平均持有量	25 000	50 000	75 000
机会成本	3 000	6 000	9 000
管理成本	20 000	20 000	20 000
短缺成本	12 000	6 750	2 500

注：机会成本率即该企业的资本收益率，为12%。

这三种方案的总成本计算结果如表7-2所示。

表 7-2　现金持有总成本　　　　　　　　　　　单位：元

方案项目	A	B	C
机会成本	3 000	6 000	9 000
管理成本	20 000	20 000	20 000
短缺成本	12 000	6 750	2 500
总成本	35 000	32 750	31 500

将以上各方案的总成本加以比较可知，C方案的总成本最低，也就是说当企业平均持有75 000元现金时，各方面的总代价最低，故75 000元是该企业的最佳现金持有量。

（二）存货模式

由成本分析模式可以看出，企业平时持有较多的现金，会降低现金的短缺成本，但也会增加现金占用的机会成本；而平时持有较少的现金，则会增加现金的短缺成本，却能减少现金占用的机会成本。如果企业平时只持有较少的现金，在有现金需要时，通过出售有价证券换回现金，便能既满足现金的需要，避免短缺成本，又能减少机会成本。因此，适当的现金与有价证券之间的转换，是企业提高资金使用率的有效途径。这与企业奉行的营运资金政策有关。采取宽松的投资政策，保留较多的现金，则转换次数少。如果经常进行大量的有价证券与现金的转换，则会加大转换交易成本，因此如何确定有价证券与现金的每次转换量，是一个需要研究的问题。这可以应用现金持有量的存货模式解决。

现金持有量的存货模式又称鲍曼模式，是威廉·鲍曼（William Baumol）提出的用以确定目标现金持有量的模型。

现金的交易成本与现金转换次数、每次的转换量有关。假定现金每次的交易成本是固定的，在企业一定时期现金使用量确定的前提下，每次以有价证券转换回现金的金额越大，企业平时持有的现金量便越高，转换的次数便越少，现金的交易成本就越低；反之，每次转换回现金的金额越低，企业平时持有的现金量便越低，转换的次数会越多，现金的交易成本就越高，现金交易成本与持有量成反比。在现金成本构成图上，可以将现金的交易成本与现金的短缺成本合并为同一条曲线，反映与现金持有量有关的总成本。这样，现金的成本构成可重新表现，如图7-2所示。

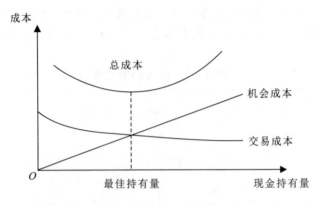

图7-2　现金的成本构成

在图7-2中，现金的机会成本和交易成本是两条随现金持有量呈不同方向发展的曲线，两条曲线交叉点相应的现金持有量，即是总成本最低的现金持有量，它可以运用现金持有量存货模式求出。

【例7-2】　弘达公司现金使用量均衡，每周现金净流出量为100 000元。若该公司第0周开始时持有现金300 000元，那么这些现金够公司支用3周，在第3周结束时现金持有量将降为0，其3周内的平均现金持有量则为150 000元(300 000/2)。第4周开始时，公司需将300 000元的有价证券转换为现金以备支用；待第6周结束时，现金持有量再次降为0，这3周内的现金平均余额仍为150 000元。如此循环，公司一段时期内的现金持有状况如图7-3所示。

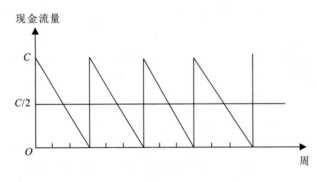

图7-3　一段时期内的现金持有状况

在图7-3中，每3周为一个现金使用的循环期，以C代表各循环期之初的现金持有量，以C/2代表各循环期内的现金平均持有量。

如果公司将C定得较高些，比如定为600 000元，每周的现金净流出量仍为100 000元，这些现金将够支用6周，公司可以在6周后再出售有价证券补充现金，这能够减少现金的交易成本；但6周内的现金平均余额将增加为300 000元(600 000/2)，这又会增加现金的机会成本。

如果公司将C定得较低些，比如定为200 000元，每周的现金净流出量还是100 000元，那么这些现金只够支用2周，公司必须频繁地每2周就出售有价证券，这必然增加现金的交易成本；不过2周循环期内的现金平均余额可降为100 000元(200 000/2)，这降低了现金的机会成本。

于是，公司需要合理地确定 C，以使现金的相关总成本最低。解决这一问题先要明确三点：

（1）一定期间内的现金需求量，用 T 表示。

（2）每次出售有价证券以补充现金所需的交易成本，用 F 表示；一定时期内出售有价证券的总交易成本为

$$交易成本 = \frac{T}{C} \cdot F$$

（3）持有现金的机会成本率，用 K 表示；一定时期内持有现金的总机会成本表示为

$$机会成本 = \frac{C}{2} \cdot K$$

在以上的举例中，公司一年的现金需求量为 $100\,000 \times 52 = 5\,200\,000$ 元。该公司有几种确定 C 的方案，每种方案对应的机会成本和交易成本如表 7-3、表 7-4 所示。

表 7-3　现金持有的机会成本　　　　　单位：元

初始现金持有量 C	平均现金持有量 $C/2$	机会成本$(K=0.1)(C/2) \times K$
600 000	300 000	30 000
400 000	200 000	20 000
300 000	150 000	15 000
200 000	100 000	10 000
100 000	50 000	5 000

表 7-4　现金持有的交易成本　　　　　单位：元

现金总需求 T	初始现金持有量 C	交易成本$(F=1\,000)(T/C) \times F$
5 200 000	600 000	8 667
5 200 000	400 000	13 000
5 200 000	300 000	17 333
5 200 000	200 000	26 000
5 200 000	100 000	52 000

计算出了各种方案的机会成本和交易成本，将它们相加，就可以得到各种方案的总成本：

$$总成本 = 机会成本 + 交易成本 = \frac{C}{2} \cdot K + \frac{T}{C} \cdot K$$

该公司各种初始现金持有量方案的总成本如表 7-5 所示。

表 7-5　现金持有的总成本　　　　　单位：元

初始现金持有量	机会成本	交易成本	总成本
600 000	30 000	8 667	38 667
400 000	20 000	13 000	33 000
300 000	15 000	17 333	32 333
200 000	10 000	26 000	36 000
100 000	5 000	52 000	57 000

表 7-5 显示，当公司的初始现金持有量为 300 000 元时，现金总成本最低。以上结论是通过各种初始现金持有量方案的逐次成本计算得出的。此外，也可以利用公式求出成本最低的现金持有量，这一现金持有量成为最佳现金持有量，以 C^* 表示。

从图 7-2 中已知，最佳现金持有量 C^* 是机会成本线与交易成本线交叉点所对应的现金持有量，因此 C^* 应当满足

$$机会成本 = 交易成本$$

即

$$\frac{C^*}{2} \times K = \frac{T}{C^*} \times F$$

整理后，可得出

$$C^{2*} = \frac{2T \times F}{K}$$

等式两边分别取平方根，有

$$C^* = \sqrt{\frac{2T \times F}{K}}$$

本例中，$T = 5\,200\,000$ 元，$F = 1\,000$ 元，$K = 0.1$，利用上述公式即可计算出最佳现金持有量为

$$C^* = \sqrt{\frac{2 \times 5\,200\,000 \times 1\,000}{0.1}} = 322\,490（元）$$

为了验证这一结果的正确性，可以计算出比 322 490 元略高和略低的几种现金持有量的成本，比较它们的高低，如表 7-6 所示。

表 7-6　现金持有的总成本 单位:元

初始现金持有量	机会成本	交易成本	总成本
335 000	16 750	15 522	32 272
330 000	16 500	15 758	32 258
322 490	16 125	16 125	32 250
310 000	15 500	16 774	32 274
305 000	15 250	17 049	32 299

表 7-6 说明，不论初始现金持有量高于还是低于 322 490 元，总成本都会升高，所以322 490 元是最佳现金持有量。

现金持有量的存货模式是一种简单、直观的确定最佳现金持有量的方法；但它也有缺点，主要是假定现金的流出量稳定不变，实际上这很少有。相比而言，那些适用于现金流量不确定的控制最佳现金持有量的方法，就显得更具普遍应用性。

四、短期有价证券管理

现金管理的目的首先是保证交易及预防性的现金需求，其次才是使其获得最大的收益。要实现这两个目的，就是要求企业把闲置的现金投入到流动性高、风险低、交易期限短的金融工具上。以美国为例，在货币市场上，主要的金融工具有国库券、商业汇票、银行承兑汇票、可转让大额存单、回购协议、期货期权及其衍生工具等。

1. 国库券

美国国债在货币市场中占据了最大的份额。短期国库券（treasury bills）每周拍卖到期日为 91 或 182 天，每月拍卖到期日为 9 或 12 个月；以贴现形式发行，售价与面值之间的差额为投资者的利息收入，利息收入通常可以免税。国库券流通性好，二级市场上交易成本很低，收益率也最低。中期国库券（treasury bonds）到期日为 1 年到 10 年；长期国库券（treasury notes）到期日为 10 年以上。中长期国库券是带息票发行的。国库券的到期日小于 1 年时，就可以满足短期投资者的需求。

2. 商业票据（commercial paper）

商业票据是信誉较好的金融公司和工业公司发行的短期无担保本票；到期日为 1 个月到 1 年，期限超过 270 天的较少；可以直接出售给投资者，也可以售予交易商。大型金融公司通常采取直接出售方式，小型金融公司和工业公司一般采取通过交易商发行的方式。商业票据利率比同期国库券利率要高一些，大约与银行承兑汇票利率相当。直接销售的票据比通过交易商销售的利率低一些。通常票据以折扣形式发行，大多数票据都被持有至到期，因为基本不存在二级市场。

3. 银行承兑汇票（bankers acceptances，BAS）

银行承兑汇票是由商业银行承兑的汇票，到期日一般不超过 6 个月。其信用视承兑银行而不是开票人而定。其利率通常比同期国库券利率略高。

4. 可转让大额存单（negotiable certificate of deposit，CDS）

可转让大额存单始于 1961 年，由普通的银行存单发展而来。银行接受客户的定期存款，向客户提供存单为凭证，存单持有人凭存单收取利息，并在到期时收回本金。存单在到期日前可以在二级市场转让。由于二级市场不是很发达，其流动性低于国库券；收益与商业汇票和银行承兑汇票相当。存单的违约风险就是银行倒闭的风险。

5. 回购协议（repurchase agreements，RPs. repo）

回购协议是银行或经纪人向投资者出售某种短期证券时，同意在特定时期内以特定价格购回这种证券。投资人买卖证券的价格差异代表其利息收入。回购协议使投资人在非常短的期限内获得利息，而西方银行对 30 天以内的存款是不付息的。由于有银行重新购买的承诺，且出售价格已经确定，因此这种回购协议的流动性高、风险小。

第三节　应收账款管理

一、应收账款的意义

应收账款是企业因对外销售商品、提供劳务等而应向购货或接受劳务的单位收取的款项。

应收账款形成企业之间的直接商业信用，是商品销售及劳务提供过程中货与钱在时间上分离的直接结果。商品和劳务的赊销，一方面增加了销售收入，另一方面又因形成应收账款而增加了经营风险。因此，应收账款管理的基本目标是在发挥应收账款强化竞争、扩大销售功能的同时，尽可能降低投资的机会成本、坏账损失与管理成本，最大限度地发挥应收账款投资的效益。同时制定科学合理的应收账款信用政策，并在这种信用政策所增加的销售盈利和采用这种政策预计要担负的成本之间做出权衡。

二、信用政策内容

加强应收账款管理，提高应收账款投资效益的重要前提，就是制定合理的信用政策。信用政策即应收账款的管理政策，是指企业对应收账款投资进行规划与控制而确立的基本原则与行为规范，它包括信用标准、信用条件和收账政策等方面。

（一）信用标准

信用标准是客户获得企业商业信用所应具备的最低条件，是企业愿意承担的最大付款风险的金额，一般以预期的坏账损失率表示。如信用标准过于严格，企业的应收账款可能很少，但它却会丧失向信誉较好的客户销售产品的机会；反之，如信用标准太宽松，虽然企业增加销售收入的可能性增大，但也会因客户拒付而造成坏账损失的机会增多。因此，企业需针对不同情况确定合理的信用标准。同时，应规定一个信用额度，即规定该客户在任何时候可以赊欠的最大限额。

信用标准的主要确定依据是客户的信用状况，一般采用"5C"系统评判。"5C"是指：(1) 品德(Character)。品德指客户愿意履行其付款承诺的可能性，它直接影响到应收账款的回收速度、额度、收账成本，主要根据客户过去的信用记录来确定；(2) 能力(Capacity)。能力指客户偿还货款的能力，主要根据客户的经营状况和资产状况来判断；(3) 资本(Capital)。资本指客户企业的财务状况，可以通过企业的财务报表和比率分析得出；(4) 抵押(Collateral)。抵押指客户用其资产对其所承诺的付款进行的担保，对于有资产抵押的客户可适当放宽信用条件，对于没有信用记录和有不良信用记录的客户来讲，以一定的合法资产作为抵押是必要的；(5) 条件(Condition)。条件指能够对客户的偿付能力产生影响的社会经济发展的一般趋势，以及某些地区或某些领域的特殊发展和变动。

（二）信用条件

信用条件是销货企业要求赊购客户支付货款的条件，包括信用期限、折扣期限和现金折扣。信用条件的基本表现方式是"3/10，$n/30$"，此表现方式是指发票开出后 10 天内付款，可享受 3% 的现金折扣；如果放弃折扣优惠，则必须在 30 天内付清。此时，信用期限是 30 天，折扣期限是 10 天，现金折扣率是 3%。

1. 信用期限

信用期限是企业为顾客规定的最长付款时间。通常，信用期限政策的制定既要考虑市场竞争激烈程度、企业自身资金实力、买方拥有货物的时间和交易传统等因素，也要考虑成本效益情况。信用期限过短，不足以吸引客户，在竞争中会使销售额下降；信用期限过长，对销售额固然有利，但如果盲目放宽信用期，可能影响资金周转，使得相应的费用增加，甚至造成利润的减少。所以，合理的信用期限应当着眼于使企业的总收益达到最大。

【例 7-3】 弘达公司预测年度赊销额为 1 200 万元，其信用条件是 $n/30$，变动成本率 45%，资本成本率 10%。假定公司收账政策不变，固定成本总额不变。该公司准备了三个信用期限的备选方案：A 方案是维持 $n/30$ 的信用条件；B 方案是将信用条件放宽至 $n/60$；C 方案是将信用条件放宽至 $n/90$。

为各备选估计的赊销水平、坏账损失率和收账费用等有关数据如表 7-7 所示。

表 7-7　信用期限备选方案表　　　　　　　　　　单位：万元

项　　目	A 方案	B 方案	C 方案
年赊销额	1 200	1 320	1 400
平均收账天数	30	60	90
应收账款周转率	$360\div30=12$	$360\div60=6$	$360\div90=4$
应收账款平均余额	$1\,200\div12=100$	$1\,320\div60=220$	$1\,400\div4=350$
维持赊销业务所需资金	$100\times45\%=45$	$220\times45\%=99$	$350\times45\%=157.5$
坏账损失率	2％	3％	6％
坏账损失	$1\,200\times2\%=24$	$1\,320\times3\%=39.6$	$1\,400\times6\%=84$
收账费用	24	40	80

根据表 7-7 所提供的资料,计算三个备选方案的各项指标如表 7-8 所示。

表 7-8　信用期限评价表　　　　　　　　　　单位：万元

项　　目	A 方案	B 方案	C 方案
年赊销额	1 200	1 320	1 400
变动成本	540	594	630
扣减信用成本前的收益	660	726	770
信用成本：			
应收账款机会成本	$45\times10\%=4.5$	$99\times10\%=9.9$	$157.5\times10\%=15.75$
坏账损失	24	39.6	84
收账费用	24	40	80
小计	52.5	89.5	179.75
扣减信用成本后的收益	607.5	636.5	590.25

根据计算结果,B 方案的收益最大,应选择 B 方案,将信用期限放宽至 60 天。

2. 现金折扣和折扣期限

现金折扣是在顾客提前付款时给予的优惠,一般为发票金额的 1％～5％。折扣期限是为顾客规定的可享受现金折扣的付款时间。一般情况下折扣期限越短,折扣率越大,反之则越小。建立现金折扣政策的主要目的是为了吸引客户为享受优惠而提前付款,缩短平均收现期。但现金折扣实际上是对产品售价的扣减。因此企业提供现金折扣的程度和折扣期限的长短,应着重考虑提供折扣后所得的收益是否大于现金折扣的成本。

【例 7-4】　仍以上例资料为例,若弘达公司为加速应收账款的回收,决定在 B 方案的基础上将信用条件改为"2/10,1/20,$n/60$"(D 方案),估计约有 60％的客户会利用 2％的折扣;15％的客户利用 1％的折扣。坏账损失率降为 1％,收账费用降为 30 万元。则 D 方案的机会成本、坏账损失和现金折扣计算如下:

平均收账天数 $=60\%\times10+15\%\times20+(1-60\%-15\%)\times60=24$(天)

应收账款周转率 $=\dfrac{360}{24}=15$(次)

应收账款平均余额 $=\dfrac{1320}{15}=88$(万元)

维持赊销业务所需要的资金 $=88\times45\%=39.6$(万元)

应收账款的机会成本 $=39.6\times10\%=3.96$(万元)

坏账损失 $=1320\times1\%=13.2$(万元)

现金折扣 $=1320\times(2\%\times60\%+1\%\times15\%)=17.82$(万元)

根据上述指标,可计算 D 方案的收益:

扣减信用成本前的收益 $=$ 年赊销额 $\times(1-$ 变动成本率 $)-$ 现金折扣

$$=1320\times(1-45\%)-17.82=708.18(万元)$$

扣减信用成本后的收益 $=$ 扣减信用成本前的收益 $-$ 机会成本 $-$ 坏账损失 $-$ 收账费用

$$=708.1-3.96-13.2-30=661.02(万元)$$

计算结果表明,相对于 B 方案,D 方案的收益增加 24.52 万元,因此,应最终选择 D 方案,实行现金折扣政策。

(三)收账政策

收账政策(或收账方针)是企业针对客户违反信用条件,拖欠甚至拒付账款所采取的策略和措施,是客户未按事先约定不在信用期内付款时企业所采取的事后补救方法。一般情况下,客户会在企业规定的信用期到来之前支付货款,只有当客户的付款期超过了信用期限,企业才需要采取行动催收。因此,收账政策有时仅指企业催收逾期应收账款的程序。

企业在选取收账政策时,应视逾期时间长短、欠缴金额大小、不同的客户、不同的产品,参考信用条件灵活运用。对于逾期时间较短的客户,可通过信函、电话等方式催收;对于情形较严重者,可派人面谈,必要时还可提请有关部门仲裁或提请诉讼等。

收账政策会影响企业收益。企业采取积极的收账政策,会减少应收账款及坏账损失,但有可能增加收账费用;反之,若采取消极的收账政策,会增加应收账款占用额和坏账损失。因此,制定收账政策需要在增加收账费用与减少坏账损失、减少应收账款机会成本之间进行了权衡,若前者小于后者,则说明制定的收账政策是可取的。

三、信用政策的决策

应收账款赊销的效果好坏,依赖于企业的信用政策。信用政策包括:信用期间、信用标准和现金折扣政策。

(一)信用期间

信用期间是企业允许顾客从购货到付款之间的时间,或者说是企业给予顾客的付款期间。例如,若某企业允许顾客在购货后的 50 天内付款,则信用期为 50 天。信用期过短,不足以吸引顾客,在竞争中会使销售额下降;信用期过长,对销售额增加固然有利,但只顾及销售增长而盲目放宽信用期,所得的收益有时会被增长的费用抵消,甚至造成利润减少。因此,企业必须慎重研究,确定出恰当的信用期。

信用期的确定,主要是分析改变现行信用期对收入和成本的影响。延长信用期,会使销售额增加，产生有利影响；与此同时，应收账款、收账费用和坏账损失增加，会产生不利影响。当前者大于后者时，可以延长信用期，否则不宜延长。如果缩短信用期，情况与此相反。

【例 7-5】　弘达公司现在采用 30 天按发票金额付款的信用政策，拟将信用期放宽至 60 天，仍按发票金额付款即不给折扣。假设等风险投资的最低报酬率为 15%，其他有关的数据如表 7-9 所示。

表 7-9　某公司信用期放宽的有关资料表

信用期项目	30 天	60 天
销售量（件）	100 000	120 000
销售额（元）（单价 5 元）	500 000	600 000
销售成本（元）		
变动成本（每件 4 元）	400 000	480 000
固定成本（元）	50 000	50 000
毛利（元）	50 000	70 000
可能发生的收账费用（元）	3 000	4 000
可能发生的坏账损失（元）	5 000	9 000

在分析时，先计算放宽信用期得到的收益，然后计算增加的成本，最后根据两者比较的结果做出判断。

（1）收益的增加：

$$收益的增加 = 销售量的增加 \times 单位边际贡献$$
$$= (120\,000 - 100\,000) \times (5 - 4) = 20\,000（元）$$

（2）应收账款占用资金的应付利息增加：

$$应收账款应计利息 = 应收账款占用资金 \times 资本成本$$
$$应收账款占用资金 = 应收账款平均余额 \times 变动成本率$$
$$应收账款平均余额 = 日销售额 \times 平均收现期$$

$$30 \text{ 天信用期应计利息} = \frac{500\,000}{360} \times 30 \times \frac{400\,000}{500\,000} \times 15\% = 5\,000（元）$$

$$60 \text{ 天信用期应计利息} = \frac{600\,000}{360} \times 60 \times \frac{480\,000}{600\,000} \times 15\% = 12\,000（元）$$

$$应计利息增加 = 12\,000 - 5\,000 = 7000（元）$$

（3）收账费用和坏账损失增加：

$$收账费用增加 = 4\,000 - 3\,000 = 1\,000（元）$$
$$坏账损失增加 = 9\,000 - 5\,000 = 4\,000（元）$$

（4）改变信用期的税前损益：

$$收益增加 - 成本费用增加 = 20\,000 - (7\,000 + 1\,000 + 4\,000) = 8\,000（元）$$

由于收益的增加大于成本增加，故应采用 60 天的信用期。

上述信用期分析的方法是比较简略的，可以满足一般制定信用政策的需要。如有必要，也可以进行更详细的分析，如进一步考虑销货增加引起存货增加而多占用的资金，等等。

【例 7-6】 续例 7-5 资料，现假定信用期由 30 天改为 60 天，由于销售量的增加，平均存货水平将从 9 000 件上升到 20 000 件，每件存货成本按变动成本 4 元计算，其他情况依旧。

由于增添了新的存货增加因素，需在原来分析的基础上，再考虑存货增加而多占用资金所带来的影响，重新计算放宽信用的损益。

$$存货增加而多占用资金的利息=(20\ 000-9\ 000)\times4\times15\%=6\ 600(元)$$

$$改变信用期的税前收益=8\ 000-6\ 600=1\ 400(元)$$

因为仍然可以获得税前收益，所以尽管会增加平均存货，还是应该采用 60 天的信用期。

更进一步地细致分析，还应考虑存货增加引起的应付账款的增加。这种负债的增加会节约营运资金，减少营运资金的"应计利息"。因此，信用期变动的分析，一方面要考虑对利润表的影响(包括收入、成本和费用)；另一方面要考虑对资产负债表的影响(包括应收账款、存货、应付账款)，并且要将对资金占用的影响用"资本成本"转化为"应计利息"，以便进行统一的得失比较。

此外，还有一个值得注意的细节，就是"应收账款占用资金"应当按"应收账款平均余额乘以变动成本率"计算确定。

(二) 信用标准

信用标准，是指顾客获得企业的交易信用所应具备的条件。如果顾客达不到信用标准，便不能享受企业的信用或只能享受较低的信用优惠。

企业在设定某一顾客的信用标准的时候，往往先要评估其赖账的可能性。这可以通过五个方面来评价：信誉、实力、抵押、偿债能力和外界条件。

(1) 信誉，即履行偿债义务的可能性。企业必须设法了解顾客过去的付款记录，看其是否有按期如数付款的一贯做法，及与其他供货企业的关系是否良好。这一点经常被视为评价顾客信用的首要因素。

(2) 实力。实力指顾客的财务实力和财务状况，表明顾客可能偿还债务的背景。

(3) 抵押。抵押指顾客拒付款项或无力支付款项时能被用作抵押的资产。这对于不知底细或信用状况有争议的顾客尤为重要。一旦收不到这些顾客的款项，便以抵押品抵补。如果这些顾客提供足够的抵押，就可以考虑向他们提供相应的信用。

(4) 偿债能力，即其流动资产的数量和质量以及与流动负债的比例。顾客的流动资产越多，其转换为现金支付款项的能力越强。同时，还应注意顾客流动资产的质量，看是否有存货过多、过时或质量下降，影响其变现能力和支付能力的情况。

(5) 外界条件。外界条件指可能影响顾客付款能力的经济环境。比如，万一出现经济不景气，会对顾客的付款产生什么影响，顾客会如何做等，这需要了解顾客在过去困难时期的付款历史。

(三) 现金折扣政策

现金折扣是企业对顾客在商品价格上所做的扣减。向顾客提供这种价格上的优惠，主要目的在于吸引顾客为享受优惠而提前付款，缩短企业的平均收款期。另外，现金折扣也能招揽一些视折扣为减价出售的顾客前来购货，借此扩大销售量。折扣的表示常采用如

5/10、3/20、n/30 这些符号。这三种符号的含义为：5/10 表示 10 天内付款，可以享受 5% 的价格优惠，即只需支付原价的 95%，如原价为 10000 元，只支付 9500 元；3/20 表示 20 天内付款，可以享受 3% 的价格优惠，即只需支付原价的 97%；n/30 表示付款的最后期限为 30 天，此时付款无优惠。

　　企业采用什么程度的现金折扣，要与信用期间结合起来考虑。比如，要求顾客最迟不能超过 30 天付款，若希望顾客 20 天、10 天付款，能给予多大折扣？或者给予 5%、3% 的折扣，能吸引顾客在多少天内付款？不论是信用期间还是现金折扣，都可能给企业带来收益，但也会增加成本。现金折扣带给企业的好处前面已讲过，它使企业增加的成本，则指的是价格折扣损失。当企业给予顾客某种现金折扣时，应当考虑折扣所能带来的收益与成本孰高孰低。

　　因为现金折扣是与信用期间结合使用的，所以确定折扣程度的方法与程序实际上与前述确定信用期间的方法与程序一致，只不过要把所提供的延期付款时间和折扣综合起来，看各方案的延期与折扣能取得多大的收益增量，再计算各方案带来的成本变化，最终确定最佳方案。

　　【例 7-7】　续例 7-6 资料，假定弘达公司在放宽信用期的同时，为了吸引顾客尽早付款，提出了 0.8/30、n/60 的现金折扣条件，估计会有一半的顾客（按 60 天信用期所能实现的销售量计）将享受现金折扣优惠。

　　（1）收益的增加：

$$收益的增加＝销售量的增加×单位边际贡献$$
$$＝(120\,000-100\,000)×(5-4)=20\,000(元)$$

　　（2）应收账款占用资金的应计利息增加：

$$30\ 天信用期应计利息=\frac{500\,000}{360}×30×\frac{400\,000}{500\,000}×15\%=5\,000(元)$$

$$提供现金折扣的应计利息=\left(\frac{600\,000×50\%}{360}×60×\frac{480\,000×50\%}{600\,000×50\%}×15\%\right)+$$

$$\left(\frac{600\,000×50\%}{360}×30×\frac{480\,000×50\%}{600\,000×50\%}×15\%\right)$$

$$=6\,000+3\,000=9\,000(元)$$

$$应计利息增加=9\,000-5\,000=4\,000(元)$$

　　（3）收账费用和坏账损失增加：

$$收账费用增加=4\,000-3\,000=1\,000(元)$$
$$坏账损失增加=9\,000-5\,000=4\,000(元)$$

　　（4）估计现金折扣成本的变化：

$$现金折扣成本增加=新的销售水平×新的现金折扣率×享受现金折扣的顾客比例$$
$$-旧的销售水平×旧的现金折扣率×享受现金折扣的顾客比例$$
$$=600\,000×0.8\%×50\%-500\,000×0×0=2\,400(元)$$

　　（5）提供现金折扣后的税前损益：

$$收益增加-成本费用增加=20\,000-(4\,000+1\,000+4\,000+2\,400)=8\,600(元)$$

由于可获得税前收益，故应当放宽信用期，提供现金折扣。

四、应收账款日常管理

对于已经发生的应收账款，企业还应进一步强化日常管理工作，采取有力的措施进行分析、控制，及时发现问题，提前采取对策。

1. 加强应收账款追踪分析

赊销企业有必要在收款之前，对该项应收账款的运行过程进行追踪分析，重点要放在赊销商品的变现方面。企业要对赊购者的信用品质、偿付能力进行深入调查，分析客户现金的持有量与调剂程度能否满足兑现的需要。应将那些挂账金额大、信用品质差的客户的欠款作为考察的重点，以防患于未然。

2. 重视应收账款账龄分析

一般而言，客户逾期拖欠账款时间越长，账款催收的难度越大，成为坏账的可能性也就越高。企业必须要做好应收账款的账龄分析，密切注意应收账款的回收进度和出现的变化，把过期债权款项纳入工作重点，研究调整新的信用政策，努力提高应收账款的收现效率。

3. 重视应收账款转换问题

虽然应收票据具有更强的追索权，但企业为应急需要而贴现，会承担高额的贴现息。另外，企业可通过抵押或让售业务将应收账款变现，这些虽然都可以解决企业的燃眉之急，但都会给企业带来额外的负担，并增加企业的偿债风险。

4. 建立应收账款坏账准备制度

不管企业采用怎样严格的信用政策，只要存在着商业信用行为，坏账损失的发生总是不可避免的。因此，企业要遵循稳健性原则，对坏账损失的可能性预先进行估计，建立弥补坏账损失的准备金制度，以促进企业健康发展。

5. 加强收账的日常管理

在收款的过程中，应妥善考虑收账成本等因素，制定好收账计划，掌握好宽严界限。通常，收款的程序是：(1)确定是否在信用期；(2)分析超过信用期的时间；(3)电话催款；(4)派人催款；(5)法律诉讼。常见的讨债方法有：讲理法、恻隐术法、疲劳战法、激将法、软硬术法等。

第四节　存货管理

一、存货管理的目的

存货是指企业在生产经营过程中为销售或者耗用而储备的物资，包括材料、燃料、低值易耗品、在产品、半成品、产成品、商品等。企业存货占流动资产的比重较大，其利用程度的好坏对企业财务状况的影响较大。因此，加强存货的规划与控制，使存货保持在最优水平上，便成为财务管理的一项重要内容。

企业置留存货的原因一方面是为了保证生产或销售的经营需要，另一方面是出自价格的考虑，零购物资的价格往往较高，而整批购买在价格上有优惠。但是，过多地存货不仅要占用较多资金，并且会增加包括仓储费、保险费、维护费、管理人员工资在内的各项开支，因此，存货管理的目标就是尽力在各种成本与存货效益之间做出权衡，达到两者的最佳结合。

存货功能是指存货在企业生产经营过程中所具有的作用，主要表现为

1. 保证正常生产

原材料是生产中必需的物质基础。尽管有些企业自动化程度很高，提出了零存货的口号，但实现零存货并非易事。储存必要的原材料和在产品，可以保证生产正常进行，防止停工待料。生产不均衡和商品供求波动时，适当储备原材料和产成品，可以缓和矛盾，降低成本。对于生产季节性产品和产品需求不稳定的企业，为了降低生产成本，实行均衡生产，就要储备一定的产成品和原材料。留有存货的保险储备，可防止意外事件造成的损失。

2. 适应市场变化

存货储备能增强企业在生产和销售方面的机动性以及适应市场变化的能力。企业保持足够的商品存货，能有效地供应市场，满足顾客的需要。若畅销商品库存不足，将会错失推销良机，并有可能因此而推走顾客。适当地储存原材料存货，能够减缓通货膨胀的冲击。

3. 降低进货成本

企业采用批量集中进货，往往可以获得较多的商业折扣，减少购货次数，降低采购费用支出。即便在推崇以零存货为管理目标的今天，仍有不少企业采取大批量购货方式，原因就在于这种方式有助于降低购货成本。

二、存货经济订货批量的确定

（一）存货储存期控制

存货储存期控制包括存货保本储存期控制和保利储存期控制两项内容，其计算公式为

$$存货保本储存天数=\frac{毛利-固定储存费-销售税金及附加}{每日变动储存费}$$

$$存货保利储存天数=\frac{毛利-固定储存费-销售税金及附加-目标利润}{每日变动储存费}$$

【**例 7-8**】　某商场购进 A 商品 2 000 件，单位进价（不含增值税）100 元，单位售价120 元（不含增值税），经销该商品的一次性费用 20 000 元，若该款均来自银行贷款，年利率 10.8%，该批存货的月保管费用率 3‰，销售税金及附加 1 600 元，计算存货保本储存天数和存货保利储存天数（企业要求 3% 的投资利润率）。

存货保本储存天数的计算：

每日变动储存费＝购进批量×购进单价×日变动储存费用率

$$=2\,000\times100\times\left(\frac{10.8\%}{360}+\frac{3‰}{30}\right)=80(元)$$

$$存货保本储存天数=\frac{毛利-固定储存费-销售税金及附加}{每日变动储存费}$$

$$=\frac{(120-100)\times2\,000-20\,000-1\,600}{80}=230(天)$$

存货保利储存天数的计算:

$$目标利润 = 投资额 \times 投资利润率 = 2\,000 \times 100 \times 3\% = 6\,000(元)$$

$$存货保利储存天数 = \frac{毛利 - 固定储存费 - 销售税金及附加 - 目标利润}{每日变动储存费}$$

$$= \frac{(120 - 100) \times 2\,000 - 20\,000 - 1\,600 - 6\,000}{80} = 155(天)$$

及时地将企业存货信息传输给企业经营决策部门,决策部门可以针对不同情况,采取相应措施。

(二)经济批量法

经济批量指一定时期相关存货成本总额最低的采购批量。储存成本与采购量成正比,订货成本与采购量成反比。采购批量增大,存货就增多,会使储存成本上升,但由于订货次数减少,又会使订货成本降低;采购批量减少,可使储存成本降低,又会使订货成本上升。经济批量法的目的就是要寻找这两种成本合计最低的订购批量。

1. 经济批量基本模型

经济批量基本模型以如下假设为前提:① 企业能够及时补充存货,即需要订货时便可立即取得存货;② 能集中到货,而不是陆续入库;③ 不允许缺货,即无缺货成本;④ 需求量稳定,且能预测;⑤ 存货单价不变;⑥ 企业现金充足,不会因为现金短缺而影响存货;⑦ 所需存货市场供应充足。

假设 D 为全年需要量,Q 为每批订货量,K 为每批订货费用,K_c 为每件年储存成本。则:订货次数 $= D/Q$,平均储存量 $= Q/2$,全年订货成本 $= D/Q \cdot K$,全年储存成本 $= Q/2 \cdot K_c$,全年与决策相关的存货总成本为

$$TC = \frac{D}{Q}K + \frac{Q}{2}K_c$$

求 TC 对 Q 的导数得

$$TC' = \left(\frac{D}{Q}K + \frac{Q}{2}K_c\right)' = \frac{K_c}{2} - \frac{DK}{Q^2}$$

令 $TC' = 0$,则有

$$经济批量\ Q^* = \sqrt{\frac{2DK}{K_c}}$$

$$经济批数\ N^* = \frac{D}{Q^*} = \sqrt{\frac{DK_c}{2K}}$$

$$最低总成本\ TC(Q^*) = \sqrt{2DKK_c}$$

【例7-9】 弘达公司全年需要甲零件 1 200 件,一次订货成本为 400 元,每件年储存成本为 6 元,则:

$$Q^* = \sqrt{\frac{2 \times 1200 \times 400}{6}} = 400(件)$$

$$N^* = \sqrt{\frac{1200 \times 6}{2 \times 400}} = 3(次)$$

$$TC(Q^*) = \sqrt{2 \times 1200 \times 400 \times 6} = 2400(元)$$

有许多方法可以用来扩展经济批量基本模型，使其适用范围更广。事实上，许多存货模型研究都是立足于经济批量基本模型，但扩展了其假设。

2. 有数量折扣的经济批量模型

在上述经济批量分析中，假定价格不随年需求量而变动。但实际工作中，许多企业在销售时都有批量折扣，对大批量采购在价格上给予一定的优惠。在这种情况下，除了考虑订货成本和储存成本外，还应考虑采购成本。

【例7-10】　假设前例中每件价格(U)为10元，但如果一次订购大于或等于600件，可给予2%的批量折扣(z)，问是否应大批量订货。

此时，如果确定最优订购批量就要按以下两种情况分别计算订货成本、储存成本和采购成本三种成本的总数。

（1）按经济批量采购，不取得数量折扣，则

$$
\begin{aligned}
TC &= \frac{D}{Q}K + \frac{Q}{2}K_c + DU \\
&= \frac{1\,200}{400} \times 400 + \frac{400}{2} \times 6 + 1\,200 \times 10 \\
&= 14\,400(\text{元})
\end{aligned}
$$

（2）不按经济批量采购，取得数量折扣。若想取得数量折扣，必须按600件采购，则

$$
\begin{aligned}
TC &= \frac{D}{Q}K + \frac{Q}{2}K_c + DU(1-z) \\
&= \frac{1200}{600} \times 400 + \frac{600}{2} \times 6 + 1200 \times 10 \times (1-2\%) \\
&= 14\,360(\text{元})
\end{aligned}
$$

将以上两种情况下的总成本进行对比可知，订购量600件时成本低，应以600件作为订货量。

3. 允许缺货时的经济批量模型

在允许缺货的情况下，企业对经济批量的确定，就不仅要考虑订货成本与储存成本，而且还必须对可能的缺货成本加以考虑，即能使三项成本总和最低的批量就是经济批量。

设缺货量为S，单位缺货成本为K_S，其他符号同上。则允许缺货时的经济批量和平均缺货量为

$$
Q_S^* = \sqrt{\frac{2DK}{K_c} \times \frac{K_c + K_S}{K_S}}
$$

$$
S = \frac{Q_S^* \times K_c}{K_c + K_S}
$$

【例7-11】　弘达公司甲材料年需要量16 000吨，每次订货成本30元，单位储存成本4元，单位缺货成本8元。则

$$
Q_S^* = \sqrt{\frac{2 \times 16\,000 \times 30}{4} \times \frac{4+8}{8}} = 600(\text{吨})
$$

$$
S = \frac{600 \times 4}{4+8} = 200(\text{吨})
$$

当然，在实际工作中，由于单位缺货成本很难估计，加之停工待料、停售待货是任何

一个正常经营的企业都不允许发生的事情，因此，一般情况下，是不可能出现经济缺货量的。对采用 JIT 系统的企业来说，由于单位缺货成本无穷大，因而更是不允许缺货的。

4. 订货期提前

一般情况下，企业的存货不能做到随时用随时补充，因此不能等存货用完再去订货，而需要在没有用完时提前订货。在提前订货的情况下，企业再次发出订货单时，尚有存货的库存量，称为再订货点，用 R 表示。它的数量等于交货时间(L)和每日平均用量(d)的乘积。

$$R = L \cdot d$$

【例 7 - 12】 弘达公司每天正常耗用某材料为 10 吨，订货的提前期为 20 天，则

$$R = 20 \times 10 = 300(吨)$$

5. 陆续进货模型

基本模型假设存货系集中到货，即一次全部入库。而事实上，各批存货可能是陆续入库，存量陆续增加。设每日送货量为 P，每日需用量 d，则送货期为 Q/P，送货期内的耗用量为 $Q/P \cdot d$。由于存货边送边用，故每批送完时，最高库存量为 $Q - Q/P \cdot d$。平均存货量为

$$\frac{1}{2}\left(Q - \frac{Q}{P} \cdot d\right) = \frac{Q}{2}\left(1 - \frac{d}{P}\right)$$

显然，每日需用量 d 应小于每日送货量 P。那么，与批量有关的存货总成本为

$$TC = \frac{D}{Q} \cdot K + K_c \cdot \frac{Q}{2}\left(1 - \frac{d}{P}\right)$$

经推导，此时的经济批量为

$$Q_P^* = \sqrt{\frac{2DK}{K_c} \cdot \left(\frac{P}{P-d}\right)}$$

最佳存货总成本为

$$TC(Q_P^*) = \sqrt{2DKK_c \cdot \left(1 - \frac{d}{P}\right)}$$

【例 7 - 13】 某零件年需要量 7 200 件，每天送货量 60 件，每天耗用量 20 件，单价 20 元，一次订货成本 50 元，单位储存成本 4 元，单位缺货成本 8 元。则此时的经济批量和总成本为

$$Q_P^* = \sqrt{\frac{2 \times 7\ 200 \times 50}{4} \cdot \frac{60}{60-20}} = 520(件)$$

$$TC(Q_P^*) = \sqrt{2 \times 7\ 200 \times 50 \times 4 \times \left(1 - \frac{20}{60}\right)} = 1\ 386(元)$$

此扩展模型还可应用于自制产品或零部件的经济投产批量的决策。

6. 保险储备模型

上述经济批量基本模型和订货提前期的扩展模型均假设存货的供需稳定而且确知每日的需求量不变。但实际情况并非完全如此，企业对存货的需求量经常会发生变动，交货时间由于某些原因也可能延误。这些不确定性因素的存在，要求企业持有一定的保险储备量(B)，以防止供应延误、存货短缺等造成的损失。此时，存货再订货点变为

$$R = L \cdot d + B$$

建立保险储备的代价则是存货储备成本的相应增加。而最佳保险储备的确定就是在存

货短缺所造成的缺货成本和保险储备的储存成本之间作出权衡，使二者之和最小。两者之和的计量模型为

$$TC(S, B) = C_S + C_B = K_S \cdot S \cdot N + B \cdot K_c$$

式中，$TC(S, B)$ 是与保险储备有关的总成本；C_S 是短缺成本；C_B 是保险储存成本；K_S 是单位缺货成本；S 是缺货量；N 是年订货次数；B 是保险储备量；K_c 是单位储备成本。

缺货量 S 具有一定的概率分布，其概率可根据历史经验估计得出：

$$S_i = L_i B_i - R \quad (若 L_i B_i \leqslant R，取 S_i = 0)$$

式中，S_i 是不同概率分布下的缺货量；$L_i B_i$ 是不同概率分布下交货时间内的存货需求量。

据此，可以计算出不同保险储备量下缺货量 S 的期望值，进而通过计算不同保险储备量 B 下的 $TC(S, B)$ 并相互比较，$TC(S, B)$ 最小时的保险储备量即为最佳保险储备量。

【例 7 - 14】 假设弘达公司每年需对外购零件 3 600 件，该零件单位储存变动成本 20 元，一次订货成本 25 元，单位缺货成本 100 元。经预测，在交货间隔期内的需要量及其概率如表 7 - 10 所示。

表 7 - 10　零件需要量概率分布表

需要量/件	50	60	70	80	90
概率	0.1	0.2	0.4	0.2	0.1

可供选择的保险储备方案为 0 件、10 件和 20 件。

则可进行如下运算：

(1) 经济订货量 $= \sqrt{\dfrac{2 \times 25 \times 3600}{20}} \approx 95$（件）

(2) 年订货次数 $= \dfrac{3600}{95} \approx 38$（次）

(3) 交货间隔期内的平均需求量 $= 50 \times 0.1 + 60 \times 0.2 + 70 \times 0.4 + 80 \times 0.2 + 90 \times 0.1$
$= 70$（件）

(4) 不同保险储量下的缺货量 S 的期望值：

$B = 0$ 时，$S = (80 - 70) \times 0.2 + (90 - 70) \times 0.1 = 4$（件）；

$B = 10$ 时，$S = (90 - 80) \times 0.1 = 1$（件）；

$B = 20$ 时，$S = 0$。

(5) 不同保险储备量下的总成本 $TC(S, B)$：

$B = 0$ 时，$TC(S, B) = 100 \times 4 \times 38 = 15\ 200$（元）；

$B = 10$ 时，$TC(S, B) = 100 \times 1 \times 38 + 10 \times 20 = 4000$（元）；

$B = 20$ 时，$TC(S, B) = 20 \times 20 = 400$（元）。

(6) 故应设置保险储量 20 件，此时的再订货点为 $70 + 20 = 90$ 件。

(三) 存货 ABC 分类管理

存货 ABC 分类管理就是按照一定的标准，将企业的存货划分为 A、B、C 三类，分别实行分品种重点管理（A）、分类别一般控制（B）和按总额灵活掌握（C）的存货管理方法。ABC 控制法是意大利经济学家巴雷特于 19 世纪首创的，以后不断发展和完善，现已广泛用于存货管理、成本管理和生产管理。对于一个大型企业来说，常有成千上万存货项目，

在这些项目中，有的价格昂贵，有的不值几文，有的数量庞大，有的寥寥无几。如果不分主次，面面俱到，对每一种存货都进行周密的规划，严格的控制，就抓不住重点，不能有效地控制主要存货资金。ABC 控制法下是针对这一问题而提出来的重点管理方法。

1. 存货 ABC 分类的标准

分类的标准主要有两个：金额标准和品种数量标准。各类存货的特点是：A 类金额巨大、数量较少；B 类金额一般、数量相对较多；C 类品种数量繁多，但金额却很小。一般而言，三类存货金额之比为 70%：20%：10%。

2. 存货 ABC 控制的步骤

（1）列示企业全部存货的明细表，计算每一种存货在一定时间内（一般为 1 年）的资金占用额；

（2）计算每一种存货资金占用额占全部资金占用额的百分比，按照金额标志由大到小进行排序并累加金额百分比，编成表格；

（3）根据事先测定好的标准，把最主要的存货划为 A 类，把一般存货划为 B 类，把不重要的存货划为 C 类，并画图表示出来。一般而言，当金额百分比累加到 70% 左右时，以上存货为 A 类；百分比在 70%～90% 之间的存货为 B 类，其余为 C 类。

（4）对 A 类存货进行重点规划和控制，对 B 类存货进行次重点管理，对 C 类存货只进行一般管理。

把存货划分成 A、B、C 三大类，目的是对存货占用资金进行有效的管理。A 类存货的各类虽少，但占用的资金多，应集中主要力量管理，对其经济批量要进行认真的规划，对收入、发出要进行严格的控制；C 类存货虽然各类繁多，但占用的资金不多，不必耗费大量人力、物力、财力去管，这类存货的经济批量可凭经验确定，不必花费大量的时间和精力去进行规划和控制；B 类存货介于 A 类和 C 类之间，也应给予相当的重视，但不必像 A 类那样进行非常严格的控制。

三、存货日常管理

（一）即时生产的存货管理

1953 年，日本丰田公司的副总裁大野耐一创造了一种高质量、低库存的生产方式——即时生产（Just In Time，JIT）。JIT 技术是存货管理的第一次革命，其基本思想是"只在需要的时候，按需要的量，生产所需的产品"，也就是追求一种无库存或库存量达到最小的生产系统。在日本 JIT 又称为"看板"管理，在每一个运送零部件的集装箱里面都有一个标牌，生产企业打开集装箱，就将标牌给供应商，供应商接到标牌之后，就开始准备下一批零部件。理想的情况是，下一批零部件送到时，生产企业正好用完上一批零部件。通过精确地协调生产和供应，日本的制造企业大大地降低了原材料的库存，提高了企业的运作效率，也增加了企业的利润。事实上 JIT 技术成为日本汽车工业竞争优势的一个重要的来源，而丰田公司也成为全球在 JIT 技术上最为领先的公司之一。

（二）高技术条件下的存货管理

存货管理的第二次变革的动力来自数控和传感技术、精密机床以及计算机等技术在工厂里的广泛应用，这些技术使得工厂的整备时间从早先的数小时缩短到几分钟。在计算机的帮助下，机器很快从一种预设的工模具状态切换到另一种工模具状态而无须走到遥远的工具室或经人工处理之后再进行试车和调整，整备工作的加快使待机时间结构发生了关键的变化，围绕着传统工厂的在制品库存和间接成本也随之减少。仍然是丰田公司在70年代率先进行了这方面的开拓。作为丰田的引擎供应商，洋马柴油机公司（Yanmar Diesel）效仿丰田进行了作业程序的改革，在不到五年时间里，差不多将机型增加了四倍，但在制品的存货却减少了一半之多，产品制造的总体劳动生产率也提高了100%以上。

（三）信息技术条件下的存货管理

20世纪90年代信息技术和互联网技术兴起之后，存货管理发生了第三次革命。通过信息技术在企业中的运用（如ERP、MRPⅡ等），可以使企业的生产计划与市场销售的信息充分共享，计划、采购、生产和销售等各部门之间也可以更好地协同。而通过互联网技术可以使生产预测较以前更准确可靠。戴尔公司是这次革命的成功实践者，它充分运用信息技术和互联网技术展开网上直销，根据顾客的要求定制产品。一开始，在互联网还局限于少数科研和军事用途的时候，戴尔公司只能通过电话这样的网络来进行直销，但是互联网逐渐普及之后，戴尔根据顾客在网上的订单来组织生产，提供完全个性化的产品和服务。戴尔提出了"摒弃库存、不断聆听顾客意见、绝不进行间接销售"三项黄金律。

本 章 小 结

一、理论梳理

（1）流动资产是企业最具活力的重要资产。流动资产管理是企业财务管理的重要组成部分，主要包括现金管理、应收账款管理和存货管理。

（2）企业持有的现金具有支付动机、预防动机和投机动机。现金管理的目的就是要使现金持有效益最大。最佳现金持有量的确定方法有成本分析模式、存货模式、随机模式和现金周转模式。现金日常管理通常有加速收款、延期支付、加强闲置现金投资管理等。

（3）应收账款有促进销售和减少库存的功能。应收账款的成本有机会成本、管理成本和坏账成本。应收账款的管理目标是在尽量发挥应收账款功能的基础上，降低应收账款的投资成本。企业应制定合理的信用政策，包括信用标准、信用条件和收账政策，并加强应收账款的日常管理。

（4）存货的功能明显，持有存货的成本包括采购成本、订货成本、储存成本和缺货成本。存货的管理目的是控制存货水平，在发挥存货功能的基础上，降低存货成本。企业应加强对存货的日常控制，包括储存期控制、经济批量控制和ABC分类控制。

本章理论梳理如图7-4所示。

二、知识检测

（1）企业持有现金的动机和成本是什么？如何加强现金管理？

（2）何为应收账款的功能与成本？

（3）信用政策包括哪些内容？各指什么？

（4）企业应从哪些方面加强对存货的控制？

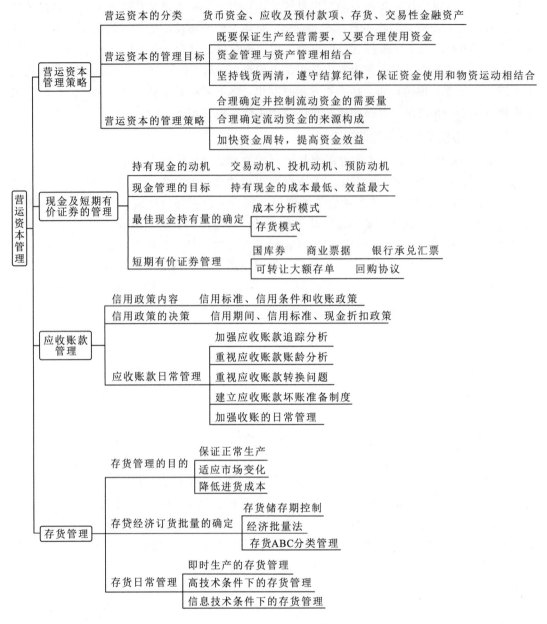

图 7-4　本章理论梳理

三、案例分析

慈善的鸿星尔克面对"野性消费"的消费者应如何加强营运资金的管理

2021 年 7 月，河南突发暴雨灾情，鸿星尔克低调捐款 5000 万元物资受到了国人的广泛关注。据鸿星尔克发布的财报数据显示：2020 年公司的净亏损 2.2 亿元；2021 年上半年，鸿星尔克净亏损 6000 万元。

在 10 月份山西灾情中，鸿星尔克又默默给山西捐赠 2000 万元物资。也就是说，鸿星尔克在 2020 年亏损 2.2 亿元的前提下，依旧拿出 7000 万元进行捐款，即便是要比拼作秀，想必也鲜少能够有企业做到这一点。

鸿星尔克一下子点亮了 14 亿人，你有没有想过，为什么会有这样的结果呢？野性消费背后的理性思考是什么呢？我带大家一起透过现象看本质，看看背后的人性。

鸿星尔克，它仅仅是在捐赠吗？它仅仅是在救灾吗？他，唤醒了国人，提升了国运，温暖了无数颗冰冷的心。它激发了 14 亿人，人性善的一面。

人性就像一枚硬币，一面是善的，一面是恶的。但是人之初性本善，每个人都渴望抑恶扬善，每个人都渴望善的一面被激发。

而这次鸿星尔克吴荣照的低调善举激发了无数个华夏子孙的良知，大家也是在为自己的良知买单。我相信，以后也会涌现出无数个"鸿星尔克"。应该告诉我们的孩子，透过现象看本质，野性消费背后的理性思考。勿以善小而不为，积善之家，必有余庆！

鸿星尔克在 2021 年 7 月 21 日至 7 月 23 日的销售量已超过 2021 年上半年销量总和。不少网友称"要买到让鸿星尔克缝纫机冒烟"。

结合所学的营运资金管理知识，谈谈鸿星尔克下一步该如何加强营运资本管理。

四、应用实训

1. 已知弘达公司现金收支平衡，预计全年（按 360 天计算）现金需要量为 250 000 元，现金与有价证券转换的交易成本为每次 500 元，有价证券年利率为 10%。

要求计算：（1）最佳现金持有量。

（2）最佳现金持有量下的全年现金管理总成本、交易成本和机会成本。

（3）最佳现金持有量下的全年有价证券交易次数和有价证券交易间隔期。

2. 弘达公司的年赊销收入为 720 万元，平均收账期为 60 天，坏账损失为赊销额的 10%，年收账费用为 5 万元。该公司认为通过增加收账人员等措施，可以使平均收账期降为 50 天，坏账损失降为赊销额的 7%。假设公司的资金成本率为 6%，变动成本率为 50%。要求：计算为使上述变更经济合理，新增收账费用的上限。

3. 弘达公司年需乙材料 36 000 千克，采购成本为 200 元/千克，单位储存成本为 16 元/千克，每次订货成本为 20 元。要求计算乙材料的经济订货批量，以及本年度乙材料经济订货批量下的相关总成本、平均资金占用额和最佳订货批次。

4. A 材料需用量 3 600 件，每日送货量为 40 件，每日耗用量为 10 件，单价 20 元。一次订货成本 30 元，单位储存变动成本为 2 元。求经济订货量和此批量下的总成本。

假定 A 材料单位缺货成本为 5 元，每日耗用量、订货批数及全年需要量同上，交货时间的天数及其概率分布如表 7-11 所示。

表 7-11　交货时间及其概率分布

交货天数	13	14	15	16	17
概率	10%	15%	50%	15%	10%

求企业最合理的保险储备量。

第八章　收益分配

【知识目标】

了解利润分配的顺序；掌握公司进行股利分配时的政策选择；掌握各种股利分配政策的内容和优、缺点。

【能力目标】

掌握股利分配政策的优缺点，实务中能评价和选择相应股利分配政策。

【案例导读】

据《上海证券报》报道，2015 年沪市 954 家上市公司中共有 653 家公司在利润分配预案中有派现方案，派现公司数量占沪市上市公司总数的比例达 68.45%。而美林公司的一份研究报告显示：在美国，资本规模处于 1 亿美元以上的上市公司中 50% 的非高科技上市公司会发放现金股利；而高科技上市公司发放现金股利的比例只有 8.4%。现金股利为什么受美国高科技公司冷落？中国的上市公司为什么比较"慷慨"？

（资料来源：《财务管理实务》，北京邮电大学出版社，王翠菊主编）

第一节　收益分配概述

收益分配又称利润分配，是财务管理的重要内容，有广义的利润分配和狭义的利润分配两种。广义的利润分配是指对企业收入和利润进行分配的过程；狭义的利润分配则是指对企业净利润的分配。利润分配的结果，形成了国家的所得税收入、投资者的投资报酬和企业的留用利润等不同项目。由于税法具有强制性和严肃性，缴纳税款是企业必须履行的义务，从这个意义上看，财务管理中的利润分配，主要是指企业的净利润分配，利润分配的实质就是确定给投资者分红与企业留用利润的比例。本书所讨论的利润分配是指对净利润的分配，即狭义的利润分配概念。

一、利润分配的原则

（一）依法分配原则

企业的收益分配必须依法进行。为了规范企业的收益分配行为，国家制定了各项分配法规，企业必须依据法定的程序进行分配。企业在利润分配之前，首先应该按照企业所得税法缴纳所得税，这是企业应尽的社会责任；其次税后净利润在向投资者分配之前，还要依照国家的有关法律制度的规定，依法按一定的比例提取公积金，作为用于企业扩大再生产和抵御经营风险的财力保证；最后企业考虑未来发展需要留足的资金后再对投资者进行分配。

（二）分配与积累并重原则

为了未来发展的需要，企业并不把净利润全部分配出去，而是除提取法定盈余公积金外，还留存一部分利润。这样既解决了企业未来的资金需要，又可以提高企业的抗风险能力。虽然减少了目前的利润分配数额，但增加了将来的投资数额，可能会带来丰厚的回报。

（三）兼顾各方利益原则

获得收益是企业投资者的动力所在，投资者具有收益分配权。企业的收益分配必须兼顾各方面的利益。企业是经济社会的基本单元，企业的收益分配既要保证国家财力需要，又要满足企业发展；既要满足投资者的要求，又要保障员工的利益。

（四）投资与收益对等原则

投资者由于其投资而享有收益权，在收益分配上各投资者是平等一致的，利润分配应按照其投资的数额进行，与其投资数额呈相同比例，不允许任何一方以任何方式多分、多占，这样才能保护投资者的利益，鼓励其投资。

二、利润分配的一般程序

利润分配程序是指公司制企业根据适用的法律、法规或规定，对企业一定期间实现的净利润进行分派必须经过的先后步骤。

根据我国《公司法》等有关规定，企业当年实现的利润总额应按国家有关税法的规定作相应的调整，然后依法交纳所得税，交纳所得税后的净利润按下列顺序进行分配。

（一）弥补以前年度的亏损

按我国财务和税务制度的规定，企业的年度亏损，可以由下一年度的税前利润弥补，下一年度税前利润尚不足以弥补的，可以由以后年度的利润继续弥补，但用税前利润弥补以前年度亏损的连续期限不超过 5 年。5 年内弥补不足的，用本年税后利润弥补。本年净利润加上年初未分配利润为企业可供分配的利润，只有可供分配的利润大于零时，企业才能进行后续分配。

（二）提取法定盈余公积金

法定盈余公积金是按照有关法规制度的要求强制性提取的，其主要目的是保全资本，防止企业滥分税后利润。根据《公司法》的规定，法定盈余公积金的提取比例为当年税后利润（弥补亏损后）的 10%。当法定盈余公积金已达到注册资本的 50% 时可不再提取。法定盈余公积金可用于弥补亏损、扩大公司生产经营或转增资本，但公司用盈余公积金转增资本后，法定盈余公积金的余额不得低于转增前公司注册资本的 25%。

（三）提取任意盈余公积金

根据《公司法》的规定，公司从税后利润中提取法定盈余公积金后，经股东会或者股东大会决议，还可以根据公司需要从税后利润中提取任意盈余公积金。

（四）向投资者分配利润

根据《公司法》的规定，公司弥补亏损和提取公积金后所余税后利润，可以向股东（投资者）分配股利（利润），其中有限责任公司股东按照实缴的出资比例分取红利，但全体股东约定不按照出资比例分取红利的除外；股份有限公司按照股东持有的股份比例分配红利，但股份有限公司章程规定不按持股比例分配的除外。

第二节 股利政策

利润分配政策也叫股利政策，是关于公司是否发放股利、发放多少股利以及何时发放股利等方面的方针和策略，所涉及的主要是公司对其收益进行分配还是留存以用于再投资的策略问题。它有狭义和广义之分。从狭义方面来说的股利政策就是指探讨保留盈余和普通股股利支付的比例关系问题，即股利发放比率的确定。而广义的股利政策则包括：股利宣布日的确定、股利发放比例的确定、股利发放时的资金筹集等问题。

一、股利政策理论

长期以来，围绕股利政策是否会影响企业价值或股东财富这一问题一直存在不同的观点，并由此形成了不同的股利政策理论。归结起来，股利政策理论有股利无关论和股利相关论两大类。前者认为，股利政策对企业股票的价格不会产生任何影响；后者认为，股利政策对企业股票价格有较强的影响。

(一) 股利无关论

也称 MM 理论，是由美国莫迪格莱尼（Modigliani）和米勒（Miller）教授于 1958 年 6 月份发表于《美国经济评论》的"资本结构、公司财务与资本"一文中所阐述的基本思想。最初的 MM 理论不考虑所得税的影响，得出的结论为：企业的总价值不受资金结构的影响。此后，又对该理论做出了修正，加入了所得税的因素，因此而得出的结论为：企业的资金结构影响企业的总价值，负债经营将为公司带来税收节约效应。该理论为研究资金结构问题提供了一个有用的起点和分析框架。MM 理论认为，在完全资本市场的条件下，股利完全取决于投资项目需用盈余后的剩余，投资者对于盈利的留存或发放股利毫无偏好。

(二) 股利相关论

股利相关理论认为，企业股利政策与企业的价值大小或股价高低并非无关，二者具有一定的相关性。该理论的流派较多，其中代表性的观点主要有：

1."一鸟在手"理论

"一鸟在手"理论认为，用留存收益再投资给投资者带来的收益具有较大的不确定性，并且投资的风险随着时间的推移会进一步增大，因此，投资者更喜欢现金股利，而不愿意将收益留存在公司内部，而去承担未来的投资风险。

2. 信号传递理论

信号传递理论认为，在信息不对称的情况下，公司可以通过股利政策向市场传递有关公司未来盈利能力的信息，从而会影响公司的股价。一般来讲，预期未来盈利能力强的公司往往愿意通过相对较高的股利支付水平，把自己同预期盈利能力差的公司区别开来，以吸引更多的投资者。

3. 所得税差异理论

一般而言，税收对股利政策的影响是反向的，由于股利的税率比资本利得的税率高，而且资本利得税可以递延到股东实际出售股票为止。因此，投资者可能喜欢公司少支付股利,而将几年的盈余留下来用于投资,而为了获得较高的预期资本利得,投资人愿意接受较低的普通股必要的报酬率。因此,所得税差异理论认为,企业应当采用低股利政策。

4. 代理理论

代理理论认为,股利政策有助于减缓管理者与股东之间的代理冲突,以及股东与债权人之间的代理冲突,也就是说,股利政策相当于是协调股东与管理者之间代理关系的一种约束机制。因此,高水平股利支付政策将有助于降低企业的代理成本,但同时也增加了企业的外部融资成本,最优的股利政策应使两种成本之和最小化。

二、影响股利政策的因素

影响股利政策的因素很多,可分为内部因素和外部因素。

(一)影响股利政策的内部因素

可将内部因素分为盈利状况、变现能力和筹资能力三个方面。

1. 盈利状况

盈利状况是任何公司应首先考虑的因素。只有当盈利状况良好时,公司才有可能采用高股利或稳定增长的利润分配政策;若公司盈利很少甚至亏损,公司就只能采用低股利或不发股利的分配政策。可见,公司在制定利润分配政策时,必须以盈利状况和未来发展趋势作为出发点。

2. 变现能力

变现能力是指公司将资产变为现金的可能性的大小。一个公司可迅速变现的资产多,现金充足,那么它的股利支付能力就较强,采用高股利分配政策就可行;若公司因扩充生产或偿还债务已将其可变现的资产和现金几乎耗用完毕,那么该公司就不应采用高额股利分配政策,因为此时若支付高额股利就会使公司失去应付意外情况的能力。

3. 筹资能力

筹资能力是指公司随时筹集到所需资金的能力。规模大、效益好的公司往往容易筹集到资金,它们可向银行借款或是发行股票、债券。这类公司在利润分配政策上就有较大选择余地,即可采用高股利政策,也可采用低股利政策。而规模小、风险大的公司,一方面很难从外部筹集到资金,另一方面在这个阶段往往又需要大量资金。因此,这类公司往往会采取低股利或不发股利的政策,以尽可能多地保留盈余。

(二)影响股利政策的外部因素

1. 法律上的限制

为了保护债权人和股东的利益,法律规定就公司的利润分配做出如下规定:

(1)资本保全约束。法律上规定公司不能用资本(包括实收资本或股本和资本公积)发放股利,目的在于维持企业资本的完整性,保护企业完整的产权基础,保障债权人的利益。

(2)资本积累约束。法律上规定公司必须按照一定的比例和基础提取各种公积金,股利只能从企业的可供分配利润中支付。此处可供分配的利润包含公司当期的净利润、按照规定提取各种公积金后的余额和以前积累的未分配利润。另外,在进行利润分配时,一般应当贯彻"无盈不分"的原则,即当企业出现年度亏损时,一般不进行利润分配。

（3）超额累积利润约束。由于资本利得与股利收入的税率不一致，如公司为了避税而使得盈余的保留大大超过了公司目前及未来的投资需要时，将被加征额外的税款。

（4）偿债能力约束。要求公司考虑现金股利分配对偿债能力的影响，确定在分配后能保持较强的偿债能力，以维持公司的信誉和借贷能力，从而保证公司的正常资金周转。

2. 合同上的限制

在公司债务与贷款合同上，往往有限制公司支付股利的条款，这种限制通常规定股利的支付不能超过可供分配利润的一定百分比，其目的是为了让公司有到期偿还债务的能力。

3. 投资机会的出现

公司的利润分配政策在较大程度上要受到投资机会的制约，如公司选择了许多有利的投资机会，需要大量的资金，则宜采用较紧的利润分配政策；反之，利润分配政策就可偏松。

4. 股东的意见

在制定利润分配政策时，董事会必须对股东的意见加以重视。因为股东是从自身需求出发，对利润分配政策会产生不同的影响。通常，对股利有很强依赖性的股东要求获得稳定的股利，而除这些股利外有着其他高收入的股东出于避税的考虑，往往又反对公司发放较多的股利。公司支付高股利后，将来发行新股的可能性加大，而发行新股必然稀释公司的控制权。当原来持有控制权的老股东拿不出更多的资金购买新股时，他们宁可不分配股利而反对筹集新股。

5. 其他

如通货膨胀，通货膨胀会带来货币购买力水平下降，导致固定资产重置资金不足，此时，企业往往不得不考虑留用一定的利润，以便弥补由于购买力下降而造成的固定资产重置资金缺口。因此，在通货膨胀时期，企业一般会采取偏紧的利润分配政策。

三、股利政策

（一）剩余股利政策

1. 剩余股利政策的内容

剩余股利政策是将股利的分配与公司的资金结构有机地联系起来，即根据公司的最佳资金结构测算出公司投资所需要的权益资本数额，先从盈余中留用，然后将剩余的盈余作为股利给所有者进行分配。

2. 剩余股利政策的理论依据

剩余股利政策以股利无关论为依据，该理论认为股利是否发放以及发放的多少对公司价值以及股价不会产生影响，而且投资人也不关心公司股利的分配。因此企业可以始终把保持最优资本结构放在决策的首位，在这种结构下，企业的加权平均资本成本最低，同时企业价值最大。

3. 剩余股利政策的实施步骤

（1）确定公司的最优资本结构。即确定企业权益资本和债务资本的比例关系。企业可采用比较资金成本法、每股收益无差别点分析法来确定企业最优资本结构，在这种结构下，企业的加权平均资本成本最低，同时企业价值最大。

（2）确定最优资本结构下投资项目所需要的权益资本数额。即根据投资总额和权益资本与债务资本的最优比例关系，来确定投资项目所需要的权益资本的数额。

（3）最大限度地使用公司留存收益来满足投资项目对权益资本的需要数额。

（4）投资项目所需要的权益性资本得到满足后，如果公司的未分配利润还有剩余，就将其作为股利发放给股东。

【例 8 - 1】　弘达公司 2021 年税后净利润为 1 000 万元，2022 年的投资计划需要资金 1 200 万元，公司的目标资本结构为权益资本占 60%，债务资本占 40%。

按照目标资本结构的要求，公司投资方案所需的权益资本数额为

$$1\ 200 \times 60\% = 720(万元)$$

公司当年全部可用于分派的盈利为 1 000 万元，除了满足上述投资方案所需的权益资本数额外，还有剩余可用于发放股利。2021 年，公司可以发放的股利额为

$$1\ 000 - 720 = 280(万元)$$

假设该公司当年流通在外的普通股为 1 000 万股，那么，每股股利为

$$\frac{280}{1\ 000} = 0.28(元/股)$$

4. 剩余股利政策的优、缺点

剩余股利政策的优点是留存收益优先保证再投资的需要，有助于降低再投资的资本成本，保持最佳的资本结构，实现企业价值的长期最大化。

剩余股利政策的缺点是若完全遵照执行剩余股利政策，股利发放额就会每年随着投资机会和盈利水平的波动而波动。在盈利水平不变的前提下，股利发放额与投资机会的多寡呈反方向波动；而在投资机会维持不变的情况下，股利发放额将与公司盈利呈同方向波动。剩余股利政策不利于投资者安排收入与支出，也不利于公司树立良好的形象，一般适合于新成立的或处于高速成长的企业。

（二）固定或稳定增长的股利政策

1. 固定或稳定增长股利政策的内容

固定或稳定增长的股利政策是指公司将每年发放的股利固定在一固定的水平上，并在较长的时期内保持不变，只有当公司认为未来盈余会显著、不可逆转地增长时，才提高年度的股利发放额。另外，当发生通货膨胀时，大部分企业的盈余会由于通货膨胀而表现为增长，而对股东来说，每年固定不变的股利额则由于购买力下降而相对降低。因此股东也要求公司增加股利的发放额，以弥补通货膨胀带来的影响。

2. 固定或稳定增长股利政策的理论依据

固定股利或稳定增长的政策以股利相关论为基础，该政策认为股利政策会影响公司的价值和股票的价格，投资人关心企业股利是否发放及其发放的水平。提出这种政策的专家认为，存在如下理由致使企业需要采取本政策：

（1）采取本政策发放的股利比较稳定，稳定的股利向市场传递着公司正常发展的信息，从而有利于树立企业的良好形象，并增强投资者对公司的信心，进而稳定股票的价格。

（2）采取本政策发放的股利比较稳定，稳定的股利额有利于投资者安排股利收入和支出，特别是对股利有很强依赖性的股东更是如此。而股利忽高忽低的股票，则不会受这些股东的欢迎，股票价格会因此下降。

（3）采取本政策发放的股利比较稳定，稳定的股利可能会不符合剩余股利政策的理论，可能会导致公司不能保持最优资本结构。但考虑到股市受多种因素影响，其中包括股东的心理状态和其他要求，因此，为将股利维持在稳定水平上，即使推迟某些投资方案或公司暂时偏离最佳资本金结构，也可能要比降低股利或降低股利增长率更为有利。

3. 固定或稳定增长股利政策的优、缺点

采用这种股利政策的企业一般其盈利水平比较稳定或正处于成长期，许多公司都愿意采用这种股利政策。

采用这种股利政策的优点是：

（1）企业固定分配股利可使公司树立良好的市场形象，有利于公司股票价格的稳定，增加投资者的投资信心。

（2）稳定的股利可以使投资者预先根据企业的股利水平安排支出，从而降低了投资风险，而当企业股利较丰厚时，其股票价格也会大幅提高。

固定或稳定增长股利政策的缺点主要在于股利的支付与公司盈余相脱节。当公司盈余较低时仍需支付固定的股利额，这会导致公司资金紧张，财务状况恶化，可谓是"雪上加霜"，同时不能像剩余股利那样保持较低的资本成本。

（三）固定股利支付率政策

1. 固定股利支付率政策的内容

固定股利支付率政策是指企业先确定一个股利占净利润（公司盈余）的比例，然后每年都按此比例从净利润中向股东发放股利，每年发放的股利额都等于净利润乘以固定的股利支付率。这样净利润多的年份，股东领取的股利就多；净利润少的年份，股东领取的股利就少。也就是说，采用此政策发放股利时，股东每年领取的股利额是变动的，其多少主要取决于企业每年实现的净利润的多少，及股利支付率的高低。我国的部分上市公司采用固定股利支付率政策，将员工个人的利益与公司的利益捆在一起，从而充分调动广大员工的积极性。

2. 固定股利支付率政策的优缺点

固定股利支付率政策的优点表现在：

（1）采用固定股利支付率政策，股利与公司盈余紧密的配合，体现了"多赢多分、少盈少分、无盈不分"的股利分配原则。

（2）由于公司的盈利能力在年度间是经常变动的，因此，每年的股利也应当随着公司收益的变动而变动。采用固定股利支付率政策，公司每年按固定的比例从税后利润中支付现金股利，从企业的支付能力的角度看，这是一种稳定的股利政策。

固定股利支付率政策的缺点表现在：

（1）大多数公司每年的收益很难保持稳定不变，导致年度间股利额波动较大，由于股利的信号传递作用，波动的股利很容易给投资者带来经营状况不稳定、投资风险较大的不良印象，成为公司发展的不利因素。

（2）容易使公司面临较大的财务压力。这是因为公司虽然实现的盈利多，但并不能代表公司有足够的现金流用来支付较多的股利额。

（3）合适的固定股利支付率的确定难度比较大。由于公司每年面临的投资机会、筹资渠道都不同，而这些都可以影响到公司的股利分配，所以，一成不变地奉行固定股利支付率政策的公司在实际中并不多见，固定股利支付率政策只是比较适用于那些处于稳定发展且财务状况也比较稳定的公司。

【例 8-2】 某公司长期以来用固定股利支付率政策进行股利分配，确定的股利支付率为 30％。2021 年税后净利润为 1 500 万元，如果仍然继续执行固定股利支付率政策，计算公司本年度将要支付的股利：

$$1\ 500 \times 30\% = 450(万元)$$

但公司下一年度有较大的投资需求，因此，准备本年度采用剩余股利政策。如果公司下一年度的投资预算为 2 000 万元，目标资本结构为权益资本占 60％。按照目标资本结构的要求，公司投资方案所需的权益资本额为

$$2\ 000 \times 60\% = 1\ 200(万元)$$

公司 2021 年度可以发放的股利为

$$1\ 500 - 1\ 200 = 300(万元)$$

（四）低正常股利加额外股利政策

1. 低正常股利加额外股利政策的内容

低正常股利加额外股利政策介于稳定股利政策与变动股利政策之间，属于折中的股利政策。该政策是指企业在一般情况下，每年只向股东支付某一固定的、金额较低的股利，只有在盈余较多的年份，企业才根据实际情况决定向股东额外发放较多的股利。但额外支付的股利并不固定，并不意味着企业永久地提高了原来规定好的较低的股利。如果额外支付股利后，企业盈利发生不好的变动，企业就可以仍然只支付原来确定的较低的股利。

2. 低正常股利加额外股利政策的优缺点

低正常股利加额外股利政策的优点表现在：

（1）这种股利政策具有较大的灵活性。采取此政策向股东发放股利时，当企业盈利较少或投资需要的资金较多时，可维持原定的较低但正常的股利，股东就不会有股利跌落感；当企业盈余有较大幅度增加时，又可在原定的较低但正常的股利基础上，向股东增发额外的股利，以增强股东对企业未来发展的信心，进而稳定股价。

（2）这种股利政策可使依靠股利度日的股东，每年至少可以得到虽然较低但比较稳定的股利收入，正因为这种股利政策既具有稳定的特点，每年支付的股利虽然较低但固定不变，又具有变动的特点，盈利较多时，额外支付变动的股利，所以这种政策的灵活性较大，因而被许多企业采用。

低正常股利加额外股利政策的缺点表现在：

（1）由于年份之间公司盈利的波动使得额外股利不断变化，造成分派的股利不同，容易给投资者产生收益不稳定的感觉。

（2）当公司在较长时间持续发放额外股利后，可能会被股东误认为是"正常股利"，一

且取消，传递出的信号可能会使股东认为这是公司财务状况恶化的表现，进而导致股价下跌。

低正常股利加额外股利政策尤其适合于盈利经常波动的企业。

以上几种股利政策中，固定股利政策和低正常股利加额外股利政策被企业普遍采用，并为广大投资者认可的两种基本政策。企业在进行股利分配时，应结合自身的实际情况选择适当的股利政策，从而促进企业的发展。

第三节　股利支付程序和方式

一、股利支付程序

股份有限公司向股东支付股利有一定程序。其中包含几个关键日期，即股利宣告日、股权登记日、除息除权日和股利支付日。

1. 股利宣告日

股利宣告日，即公司董事会将股利支付情况予以公告的日期。公告中将宣告每股支付的股利、股权登记期限、股利支付日期等事项。

2. 股权登记日

股权登记日，即有权领取股利的股东资格登记截止日期。一般公司宣布股利后，可规定一段时期供股东过户登记。只有在股权登记日之前在公司股东名册上登记的股东，才有权分享股利。

3. 除息除权日

除息除权日，即指领取股利的权利与股票分离的日期。在除息日前，股利权从属于股票，持有股票者即享有领取股利的权利；除息日始，股利权与股票分离，新购入股票的人不能分享股利。在此期间的股票交易称为无息交易，其股票称为无息股。证券业一般规定在股权登记日的前四日（正常交易日）为除息日，这是因为过去股票买卖的交割、过户需要一定的时间，如果在除息日之后股权登记日之前交易股票，公司将无法在股权登记日得知股东更换的信息，但是现在先进的计算机交易系统为股票的交割过户提供了快捷的手段，股票交易结束的当天即可办理完全部的交割过户手续。因此，我国沪、深股票交易所规定的除息日是在股权登记日的次日。

4. 股利支付日

股利支付日，即向股东发放股利的日期。

【例 8-3】 弘达公司 2020 年 11 月 15 日发布公告："本公司董事会在 2020 年 11 月 15 日的会议上决定，本年度发放每股为 4 元的股利；本公司将于 2021 年 1 月 2 日将上述股利支付给已在 2020 年 12 月 15 日登记为本公司股东的人士。"则股利宣告日为 2020 年 11 月 15 日；股权登记日为 2020 年 12 月 15 日；除息日为 2020 年 12 月 16 日；股利支付日为 2021 年 1 月 2 日。

二、股利支付方式

股利支付方式常见的有现金股利、股票股利、财产股利、负债股利等。我国有关法律规定，股份制企业只能采用现金股利和股票股利两种方式。

1. 现金股利

现金股利是股份制企业以现金的形式发放给股东的股利，这是最常用的股利支付方式，现金股利发放的多少主要取决于企业的股利政策和经营业绩。企业选择现金股利方式的条件主要有：企业有充足的可以支付的现金，资产流动性较强；企业有较强的外部筹资能力；现金的支付不存在债务契约的约束等。由于现金具有较强的流动性，且现金股利还可以向市场传递一种积极的信息，因此，现金股利的支付有利于支撑和刺激企业的股价，增强投资者的投资信心。

不过，现金股利也有缺点，主要有以下两点：

（1）导致现金流出量增加，增大了企业的财务风险。

（2）股东需要缴纳个人所得税，减少了股东的既得利益，对于那些拥有企业控制权的股东往往更倾向于低现金支付股利政策，而属于高税率的投资者可能更支持非现金性质的股利支付方式。在这种情况下，那些低税率及中小股东的利益往往会由于大股东的操纵而蒙受损失。

2. 股票股利

股票股利是企业将应分配给股东的股利以股票的形式支付。企业可以用于发放股票股利的，除了当年可供分配的利润外，还有企业的盈余公积金和资本公积金。

股票股利并没有改变企业账面的股东权益总额，同时也没有改变股东的持股结构，但是会增加市场上流通的股票数量。因此，企业发放股票股利会使股票价格相应下跌。

3. 财产股利

财产股利是指以现金以外的资产支付给股东的股利，主要是以公司所拥有的其他企业的有价证券如债券、股票，作为股利支付给股东。

4. 负债股利

负债股利是公司以负债支付的股利，通常以公司的应付票据支付给股东，在不得已的情况下也有发行公司债券抵付股利的。

本 章 小 结

一、理论梳理

（1）利润分配要遵循依法分配原则、分配与积累并重原则、兼顾各方利益原则和投资与收益对等原则。

（2）影响股利政策的因素很多，可分为内部因素和外部因素。内部因素分为盈利状况、变现能力和筹资能力三个方面。外部因素有法律上的限制、合同上的限制、投资机会的出现、股东的意见等。

（3）股利政策包括：剩余股利政策、固定或稳定增长股利政策、固定股利支付率政策和低正常股利加额外股利政策。

（4）股利支付方式常见的有现金股利、股票股利、财产股利、负债股利。

本章理论梳理如图 8-1 所示。

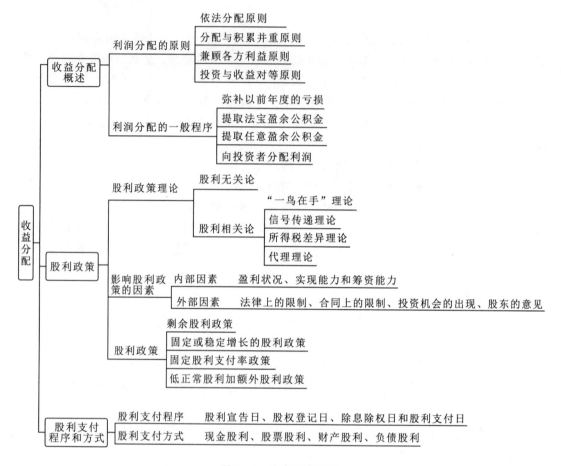

图 8-1 本章理论梳理

二、知识检测

(1) 利润分配要遵循哪些原则？

(2) 上市公司按照剩余股利政策发放股利的好处。

(3) 公司在制定利润分配政策时应考虑的因素。

(4) 选择股利政策应考虑的因素。

三、案例分析

1. 弘达公司 2020 年税后净利为 2 000 万元，2021 年的投资计划需要资金 900 万元，公司的目标资金结构为自有资金占 80%，借入资金占 20%。该公司采用剩余股利政策。

要求：

(1) 计算公司投资所需自有资金数额；

(2) 计算公司投资需从外部筹集的资金数额；

(3) 计算公司 2020 年度可供向投资者分配的利润为多少？

2. 弘达公司成立于 2019 年 1 月 1 日，2014 年度实现的净利润为 1 000 万元，分配现金股利 550 万元，提取盈余公积 450 万元（所提盈余公积均已指定用途）。2020 年实现的净利润为 900 万元(不考虑计提法定盈余公积的因素)。2021 年计划增加投资,所需资金为 700 万元。假定公司目标资本结构为自有资金占 60%,借入资金占 40%。

要求:

(1)在保持目标资本结构的前提下,计算 2021 年投资方案所需的自有资金额和需要从外部借入的资金额。

(2)在保持目标资本结构的前提下,如果公司执行剩余股利政策。计算 2020 年度应分配的现金股利。

(3)在不考虑目标资本结构的前提下,如果公司执行固定股利政策,计算 2020 年度应分配的现金股利、可用于 2021 年投资的留存收益和需要额外筹集的资金额。

(4)在不考虑目标资本结构的前提下,如果公司执行固定股利支付率政策,计算该公司的股利支付率和 2020 年度应分配的现金股利。

四、应用实训

实训目标:

通过个人案例实训,掌握固定股利政策的内涵。

实训内容:

假设你在弘达公司工作,弘达公司 2021 年拟投资 6 000 万元购置一台生产设备以扩大生产能力,该公司目标资本结构下权益乘数为 1.5。该公司 2020 年度的税后利润为 4 000 万元,该企业采用固定股利政策,本年度应分配的股利为 500 万元。

实训要求:

在目标资本结构下,计算 2021 年度该公司为购置该设备需要从外部筹集自有资金的数额。

第九章　财务分析

【知识目标】

通过本章的学习，要求掌握财务分析的方法，偿债能力、营运能力、盈利能力分析的内容；掌握杜邦财务分析体系综合评价的基本原理。

【能力目标】

通过本章的学习，掌握企业各种能力指标的计算方法，会运用财务分析的原理对企业的财务状况和经营成果进行评价。

【案例导读】

两年前你从弘达公司购买了 10 000 元的股票，从那以后公司的股票走势非常好，其价值已是以前的两倍多了。你试图分析弘达公司前两年的财务报表，但是对报表中的一些注解感到疑惑。然而你并不感到担心，因为从报表中可以看出收入和收益是在平稳增长中，且报表由企业的审计师根据一般公认会计准则出具了无保留意见。可是，当你今早查看证券日报时发现弘达公司的股价比一星期前下降了 30%。为什么？

第一节　财务分析概述

财务分析是以企业财务报告及其他相关资料为主要依据，对企业的财务状况和经营成果进行评价和剖析，反映企业在运营过程中的利弊得失和发展趋势，从而为改进企业财务管理工作和优化经济决策提供重要财务信息。

一、财务分析的意义

财务分析对不同的信息使用者具有不同的意义。具体来说，财务分析的意义主要体现在如下方面：

（1）可以判断企业的财务实力。通过对资产负债表和利润表有关资料进行分析，计算相关指标，可以了解企业的资产结构和负债水平是否合理，从而判断企业的偿债能力、营运能力及获利能力等财务实力，揭示企业在财务状况方面可能存在的问题。

（2）可以评价和考核企业的经营业绩，揭示财务活动存在的问题。通过指标的计算、分析和比较，能够评价和考核企业的盈利能力和资产周转状况，揭示其经营管理各个方面和各个环节的问题，找出差距，得出分析结论。

（3）可以挖掘企业潜力，寻求提高企业经营管理水平和经济效益的途径。企业进行财务分析的目的不仅仅是发现问题，更重要的是分析问题和解决问题。通过财务分析，应保持和进一步发挥生产经营管理中成功的经验，对存在的问题应提出解决的策略和措施，以达到扬长避短、提高经营管理水平的经济效益的目的。

（4）可以评价企业的发展趋势。通过各种财务分析，可以判断企业的发展趋势，预测其生产经营的前景及偿债能力，从而为企业领导层进行生产经营决策、投资者进行投资决策和债权人进行信贷决策提供重要的依据，避免因决策错误给其带来重大的损失。

二、财务分析的内容

财务分析信息的需求者主要包括企业所有者、企业债权人、企业经营决策者和政府等。不同主体出于不同的利益考虑，对财务分析信息有着各自不同的要求。

（1）企业所有者作为投资人，关心其资本的保值和增值状况，因此较为重视企业盈利能力指标，主要进行企业盈利能力分析。

（2）企业债权人因不能参与企业剩余收益分享，首先关注的是其投资的安全性，因此更重视企业偿债能力指标，主要进行企业偿债能力分析，同时也进行企业盈利能力分析。

（3）企业经营决策者必须对企业经营理财的各个方面，包括运营能力、偿债能力、盈利能力及发展能力的全部信息予以详尽的了解和掌握，主要进行各方面综合分析，并关注企业财务风险和经营风险。

（4）政府兼具多重身份，既是宏观经济管理者，又是国有企业的所有者和重要的市场参与者，因此政府对企业财务分析的关注点因所具身份不同而异。

尽管不同企业的经营状况、经营规模、经营特点有所不同，但作为运用价值形式进行的财务分析，归纳起来其分析的内容不外乎偿债能力分析、营运能力分析、盈利能力分析、发展能力分析和综合能力分析五个方面。

三、财务分析的方法

人们在长期的实践中形成了一整套科学的技术方法，用以揭示财务信息的联系及变动趋势。这些方法主要包括比较分析法、比率分析法、趋势分析法和因素分析法。

（一）比较分析法

比较分析法是将某项财务指标与性质相同的指标进行对比，来揭示财务指标的数量关系和数量差异的一种方法。通过财务指标对比，计算出变动值的大小，是其他分析方法运用的基础，比较后的差异反映差异大小、差异方向和差异性质。比较分析法的重要作用在于揭示财务指标客观存在的差距以及形成这种差距的原因，帮助人们发现问题、挖掘潜力、改进工作。根据分析内容的不同，比较分析法可以单独使用，也可以与其他分析方法结合使用。选择适当的评价标准是比较分析法的重要一环。

比较分析法的运用必须有一个明确的比较标准，关于这个标准，一般有以下不同的分类：

1. 经验标准

经验标准是依据大量且长期的实践经验而形成的财务比率值。西方国家在20世纪70年代的财务实践中就形成了流动比率的经验标准（2∶1），速动比率的经验标准（1∶1）等。在具体应用经验标准进行财务分析时，还必须结合一些更为具体的信息。

2. 行业标准

行业标准是以企业所在行业的特定指标作为财务分析对比的标准。在实际工作中，具体的使用方式有多种。行业标准可以是同行业公认的标准，也可以是同行业先进水平，或者行业财务状况的平均水平。通过与行业标准相比较,可以说明企业在行业中所处的地位和水平,有利于揭示本企业与同行业其他企业的差距,也可用于判断企业的发展趋势。

3. 预算标准

预算标准主要是指实行预算管理的企业所制定的预算指标,如果企业的实际财务数据与目标相比有差距,应尽快查明原因,采取措施改进,以便不断改善企业的财务管理工作。这个标准的优点是符合战略及目标管理的要求,对于新建企业和垄断性企业尤其适用。

4. 历史标准

历史标准是企业过去某一时期(如上年或上年同期)该指标的实际值。历史标准具体的运用有多种:可以选择本企业历史最好水平作为标准,也可以选择企业正常经营条件下的业绩水平,获取以往连续多年的平均水平作为标准。在财务分析实践中,还经常与上年实际业绩作比较。通过这种比较,可以确定不同时期有关指标的变动情况,了解企业生产经营活动的发展趋势和管理工作的改进情况。比如,经常采用的会计报表比较,就是将连续数期的会计报表金额并列起来,比较其相同指标的增减变动金额和幅度,据以判断企业财务状况和经营成果发展变化的一种方法。再比如,会计报表项目构成比较,是将会计报表中某个总体指标作为 100%,再将该项目各个组成部分与总体相比较得出百分比,从而来比较各个项目百分比的增减变动,以此来判断有关财务活动的变化趋势。

采用比较分析法进行财务分析和评价,应注意财务指标与标准的可比性,也就是说,实际财务指标与标准指标的计算口径必须一致,即实际财务指标和标准指标在内容、范围、时间跨度、计算方法等方面必须一致。

(二)比率分析法

比率分析法是通过计算各种比率指标来确定财务活动变动程度的方法。比率指标的类型主要有效率比率、构成比率和相关比率三类。

1. 效率比率

效率比率是某项财务活动中所费与所得的比率,反映投入与产出的关系。利用效率比率指标,可以进行得失比较,考察经营成果,评价经济效益。比如,将利润项目与销售成本、销售收入、资本金等加以对比,可以计算出成本利润率、销售利润率和资本金利润率指标,从不同角度观察和比较企业获利能力的高低及其增减变化情况。

2. 构成比率

构成比率又称结构比率,是某项财务指标的各组成部分数值占总体数值的百分比,反映部分与总体的关系。利用构成比率,可以考察总体中某个部分的形成和安排是否合理,以便协调各项财务活动。其计算公式为

$$构成比率 = \frac{某个组成部分数值}{总体数值} \times 100\%$$

比如,企业资产中流动资产、固定资产和无形资产占资产总额的百分比(资产构成比率),企业负债中流动负债和长期负债占负债总额的百分比(负债构成比率)等。利用构成比率,可以考察总体中某个部分的形成和安排是否合理,以便协调各项财务活动。

3. 相关比率

相关比率是以某个项目和与其有关但又不同的项目加以对比所得的比率,反映有关经

济活动的相互关系。利用相关比率指标，可以考察企业相互关联的业务安排得是否合理，以保障经营活动顺畅进行。

比如，将流动资产与流动负债进行对比，计算出流动比率，可以判断企业的短期偿债能力；将负债总额与资产总额进行对比，可以判断企业长期偿债能力。采用比率分析法时，应当注意以下几点：① 对比项目的相关性；② 对比口径的一致性；③ 衡量标准的科学性。

（三）因素分析法

一个经济指标往往是由多种因素组成的，它们各自对某一个经济指标都有不同程度的影响。只有将这一综合性的指标分解成各个构成因素，才能从数量上把握每一个因素的影响程度，给工作指明方向。

因素分析法又称连环替代法，是将经济指标分解为各个可以计量的因素，并根据各个因素之间的依存关系，顺次用各因素的比较值（通常为实际值）替代基准值（通常为标准值或计划值），据以测定各因素对分析指标的影响。

例如，某项财务指标 P 是由 A、B、C 三大因素的乘积构成的，其实际指标与计划指标以及有关因素的关系如下：

实际指标：
$$P_1 = A_1 \times B_1 \times C_1$$

计划指标：
$$P_0 = A_0 \times B_0 \times C_0$$

实际与计划的总差异为 $P_1 - P_0$，这一总差异同时受到 A、B、C 三个因素的影响。它们各自的变动对指标总差异的影响程度可分别由下式计算求得：

A 因素变动影响：
$$(A_1 - A_0) \times B_0 \times C_0$$

B 因素变动影响：
$$A_1 \times (B_1 - B_0) \times C_0$$

C 因素变动影响：
$$A_1 \times B_1 \times (C_1 - C_0)$$

以上三因素的影响数相加等于总差异 $P_1 - P_0$。

【例 9-1】 弘达公司 2021 年 10 月某种原材料费用的实际数是 46 200 元，而其计划数是 40 000 元。实际比计划增加 6 200 元。由于原材料费用是由产品产量、单位产品材料消耗量和材料单价三个因素的乘积组成的，因此就可以把材料费用这一总指标分解为三个因素，然后逐个来分析它们对材料费用总额的影响程度。现假设这三个因素的数值如表 9-1 所示。

表 9-1 原材料费用分配表

项　目	单位	计划数	实际数
产品产量	件	1 000	1 100
单位产品材料消耗量	千克	8	7
材料单价	元	5	6
材料费用总额	元	40 000	46 200

根据表 9-1 中资料，材料费用总额实际数较计划数增加 6 200 元。运用连环替代法，

可以计算各因素变动对材料费用总额的影响。

计划指标：

$$1\,000 \times 8 \times 5 = 40\,000(元) \qquad ①$$

实际指标：

$$1\,100 \times 7 \times 6 = 46\,200(元) \qquad ②$$

产量增加的影响：

$$(1\,100 - 1\,000) \times 8 \times 5 = 4\,000(元)$$

材料节约的影响：

$$1\,100 \times (7 - 8) \times 5 = -5\,500(元)$$

价格提高的影响：

$$1\,100 \times 7 \times (6 - 5) = 7\,700(元)$$

全部因素的影响：

$$4\,000 - 5\,500 + 7\,700 = 6\,200(元)$$

采用因素分析法时，必须注意以下问题：

(1) 因素分解的关联性。构成经济指标的因素，必须是客观上存在着的因果关系，要能够反映形成该项指标差异的内在构成原因，否则就失去了应用价值。

(2) 因素替代的顺序性。确定替代因素时，必须根据各因素的依存关系，遵循一定的顺序并依次替代，不可随意加以颠倒，否则就会得出不同的计算结果。

(3) 顺序替代的顺序性。因素分析法在计算每一因素变动的影响时，都是在前一次计算的基础上进行，并采用连环比较的方法确定因素变化影响。

第二节　财务指标分析

财务指标是根据财务报表数据计算出来的，反映财务报表各项目之间相互关系的比值。财务报表中有大量数据，不同的使用者可根据不同的需要，设计和计算出许多有意义的财务指标。这些指标涉及企业经营和财务管理的各个方面，可以分别反映企业的偿债能力、营运能力、盈利能力和发展能力的某一方面。

一、偿债能力分析

偿债能力是指企业对债务清偿的承受能力或保证程度。按照债务偿付期限的不同，企业的偿债能力可分为短期偿债能力和长期偿债能力。

(一) 短期偿债能力分析

短期偿债能力是指企业以流动资产偿还流动负债的能力，一般又称为支付能力。短期偿债能力对于一个企业来说相当重要。一个企业一旦缺乏短期偿债能力，不仅无法获得有利的进货机会，而且还会因无力支付其短期债务，不得不出售长期投资的股票、债券或者拍卖固定资产，甚至导致企业破产。因此，企业财务管理当局必须重视短期偿债能力。

衡量和评价企业短期偿债能力的比率主要包括流动比率、速动比率、现金比率和现金流量比率。通过分析流动比率，可以看出企业现有的现金支付能力和应付逆境的能力。

1. 流动比率

流动比率是流动资产除以流动负债的比值。它是衡量企业流动资产在短期债务到期前可以变为现金用于偿还流动负债的能力，表明企业每一次流动负债有多少流动资产作为支付的保障。其计算公式为

$$流动比率=\frac{流动资产}{流动负债}\times 100\%$$

流动资产包括货币资金、交易性金融资产、应收账款、存货等。流动负债包括短期借款、应付账款、应付票据、应付税款和其他各项应付费用。用流动比率来衡量企业资产流动性的大小，自然要求企业的流动资产在清偿流动负债以后还有余力去应付日常活动中的其他资金需要。特别是对债权人来说，此项比率越高越好；因为该比率越高，债权越有保障。国际上通常认为，流动比率的下限为100%，流动比率为200%是较为恰当的。它表明企业财务状况较为稳定，除了满足企业日常经营流动资金需要外，还有足够的财力偿付到期短期债务。如果比例过低，则表示企业可能捉襟见肘，难以如期偿还债务。但是流动比率也不可以过高，过高则表明企业流动资产占用较多，会影响资金的使用效率和企业的筹资成本，进而影响获利能力。究竟应保持多高水平的流动比率，主要视企业对待风险与收益的态度予以确定。运用流动比率时，应注意以下几个方面：

（1）流动比率越高，企业偿还短期债务的保障程度越高，但并不是说企业已有足够的现金或存款用来偿债。流动比率高也可能是存货积压、应收账款多且收账期延长等因素造成的，而真正来偿债的现金和银行存款却严重短缺。所以，企业应在分析流动比率的基础上，进一步对现金流量加以考察。

（2）从短期债权人的角度看，当然流动比率越高越好；但从企业经营者的角度看，过高的流动比率通常意味着企业闲置现金的持有量过多，必然造成企业机会成本的增加或获利能力的降低。因此，企业应尽可能将流动比率维持在不使货币资金闲置的水平。

（3）行业标准不同。由于各个行业的经营性质不同，营业周期不同，对资产流动性的要求也不一样，应该有不同的衡量标准。因此不应用统一的标准来评价各企业的流动比率是否合理。

【例9-2】 根据弘达公司2021年的资产负债表、利润表，如表9-2、表9-3所示，计算弘达公司的流动比率。

表9-2 资产负债表

编制单位：弘达公司　　　　　　　　　　2021年度　　　　　　　　　　单位：万元

资产	年初数	年末数	负债和所有者权益	年初数	年末数
流动资产：			流动负债：		
货币资金	8 000	9 000	短期借款	20 000	23 000
交易性金融资产	10 000	5 000	应付账款	10 000	12 000
应收账款	12 000	13 000	预收款项	4 000	5 000
预付账款	0	700	流动负债合计	34 000	40 000

续表

资产	年初数	年末数	负债和所有者权益	年初数	年末数
存货	40 000	52 000	非流动负债:		
其他流动资产	0	300	长期借款	20 000	25 000
流动资产合计	70 000	80 000	负债合计	54 000	65 000
非流动资产:			所有者权益:		
长期股权投资	4 000	4 000	实收资本	120 000	120 000
固定资产	120 000	140 000	盈余公积	16 000	16 000
无形资产	6 000	6 000	未分配利润	10 000	29 000
非流动资产合计	130 000	150 000	所有者权益合计	146 000	165 000
资产合计	200 000	230 000	负债和所有者权益总计	200 000	230 000

表 9 - 3 利润表

编制单位：弘达公司   2021 年度   单位：万元

项 目	2020 年度	2021 年度
一、营业收入	190 000	220 000
二、营业总成本	148 000	17 600
其中：营业成本	111 000	132 000
税金及附加	10 800	12 000
销售费用	16 200	19 000
管理费用	8 000	10 000
财务费用	2 000	3 000
加：投资收益	3 000	3 000
三、营业利润	45 000	47 000
加：营业外收入	1 000	1 500
减：营业外支出	6 000	6 500
四、利润总额	40 000	42 000
减：所得税费用	10 000	10 500
五、净利润	30 000	31 500

弘达公司的流动比率计算如表 9 - 4 所示。

表 9 - 4 流动比率计算表

项 目	年初	年末
流动资产/万元	70 000	80 000
流动负债/万元	34 000	40 000
流动比率	2.06	2.00

根据表 9 - 4 计算结果可知，该企业年初和年末流动比率均不低于公认标准 200%，表明企业短期偿债能力较强，债权人的短期债权有充分保证。

2. 速动比率

速动比率是企业速动资产与流动负债的比值，也称酸性测试比率。它是衡量企业流动资产中用于立即偿还流动负债的能力，计算公式为

$$速动比率 = \frac{速动资产}{流动负债} \times 100\%$$

速动资产直接计算公式为

速动资产＝货币资金＋交易性金融资产＋应收账款＋应收票据

速动资产间接计算公式为

速动资产 ＝流动资产－存货－预付账款－一年内到期的流动资产－其他流动资产

实务中一般采用间接计算公式。速动比率是对流动比率的补充。

注意：① 虽然流动比率较高，但是如果存货等变现能力较差的流动资产占的比例太高，则流动资产的流动性就会很低，那么企业的偿债能力仍然不高。在速动资产中，交易性金融资产可以在市场上立即出售，转化为现金；② 应收票据和应收账款通常也可能在较短时间内变为现金，而存货的变现需经过销货和收款两个环节，所需时间长、流动性差，因此存货不包括在速动资产之内；③ 至于预付账款等，由于在流动资产中所占比重较小，一般不予考虑。因此，将现金、交易性金融资产、应收票据和应收账款等项目合在一起称作速动资产。

一般情况下，速动比率越高，表明企业偿还流动负债的能力越强；反之，如果速动比率越低，表明企业偿还流动负债的压力较大。一般要求速动比率为 1 比较合理，如果速动比率小于 1，表明企业面临很大的偿债风险；如果这个指标大于 1，尽管债务偿还的安全性很高，但却会增加企业的机会成本。但这个比率也不能说是绝对的，不同的行业应该有不同的标准，所以要参照同行业的资料和本企业的历史情况进行判断，例如，零售企业大量采用现金结算，应收账款很少，因而允许保持低于 1 的速动比率。

【例 9 - 3】 根据表 9 - 2 的数据，弘达公司的速动比率计算如表 9 - 5 所示。

表 9 - 5　速动比率计算表

项　　　目	年　　初	年　　末
速动资产/万元	30 000	27 000
流动负债/万元	34 000	40 000
速动比率	0.88	0.68

根据表中速动比率的计算结果可知，该企业年末的速动比率比年初有所下降，虽然该公司流动比率超过一般公认标准，但由于流动资产中存货所占比重过大，导致速动比率低于公认标准，公司的实际短期偿债能力并不理想，需采取措施加以扭转。

3. 现金比率

现金比率是企业现金类资产与流动负债的比率。现金类资产包括企业所拥有的货币资金和持有的有价证券（即资产负债表中的短期投资）。它是速动资产扣除应收账款后的余额，速动资产扣除应收账款后计算出来的金额，最能反映企业直接偿付流动负债的能力。现金比率一般认为 20% 以上为好。但这一比率过高，就意味着企业流动负债未能得到合理运用，而现金类资产获利能力低，这类资产金额太高会导致企业机会成本增加。

现金比率计算公式为

$$现金比率=\frac{现金+有价证券}{流动负债}$$

根据表9-2的数据，弘达公司的现金比率计算如表9-6所示。

表9-6 现金比率计算表

项　目	2020 年	2021 年
现金类资产/万元	18 000	14 000
流动负债/万元	34 000	40 000
现金比率	0.53	0.35

计算结果表明企业直接偿付流动负债的能力较好。

4. 现金流动负债比率

现金流动负债比率是企业一定时期的经营现金净流量同流动负债的比率，它可以从现金流量角度来反映企业当期偿付短期负债的能力。其计算公式为

$$现金流动负债比率=\frac{年经营现金净流量}{年末流动负债}\times100\%$$

现金流动负债比率是从现金流入和流出的动态角度对企业实际偿债能力进行考察，反映本期经营活动所产生的现金净流量足以抵付流动负债的倍数，直观地反映出企业偿还流动负债的实际能力。一般该指标大于1，表示企业流动负债的偿还有可靠保证。该指标越大，表明企业经营活动产生的现金净流量越多，越能保障企业按期偿还到期债务，但也并不是越大越好，该指标过大则表明企业流动资金利用不充分，盈利能力不强。

【例9-4】 假设弘达公司2020、2021年的经营现金净流量分别为32 000万元和48 000万元，则现金流动负债比率计算如表9-7所示。

表9-7 现金流动负债比率计算表

项　目	2020 年	2021 年
经营现金净流量/万元	32 000	48 000
流动负债/万元	34 000	40 000
现金流量比率	0.94	1.20

计算结果表明企业的短期偿债能力得到提高。

（二）长期偿债能力

长期偿债能力主要反映企业偿还到期的长期债务的能力。长期偿债能力关系到企业的存续性，如果企业无法保持一定的长期偿债能力，则意味着财务安全程度和稳定程度较差，不仅不能满足长期债权人的要求，也会影响投资者的信心。

反映企业长期偿债能力的指标有资产负债率、产权比率、利息保障倍数等。通过计算这些比率可以看出企业的资本结构是否合理，进而评价企业的长期偿债能力。

1. 资产负债率

资产负债率是指企业负债总额对资产总额的比率，又叫负债比率。它表明企业资产总额中债权人提供的资金所占的比重，反映企业利用债权人提供的资金进行经营活动的能

力，也反映债权人发放贷款的安全程度。其计算公式为

$$资产负债率 = \frac{负债总额}{资产总额} \times 100\%$$

一般情况下，资产负债率越小，表明企业长期偿债能力越强。但是，也并非说该指标对谁都是越小越好，不同的利益主体（如债权人、所有者、经营者）往往因不同的利益驱动而从不同的角度来评价资产负债率。

对债权人来说，他们最为关心是所提供信贷资金的安全性，希望能按时收回本息，这必然决定债权人总是要求该比率越小越好。但就所有者而言，则可能希望资产负债率高些，可以利用财务杠杆利益，得到更多的投资利润，同时不会稀释股权，所以投资者期望利用债务提高企业的盈利水平。从企业经营者角度看，需将资产负债率控制在适度水平上。由于债务资本的税前扣除和财务杠杆功能，任何企业均不可避免地要利用债务，但负债超出某一程度时，则不能为债权人所接受，企业的后续贷款难以为继。另一方面，随着负债的增加，企业的财务风险不断加大，进而危及权益资本的安全和收益的稳定，也会动摇投资者对经营者的信任。另外企业的长期偿债能力与获利能力密切相关，因此企业的经营决策者应将偿债能力指标（风险）与盈利能力指标（收益）结合起来分析，予以平衡考虑。保守的观点认为资产负债率不应高于50%，而国际上通常认为资产负债率为60%较为恰当。如果企业的资产负债率大于100%，表明企业已资不抵债，视为达到破产的警戒线。

【例9-5】　根据表9-2的数据，弘达公司的资产负债率计算如表9-8所示。

表9-8　资产负债率计算表

项　　目	年初	年末
负债/万元	54 000	65 000
资产/万元	200 000	230 000
资产负债率	27%	28.26%

计算结果表明，弘达公司年初和年末的资产负债率均不高，说明公司长期偿债能力较强，这样有助于增强债权人对公司出借资金的信心。

2. 产权比率

产权比率是指企业负债总额对所有者权益总额的比率，是企业财务结构稳健与否的重要标志。它反映企业所有者权益对债权人权益的保障程度，也是衡量长期偿债能力的指标之一。其计算公式如下：

$$产权比率 = \frac{负债总额}{所有者权益总额} \times 100\%$$

作为衡量长期流动性及偿债能力的重要指标，产权比率反映了负债资金和权益资金的比例关系，因而能够说明正常情况下债权人权益受到投资人权益的保证程度。一般情况下，产权比率越小，表明企业的长期偿债能力越强，债权人权益的保障程度越高，承担的风险越小。但企业不能充分发挥负债的财务杠杆效应，所以企业在评价产权比率适度与否时，应从提高获利能力和增强偿债能力两个方面进行，即在保障债务偿还安全的情况下，应尽可能提高产权比率。产权比率则侧重于揭示财务结构的稳定程度以及自有资金对偿付风险的承受能力。

【例 9-6】 根据表 9-2 的数据，弘达公司的产权比率计算如表 9-9 所示。

表 9-9 产权比率计算表

项　　目	年初	年末
负债/万元	54 000	65 000
所有者权益/万元	146 000	165 000
产权比率	36.99%	39.39%

计算结果表明，该公司 2021 年年末和年初产权比率都不高，说明企业的长期偿债能力较强，债权人的保障程度得到了提高。

3. 利息保障倍数

利息保障倍数是指企业在一定时期内获取的息税前利润与所需支付的债务利息之间的比值，反映了企业获利能力对债务偿付的保证程度。其计算公式为

$$利息保障倍数 = \frac{息税前利润}{利息支出}$$

式中，息税前利润是指利润表中未扣除利息费用和所得税的税前利润，分母中的利息支出是指实际支出的借款利息、债券利息等。分子中的利息费用和分母中的利息支出不一样。

由于息税前利润总额＝利润总额＋利息费用＝净利润＋所得税＋利息费用，所以

$$利息保障倍数 = \frac{净利润 + 所得税 + 利息费用}{利息支出}$$

利息保障倍数不仅反映企业获利能力的大小，而且反映了获利能力对偿还到期债务的保证程度，它既是企业举债经营的前提，也是衡量企业长期偿债能力大小的重要标志。一般情况下，利息保障倍数越大，支付利息和偿还债务的能力越强，债权人的权益越能得到保证。国际上通常认为，该指标为 3 时较为恰当。从长期来看，若要维持正常偿债能力，企业的利息保障倍数至少要大于 1，否则便不能举债经营。如果利息保障倍数过小，企业将面临亏损以及偿债的安全性与稳定性下降的风险。究竟企业的利息保障倍数应为多少，才算偿付能力强，这要根据往年经验并结合行业特点来判断。

【例 9-7】 假如弘达公司利润表(表 9-3 所示)中的财务费用全部为利息支出，则利息保障倍数计算如表 9-10 所示。

表 9-10 利息保障倍数计算表

项　　目	2020 年	2021 年
息税前利润/万元	40 000＋2 000＝42 000	42 000＋3 000＝45 000
利息支出/万元	2 000	3 000
利息保障倍数	21	15

从表 9-10 的计算结果来看，该公司 2020 年、2021 年的利息保障倍数都很高，远高于国际公认水平，企业有较强的偿付债务及利息的能力。进一步的分析还需结合公司往年的情况和行业的特点进行判断。

二、营运能力分析

营运能力是指企业资金利用的效率，反映了企业资金周转状况，表明企业管理人员运

用资金的能力。企业生产经营资金周转的速度越快，表明企业资金利用的效果越好，效率越高，企业管理人员的经营能力越强。评价企业营运能力的指标有总资产周转率、固定资产周转率、流动资产周转率、应收账款周转率和存货周转率。

1. 总资产周转率

总资产周转率是指企业在一定时期内（通常是 1 年）营业收入与平均资产总额的比值。它说明企业的总资产在一定时期内周转的次数。总资产周转率是综合评价企业全部资产经营质量和利用效率的重要指标。其计算公式为

$$总资产周转率（周转次数）=\frac{营业收入}{平均资产总额}$$

总资产周转率也可以用总资产周转期（周转天数）表示，其计算公式为

$$总资产周转期（周转天数）=\frac{360}{周转次数}=\frac{平均资产总额\times360}{营业收入}$$

其中，营业收入是利润表上显示的营业收入额。总资产周转率综合反映了企业整体资产的营运能力。一般说来，总资产周转次数越多，周转速度越快，说明企业全部资产进行经营利用的效果越好，企业的经营效率越高，营运能力越强，进而使企业的偿债能力和盈利能力得到增强；反之，说明资产的利用效率差，最终会影响企业的盈利水平。

【例 9 - 8】 根据表 9 - 2、表 9 - 3，弘达公司的总资产周转率的计算如表 9 - 11 所示。

表 9 - 11 总资产周转率计算表

项 目	2019 年	2020 年	2021 年
营业收入/万元		190 000	220 000
总资产年末余额/万元	180 000	200 000	230 000
平均资产余额/万元		190 000	215 000
总资产周转率		1.00	1.02
总资产周转天数		360	351.82

表 9 - 11 计算结果表明，弘达公司在 2021 年每一天的资产可产生 1.02 元的营业收入，按当前的销售规模，需要 351.82 天可将公司资产周转一次。至于这意味着企业资产管理效果是好是坏，则要结合该指标的变动情况，或与同行业平均水平比较才能做出判断。该指标与 2020 年相比呈上升趋势，说明企业的资产利用效率、周转能力都有所提高。

2. 固定资产周转率

固定资产周转率是企业一定时期营业收入与平均固定资产净值的比值，是衡量固定资产利用效率的一个指标。其计算公式为

$$固定资产周转率（周转次数）=\frac{营业收入}{平均固定资产净值}$$

$$固定资产周转期（周转天数）=\frac{360}{周转次数}=\frac{平均固定资产净值\times360}{营业收入}$$

注意：该公式的分母是平均固定资产净值，而非固定资产原价或固定资产净额。固定资产原价是指固定资产的历史成本；固定资产净值为固定资产原价扣除已计提的累计折旧后的金额（固定资产净值＝固定资产原价累计折旧）；固定资产净额为固定资产原价

扣除已计提的累计折旧以及已计提的减值准备后的余额（固定资产净额＝固定资产原价－累计折旧－已计提的减值准备）。一般情况下，固定资产周转率越高，表明企业固定资产利用越充分，同时也能表明企业固定资产投资得当，固定资产结构合理，能够充分发挥效率；反之，则说明固定资产使用效率不高，提供的生产成果不多，企业的营运能力不强。

【例 9-9】 根据弘达公司有关资料，如表 9-12 所列，计算该公司的固定资产周转率。

表 9-12 固定资产周转率计算表

项　　目	2019 年	2020 年	2021 年
营业收入/万元		190 000	220 000
固定资产年末净值/万元	100 000	120 000	140 000
平均固定资产净值/万元		110 000	130 000
固定资产周转率		1.73	1.69
固定资产周转期		208.42	212.73

计算结果表明，公司 2021 年的固定资产周转率比 2020 年有所变慢，其主要原因是固定资产增加幅度高于营业收入的增长幅度。

3. 流动资产周转率

流动资产周转率是企业一定时期营业收入与平均流动资产总额的比值，是反映流动资产周转速度的一个指标。其计算公式为

$$流动资产周转率（周转次数）＝\frac{营业收入}{平均流动资产总额}$$

$$流动资产周转期（周转天数）＝\frac{360}{周转次数}＝\frac{平均流动资产总额×360}{营业收入}$$

在一定时期内，流动资产周转率越高，说明以相同的流动资产完成的周转额越多，流动资产利用效果越好。从流动资产周转天数来看，周转一次所需要的天数越少，表明流动资产在经历生产和销售各阶段时所占用的时间越短。生产经营任何工作环节的改善，都会反映到周转天数的缩短上来。

【例 9-10】 根据弘达公司有关资料，如表 9-13 所列，计算该公司的流动资产周转率。

表 9-13 流动资产周转率计算表

项　　目	2019 年	2020 年	2021 年
营业收入/万元		190 000	220 000
流动资产年末总额/万元	62 000	70 000	80 000
平均流动资产总额/万元		66 000	75 000
流动资产周转率		2.86	2.93
流动资产周转期		125.05	122.73

从表 9-13 可看出，该公司 2016 年企业流动资产周转比上年加快，说明企业流动资产的经营利用效果更好，流动资产的流动性有所提高，进而使其偿债能力和盈利能力得到加强。

流动资产周转情况的分析要依据企业的历史水平或同行业水平来判断,同时还要结合应收账款周转率和存货周转率进行分析,以进一步揭示影响流动资产周转的因素。

4. 应收账款周转率

应收账款周转率是企业一定时期营业收入与平均应收账款余额的比值,是反映应收账款周转速度的一个指标,也是反映企业流动资产流动性的一个指标。其计算公式为

$$应收账款周转率(周转次数) = \frac{营业收入}{平均应收账款余额}$$

$$应收账款周转期(周转天数) = \frac{360}{周转次数} = \frac{平均应收账款余额 \times 360}{营业收入}$$

注意:公式中"应收账款"包括会计核算中的"应收账款"和"应收票据"等全部赊销账款在内,并应使用扣除坏账准备后的净额;应收账款周转率反映了应收账款变现速度的快慢及管理效率的高低,周转率高表明收账迅速,账龄较短,资产流动性强,短期偿债能力强,可以减少收账费用和坏账损失,从而相对增加企业流动资产的投资收益;反之,较低的应收账款周转率,则表明应收账款管理效率低下,企业须加强应收账款的管理和催收工作,同时借助应收账款周转期与企业信用期限的比较,评价购买单位的信用程度,以及企业原定的信用条件是否恰当。

【例 9 - 11】 根据弘达公司有关资料,如表 9 - 14 所列,计算该公司的应收账款周转率。

表 9 - 14 应收账款周转率计算表

项 目	2019 年	2020 年	2021 年
营业收入/万元		190 000	220 000
应收账款年末余额/万元	9 000	12 000	13 000
平均应收款年末余额/万元		10 500	12 500
应收账款周转率		18.10	17.6
应收账款周转期		19.89	20.45

表 9 - 14 的计算结果表明,弘达公司 2021 年应收账款在一年内可周转 17.6 次。按当前的资金回笼速度,需要 20.45 天就可将应收账款周转一次。与 2020 年相比,应收账款的回笼速度变慢,应查找原因。

5. 存货周转率

存货周转率是企业一定时期(通常是一年)的营业成本与平均存货余额的比值。通过存货周转率的计算,可以测定企业一定时期内存货资产的周转速度。其计算公式为

$$以成本为基础的存货周转率(次) = \frac{营业成本}{平均存货余额}$$

$$以收入为基础的存货周转率(次) = \frac{营业收入}{平均存货余额}$$

$$平均存货余额 = \frac{期初存货余额 + 期末存货余额}{2}$$

$$存货周转天数 = \frac{360}{存货周转次数}$$

以成本为基础的存货周转率运用较为广泛。存货周转速度的快慢，不仅反映出企业采购、储存、生产、销售各环节管理工作状况的好坏，而且对企业的偿债能力及盈利能力产生决定性的影响。一般来讲，存货周转率越高越好，越高，表明存货变现的速度越快，周转额越大，资产占用水平越低。因此通过存货周转分析，有利于找出存货管理中存在的问题，尽可能降低资金占用水平。存货不能储存过少，否则可能造成生产中断或销售紧张；又不能储存过多，会形成呆滞、积压。一定要保持结构合理、质量可靠。另外，存货是流动资产的重要组成部分，其质量和流动性对企业流动比率具有举足轻重的影响，并进而影响企业的短期偿债能力。所以一定要加强存货的管理，提高其投资的变现能力和盈利能力。

以收入为基础的存货周转率主要用来计算营业周期。营业周期是指从取得存货开始到销售存货并收回现金为止的这一段时间。营业周期的计算公式为

$$营业周期＝存货周转天数＋应收账款周转天数$$

【例 9 - 12】 根据弘达公司有关资料，如表 9 - 15 所列，计算该公司的存货周转率。

表 9 - 15　存货周转率计算表

项　　目	2019 年	2020 年	2021 年
营业成本/万元		111 000	132 000
存货年末余额/万元	32 000	40 000	52 000
平均存货年末余额/万元		36 000	46 000
存货周转率		3.08	2.87
存货周转期		116.88	125.44

表 9 - 15 的计算结果表明，弘达公司在 2020 年存货周转率为 3.08 次，在 2021 年存货周转率为 2.87 次，2021 年与 2020 年相比，周转速度稍微变慢，可能与 2016 年存货大幅提高有关。

三、盈利能力分析

企业盈利能力是指企业利用各种经济资源获取利润的能力，主要评价来源于企业收入、费用和利润各要素的增减变动以及相互变化的原因和趋势，通常表现为企业收益数额的大小与水平的高低。盈利能力指标主要包括营业利润率、成本费用利润率、总资产报酬率、权益净利率等。

1. 营业利润率

营业利润率是企业一定时期内营业利润与营业收入的比率。其计算公式为

$$营业利润率＝\frac{营业利润}{营业收入}×100\%$$

营业利润率反映企业每单位营业收入中获得的营业利润的金额。营业利润率越高，表明企业通过日常经营活动获得收益的能力越强。营业利润率在其考查的范围上，较产品销售利润率有两方面的扩展，一是它不仅考察主营业务的获利能力，而且考察非主营业务的获利能力，这在企业多角化经营的今天具有更重要的意义。也就是说企业的获利能力不仅主要地取决于企业主营业务的获利水平，而且越来越多地受非主营业务的其他经营业务的获利水平所制约，甚至出现了其他经营业务的获利状况决定企业全部获利水平、获利稳定

性和持久性的状况。正是在这种背景下,考察营业利润率具有更现实的意义。二是营业利润不仅考察了与主营业务或其他经营业务直接相关的成本费用,而且也将与它们间接相关但必须发生的成本费用纳入考核范围,尤其是将期间费用纳入支出项目进行获利扣减,更能体现营业利润率的稳定性和持久性。因为期间费用本身是一种较少变动的固定性支出,它的抵补是不可避免的且是经常的。企业只有扣除这些固定性支出后,所剩部分才具有稳定性和可靠性。这就使得对企业经营业务的获利能力的考察更趋全面。

【例 9 - 13】 由表 9 - 3 资料计算营业利润率,并利用该指标进行综合分析,具体计算见表 9 - 16。

表 9 - 16 营业收入及利润表

项　　目	2020 年	2021 年
营业收入/万元	190 000	220 000
营业利润/万元	45 000	47 000
营业利润率	23.68%	21.36%

从表 9 - 16 计算结果可以看出,该企业的营业利润率由 2020 年的 23.68% 下降到 2021 年的 21.36%,下降了 2.32%。这种状况的出现,可认为是作为营业利润构成项目费用增加所致。

营业利润率的总变动趋势是下降的,这意味着企业的营业业务获利水平的下降,特别是作为企业获利能力稳定性和持久性的重要指标的营业利润率的下降,不能不说企业的总获利能力已出现下降趋势。

2. 成本费用利润率

成本费用利润率是指利润总额与成本费用总额的比率,反映企业主要成本利用效果,是企业加强成本管理的着眼点。其计算公式为

$$成本费用利润率 = \frac{税前利润}{成本费用总额}$$

成本费用利润率反映了企业生产经营过程中发生的耗费与获得的收益之间的关系。成本费用包括主营业务成本、主营业务税金及附加、销售费用、管理费用、财务费用、投资减值损失、营业外支出及所得税费用。

【例 9 - 14】 由表 9 - 3 计算的成本费用利润率见表 9 - 17。

表 9 - 17 成本费用利润率

项　　目	2020 年	2021 年
税前利润/万元	40 000	42 000
成本费用总额/万元	164 000	193 000
成本费用利润率	24.39%	21.76%

由计算结果可知,2021 年的成本费用利润率与 2020 年相比有所下降。进行成本费用利润率分析时,不能只看当期指标的高低,应着重分析近几年的变动趋势;不能只看本企业的指标水平,要与同行业平均水平比较,从中找出存在的差距和原因。

3. 总资产报酬率

总资产报酬率也称总资产收益率，是企业一定时期内的息税前利润总额与该时期企业平均资产总额的比率，它是反映企业资产综合利用效果的核心指标，也是衡量企业总资产盈利能力的重要指标。其计算公式如下：

$$总资产报酬率 = \frac{息税前利润总额}{平均资产总额} \times 100\%$$

式中：息税前利润总额＝利润总额＋利息费用＝净利润＋所得税＋利息费用。

【例 9 - 15】 假如弘达公司利润表中的财务费用全部为利息支出，2019 年年末资产总额为 18 000 万元，则总资产报酬率计算如表 9 - 18 所示。

表 9 - 18 总产报酬率计算表

项　　目	2020 年	2021 年
息税前利润/万元	42 000	45 000
平均资产总额/万元	190 000	215 000
总资产报酬率	22.11%	20.93%

从表 9 - 18 计算结果来看，该公司 2021 年资产利用效率比 2020 年下降 1.18%，需分析资产的使用情况，以便改进管理，提高效益。总资产报酬率的分析要点如下：

对总资产报酬率的分析可以结合趋势分析和同行业比较分析同时进行。因为收益总额中可能包含着非经常性的因素，因此我们通常应进行连续几年（如 5 年）的总资产报酬率的比较分析，对其变动趋势进行判断，才能取得相对准确的信息。在此基础上再进行同行业比较分析，有利于提高分析结论的准确性。

4. 权益净利率

权益净利率又称净资产收益率，是企业一定时期内净利润与平均净资产（所有者权益）之比，该指标反映了投资者投入资本的获利能力。其计算公式为

$$权益净利率 = \frac{净利润}{平均所有者权益} \times 100\%$$

权益净利率是从所有者权益角度考核其盈利能力，因而它最被所有者关注，是对企业具有重大影响的指标。一般来说，权益净利率越高，企业净资产的使用效率就越高，投资者的利益保障程度也就越高。报表使用者通过分析该指标，可以判定企业的投资效益，而且可以了解企业管理水平的高低。

【例 9 - 16】 利用表 9 - 2、表 9 - 3 已知材料，计算 2021 年企业的权益净利率。

解　　　　　　　　$$权益净利率 = \frac{净利润}{平均净资产总额} \times 100\%$$

$$= \frac{31\ 500}{\dfrac{146\ 000 + 165\ 000}{2}} \times 100\%$$

$$= 20.26\%$$

四、发展能力分析

企业是营利性组织，其出发点和归宿是获利。发展能力是指企业通过自身的生产经营活动，用内部形成的资金不断扩大积累而形成的发展潜能。企业未来的获利能力和资本实力是衡量和评价企业持续发展的依据。通过对企业发展能力的分析，可以更好地评价企业的经济实力，可以评价企业的销售增长能力、资产增长能力和资本扩张能力。发展能力分析指标主要包括营业收入增长率、总资产增长率、资本保值增值率等。

在分析企业发展能力时，主要考察以下指标。

1. 营业收入增长率

营业收入增长率是企业本年营业收入增长额与上年营业收入总额的比率。它反映企业营业收入的增减变动情况，是评价企业成长状况和发展能力的重要指标。其计算公式为

$$营业收入增长率 = \frac{本年营业收入增长额}{上年营业收入总额} \times 100\%$$

式中：本年营业收入增长额＝本年营业收入总额－上年营业收入总额。

营业收入增长率是衡量企业经营状况和市场占有能力、预测企业经营业务拓展趋势的重要标志，不断增加的营业收入是企业生存的基础和发展的条件。该指标若大于 0，表明企业本年的营业收入有所增长，指标值越高，表明增长速度越快，企业市场前景越好；若该指标值小于 0，则说明企业的产品或服务不适销对路、市场份额萎缩。该指标在实际操作时，应结合企业历年的营业收入水平、企业市场占有情况、行业未来发展及其他影响企业发展的潜在因素进行前瞻性预测，或结合企业前三年的营业收入的增长率做出趋势性分析判断。

【例 9 - 17】 根据表 9 - 3 的数据，弘达公司的营业收入增长率计算如表 9 - 19 所示。

表 9 - 19 营业收入增长率

项　　目	2021 年营业收入	2020 年营业收入	营业收入增长额	营业增长率
金额/万元	220 000	190 000	30 000	15.79%

表 9 - 19 的计算结果表明，2021 年弘达公司营业增长率为 15.79%，这个指标很高，说明该公司营业收入增长较快，企业产品市场前景好。

2. 总资产增长率

总资产增长率是企业本年总资产增长额同年初资产总额的比率。它反映企业资产规模的增长情况。其计算公式为

$$总资产增长率 = \frac{本年总资产增长额}{年初资产总额} \times 100\%$$

式中：本年总资产增长额＝年末资产总额－年初资产总额。

总资产增长率是从企业资产总量增长方面衡量企业的发展能力，表明企业规模增长水平对企业发展后劲的影响。该指标越高，表明企业一定时期内资产经营规模扩张的速度越快。但在实际分析时，应考虑资产规模扩张的质和量的关系，以及企业的后继发展能力，避免企业资产盲目扩张。

【例 9 - 18】 根据表 9 - 2 的数据，弘达公司的总资产增长率计算如表 9 - 20 所示。

表 9 - 20　总资产增长率计算表

项　　目	2021 年末资产总额	2020 年末资产总额	2021 年总资产增长额	2021 年总资产增长率
金额/万元	230 000	200 000	30 000	15%

表 9 - 20 计算结果表明，2021 年弘达公司的资产有 15% 的增长，表明企业资产规模得到扩张，有利于企业以后的发展，这也是与企业销售增长相适应的。

3. 资本保值增值率

资本保值增值率是企业扣除客观因素后的本年末所有者权益总额与年初所有者权益总额的比率，反映企业当年资本在企业自身努力下的实际增减变动情况。其计算公式为

$$资本保值增值率 = \frac{扣除客观因素后的年末所有者权益总额}{年初所有者权益总额} \times 100\%$$

一般认为，资本保值增值率越高，表明企业的资本保全状况越好，所有者权益增长越快，债权人的债务越有保障。该指标通常应大于 100%。

根据表 9 - 2 所提供的数据，同时假定存在的客观因素使企业的所有者权益增加 10 000 万元，则弘达公司 2021 年资本保值增值率为

$$\frac{165\,000 - 10\,000}{146\,000} \times 100\% = 106.16\%$$

计算结果表明该企业资本得到保障。

第三节　财务综合分析

财务分析的最终目的在于全面、准确、客观地揭示与披露企业财务状况和经营情况，并借以对企业经济效益优劣作出合理的评价。显然，要达到这样一个分析目的，仅仅测算几个简单、孤立的财务比率，或者将一些孤立的财务分析指标堆砌在一起，彼此毫无联系地考察，不可能得出合理、正确的综合性结论，有时甚至会得出错误的结论。因此，只有将企业偿债能力、营运能力、投资收益实现能力以及发展趋势等各项分析指标有机地联系起来，作为一套完整的体系，相互配合使用，作出系统的综合评价，才能从总体意义上把握企业财务状况和经营情况的优劣。

综合分析的意义在于能够全面、正确地评价企业的财务状况和经营成果，因为局部不能替代整体，某项指标的好坏不能说明整个企业经济效益的高低。除此之外，综合分析的结果在进行企业不同时期比较分析和不同企业之间比较分析时消除了时间上和空间上的差异，更具有可比性，有利于总结经验、吸取教训、发现差距、赶超先进。进而，能从整体上、本质上反映和把握企业生产经营的财务状况和经营成果。

企业综合绩效分析方法很多，传统方法主要是杜邦分析法。

一、杜邦分析法

杜邦分析法，又称杜邦财务分析体系，简称杜邦体系。它是利用各主要财务比率指标间的内在联系，对企业财务状况及经济效益进行综合系统分析评价的方法。该体系是以权

益净利率为起点，以总资产净利率和权益乘数为核心，重点揭示企业获利能力及权益乘数对权益净利率的影响，以及各相关指标间的相互影响作用关系。因其最初由美国杜邦企业成功应用，故得名。

杜邦分析法将权益净利率(净资产收益率)分解为如图 9-1 所示。其分析关系式为

$$权益净利率 = 销售净利率 \times 总资产周转率 \times 权益乘数$$

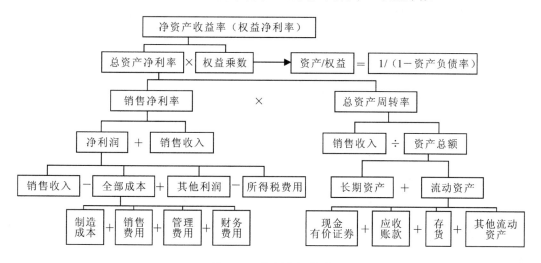

图 9-1　杜邦分析体系

注：① 本章销售净利率即营业净利率，销售收入即营业收入，销售费用即营业费用。

② 上图中有关资产、负债与权益指标通常用平均值计算。

运用杜邦分析法需要抓住以下几点：

(1) 权益净利率是一个综合性最强的财务分析指标，是杜邦分析体系的起点。

财务管理的目标之一是使股东财富最大化，权益净利率反映了企业所有者投入资本的获利能力，说明了企业筹资、投资、资产营运等各项财务及其管理活动的效率，而不断提高权益净利率是使所有者权益最大化的基本保证。所以，这一财务分析指标是企业所有者、经营者都十分关心的。而权益净利率高低的决定因素主要有三个，即销售净利率、总资产周转率和权益乘数。这样，在进行分解之后，就可以将权益净利率这一综合性指标升降变化的原因具体化，从而它比只用一项综合性指标更能说明问题。

(2) 销售净利率反映了企业净利润与销售收入的关系，它的高低取决于销售收入与成本总额的高低。

要提高销售净利率，一是要扩大销售收入，二是要降低成本费用。扩大销售收入既有利于提高销售净利率，又有利于提高总资产周转率。降低成本费用是提高销售净利率的一个重要因素，从杜邦分析图可以看出成本费用的基本结构是否合理，从而找出降低成本费用的途径和加强成本费用控制的办法。如果企业财务费用支出过高，就要进一步分析其负债比率是否过高；如果管理费用过高，就要进一步分析期资产周转情况等。从图 9-1 中还可以看出，提高销售净利率的另一途径是提高其他利润。为了详细地了解企业成本费用的发生情况，在具体列示成本总额时，还可根据重要性原则，将那些影响较大的费用单独列示，以便为寻求降低成本的途径提供依据。

(3) 影响总资产周转率的一个重要因素是资产总额。

资产总额由流动资产与长期资产组成，它们的结构合理与否将直接影响资产的周转速度。一般来说，流动资产直接体现企业的偿债能力和变现能力，而长期资产则体现了企业的经营规模、发展潜力，两者之间应该有一个合理的比例关系。如果发现某项资产比重过大，影响资金周转，就应深入分析其原因，例如企业持有的货币资金超过业务需要，就会影响企业的盈利能力；如果企业占有过多的存货和应收账款，则既会影响获利能力，又会影响偿债能力。因此，还应进一步分析各项资产的占用数额和周转速度。

（4）权益乘数主要受资产负债率指标的影响。

资产负债率越高，权益乘数就越高，说明企业的负债程度比较高，给企业带来了较多的杠杆利益，同时，也带来了较大的风险。

【例 9-19】 已知弘达公司 2021 年会计报表的有关资料如表 9-21 所示。

表 9-21 资 料 金额单位：万元

资产负债表项目	年初数	年末数
资产	8 000	10 000
负债	4 500	6 000
所有者权益	3 500	4 000
利润表项目	上年数	本年数
营业收入	（略）	20 000
净利润	（略）	500

要求：

（1）计算杜邦财务分析体系中的下列指标（凡计算指标涉及资产负债表项目数据的，均按平均数计算）：① 权益净利率；② 总资产净利率；③ 营业净利率；④ 总资产周转率；⑤ 权益乘数。

（2）计算权益净利率。

用文字列出净资产收益率与上述其他各项指标之间的关系式，并用本题数据加以验证。

解 （1）① 净资产收益率 $=\dfrac{500}{\dfrac{3\,500+4\,000}{2}}\times100\%=13.33\%$

② 总资产净利率 $=\dfrac{500}{\dfrac{8\,000+10\,000}{2}}\times100\%=5.556\%$

③ 营业净利率 $=\dfrac{500}{20\,000}\times100\%=2.5\%$

④ 总资产周转率 $=\dfrac{20\,000}{\dfrac{8\,000+10\,000}{2}}=2.222（次）$

⑤ 权益乘数 $=\dfrac{1}{1-\dfrac{\dfrac{6\,000+4\,500}{2}}{\dfrac{10\,000+8\,000}{2}}}=2.4$

（2）　　　　权益净利率＝营业净利率×总资产周转率×权益乘数

$$＝2.5\%×2.222×2.4＝13.33\%$$

二、沃尔综合评分法

亚历山大·沃尔在 21 世纪初出版的《信用晴雨表研究》和《财务报表比率分析》中提出了信用能力指数的概念。他首先选择了 7 个财务比率，即流动比率、产权比率、固定资产比率、存货周转率、应收账款周转率、固定资产周转率和自有资金周转率，分别给出各指标的比重，然后确定标准比率（以行业平均数为基础），将实际比率与标准比率相比，得出相对比率，最后将此相对比率与各指标比重相乘，得出总评分。

【例 9－20】　某企业是一家大中型商业企业，2021 年的财务状况评分的结果如表 9－22 所示。

表 9－22　沃尔综合评分表

财务比率	比重 1	标准比率 2	实际比率 3	相对比率 4 = 3÷2	综合指数 5 = 1×4
流动比率	25	2.00	1.66	0.83	20.75
净资产/负债	25	1.50	2.39	1.59	39.75
资产/固定资产	15	2.50	1.84	0.736	11.04
销售成本/存货	10	8	9.94	1.243	12.43
销售收入/应收账款	10	6	8.61	1.435	14.35
销售收入/固定资产	10	4	0.55	0.1375	1.38
销售收入/净资产	5	3	0.40	0.133	0.67
合　　计	100				100.37

从表 9－22 可知，该企业的综合指数为 100.37，总体财务状况是不错的，综合评分达到标准的要求。但由于该方法技术上的缺陷，夸大了达到标准的程度。尽管沃尔评分法在理论上还有待证明，在技术上也不完善，但它还是在实践中被广泛地加以应用。

沃尔评分法从理论上讲有一个弱点，就是未能证明为什么要选择这七个指标，而不是更多些或更少些，或者选择别的财务比率，以及未能证明每个指标所占比重的合理性；沃尔的分析法从技术上讲还有一个问题，就是当某一个指标严重异常时，会对综合指数产生不合逻辑的重大影响。这个缺陷是由相对比率与比重相"乘"而引起的。财务比率提高一倍，其综合指数增加 100%；而财务比率缩小一半，其综合指数只减少 50%。

现代社会与沃尔的时代相比，已有很大的变化。一般认为企业财务评价的内容首先是盈利能力，其次是偿债能力，再次是成长能力，它们之间大致可按 5:3:2 的比重来分配。盈利能力的主要指标是总资产报酬率、销售净利率和净资产收益率，这三个指标可按 2:2:1 的比重来安排。偿债能力有四个常用指标。成长能力有三个常用指标（都是本年增量与上年实际量的比值）。假定仍以 100 分为总评分。

【例 9－21】　仍以例 9－20 中的商业企业 2021 年的财务状况为例，以大中型商业企业的标准值为评价基础，则其综合评分标准如表 9－23 所示。

表 9 - 23　综合评分表

指　　标	评分值	标准比率/(%)	行业最高比率/(%)	最高评分	最低评分	每分比率的差
盈利能力：						
总资产报酬率	20	5.5	15.8	30	10	1.03
销售净利率	20	26.0	56.2	30	10	3.02
净资产收益率	10	4.4	22.7	15	5	3.66
偿债能力：						
自有资本比率	8	25.9	55.8	12	4	7.475
流动比率	8	95.7	253.6	12	4	39.475
应收账款周转率	8	290	960	12	4	167.5
存货周转率	8	800	3 030	12	4	557.5
成长能力：						
销售增长率	6	2.5	38.9	9	3	12.13
净利增长率	6	10.1	51.2	9	3	13.7
总资产增长率	6	7.3	42.8	9	3	11.83
合　　计	100			150	50	

　　标准比率以本行业平均数为基础，在给每个指标评分时，应规定其上限和下限，以减少个别指标异常对总分造成不合理的影响。上限可定为正常评分值的 1.5 倍，下限可定为正常评分值的 0.5 倍。此外，总分不是采用"乘"的关系，而采用"加"或"减"的关系来处理，以克服沃尔评分法的缺点。例如，总资产报酬率每分比率的差为 1.03% ＝（15.8%－5.5%）÷（30 分－20 分）。总资产报酬率每提高 1.03%，多给 1 分，但该项得分不得超过 30 分。

表 9 - 24　财务情况评分

指　　标	实际比率 1	标准比率 2	差异 3＝1－2	每分比率 4	调整分 5＝3÷4	标准评分值 6	得分 7＝5＋6
盈利能力：							
总资产报酬率	10	5.5	4.5	1.03	4.37	20	24.37
销售净利率	33.54	26.0	7.54	3.02	2.50	20	22.50
净资产收益率	13.83	4.4	9.43	3.66	2.58	10	12.58
偿债能力：							
自有资本比率	72.71	25.9	46.81	7.475	6.26	8	14.26
流动比率	166	95.7	70.3	39.475	1.78	8	9.78
应收账款周转率	861	290	571	167.5	3.41	8	11.41
存货周转率	994	800	194	557.5	0.35	8	8.35
成长能力：							
销售增长率	17.7	2.5	15.2	12.13	1.25	6	7.25
净利增长率	−1.74	10.1	−11.84	13.7	−0.86	6	5.14
总资产增长率	46.36	7.3	39.06	11.83	3.30	6	9.30
合　　计						100	124.94

　　根据这种方法，对该企业的财务状况重新进行综合评价，得 124.94 分（表 9-24），是一个中等略偏上水平的企业。所以沃尔评分法这种综合评分法受主观性的影响相对较大，使用时应当慎重。

本 章 小 结

一、理论梳理

　　（1）财务分析的方法多种多样，但常用的有以下三种方法：比较分析法、比率分析法和因素分析法。

　　（2）财务分析的内容主要包括以下四个方面：偿债能力分析、营运能力分析、盈利能力分析和发展能力分析。企业偿债能力分析包括短期偿债能力分析和长期偿债能力分析。企业短期偿债能力的衡量指标主要有流动比率、速动比率、现金比率和现金流量比率。长期偿债能力是指企业偿还长期负债的能力，其分析指标主要有三项：资产负债率、产权比率和利息保障倍数。企业营运能力分析主要包括：流动资产周转情况分析、固定资产周转率和总资产周转率、应收账款周转率和存货周转率。企业盈利能力的一般分析指标主要有营业利润率、成本费用利润率、总资产报酬率、权益净利率。企业发展能力的一般分析指标有营业收入增长率、总资产增长率和资本保值增值率。

　　（3）财务综合分析就是将企业营运能力、偿债能力和盈利能力等方面的分析纳入到一个有机的分析系统之中，对企业财务状况、经营状况进行全面的解剖和分析，从而对企业经济效益做出较为准确的评价与判断。财务综合分析的方法主要是杜邦财务分析法。

　　本章理论梳理如图 9-2 所示。

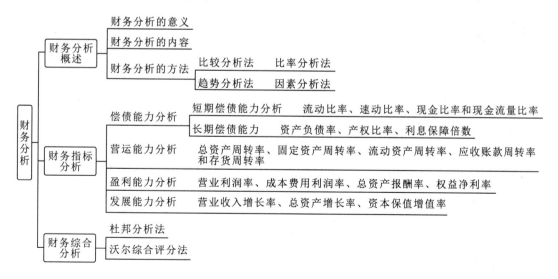

图 9-2　本章理论梳理

二、知识检测

　　（1）财务分析的内容和意义。

　　（2）财务分析的方法。

（3）财务分析的指标体系。

（4）简述杜邦财务分析体系。

三、案例分析

某公司 2021 年末资产负债表（简表）如表 9-25 所示。

表 9-25　某公司资产负债表　　　　单位：万元

资　　　产		负债及所有者权益	
现金（年初 1 528）	620	应付账款	1 032
应收账款（年初 2 312）	2 688	应付票据	672
存货（年初 1 400）	1 932	其他流动负债	936
固定资产净额（年初 2 340）	2 340	长期负债	2 052
		实收资本	2 888
资产总计（年初 7 580）	7 580	负债及所有者权益总计	7 580

2021 年损益表有关资料如下：销售收入 12 860 万元，销售成本 11 140 万元，毛利 1 720 万元，管理费用 1 160 万元，利息费用 196 万元，利润总额 364 万元，所得税 144 万元，净利润 220 万元。

要求：（1）计算并填列该公司财务比率表如表 9-26 所示。

表 9-26　财务比率表

比率名称		本公司	行业平均数
流动比率	（1）		1.98
资产负债率	（2）		62%
利息保障倍数	（3）		3.8
存货周转率	（4）		6 次
应收账款周转天数	（5）		35 天
固定资产周转率	（6）		13 次
总资产周转率	（7）		3 次
销售净利率	（8）		1.3%
总资产净利率	（9）		3.4%
净资产收益率	（10）		8.3%

讨论：与行业平均财务比率比较，说明该公司经营管理可能存在的问题。

四、应用实训

实训目标：

通过学习财务分析，能对企业财务状况进行初步分析。

实训内容：

弘达公司有关财务报表资料如表 9-27、表 9-28 所示。（单位：元）

表 9 - 27 资产负债表

项 目	2019 年	2020 年	2021 年
资产总额	4 850 000	6 840 000	8 520 000
长期负债合计	420 000	580 000	820 000
实收资本	2 000 000	2 000 000	2 250 000
所有者权益合计	3 240 000	3 580 000	4 560 000

表 9 - 28 利润表

项 目	2020 年	2021 年
产品销售收入	8 450 000	12 400 000
减：产品销售成本	6 120 000	8 820 000
产品销售费用	180 000	240 000
产品销售税金附加	850 000	1 280 000
产品销售利润	1 300 000	2 060 000
加：其他业务利润	200 000	20 000
减：管理费用	84 000	120 000
财务费用	26 000	84 000
营业利润	1 390 000	1 876 000
加：营业外收入	50 000	84 000
减：营业外支出	80 000	152 000
利润总额	1 360 000	1 808 000
减：所得税	448 800	596 640
净利润	911 200	1 211 360

实训要求：

计算分析营业利润率、销售净利率、成本费用利润率、总资产报酬率。

第十章　财务预算

【知识目标】

通过本章的学习，要求掌握财务预算的主要内容；掌握弹性预算、零基预算和滚动预算等具体方法的特征；理解财务预算编制程序和方法；了解财务预算的概念和作用；了解固定预算、增量预算和定期预算的含义及内容。

【能力目标】

掌握财务预算的编制程序。

【案例导读】

A公司从成立以来，一直把预算作为提升企业效率的有力工具。公司内部制定了明确的预算制度，并成立预算管理委员小组，由公司总经理担任小组长以示对该工作的重视程度。同时，每年年底由预算管理委员小组发起，各预算责任单位参与，在取得广泛认同的情况下确定下一年度的预算指标，小组努力推动整个预算系统能够达到全员参与、全业务覆盖以及全过程监控的广泛共识。经过几年的不断优化，公司也制定了未来三年内争取使预算管理能够从现在的事后分析走向事前支持，为研发和市场决策提供专业的成本预算作为参考。但是在执行过程当中，整个预算没有达到预想的效果，预算偏差较大，存在信息孤岛，在订单成本费用的控制上更是缺乏有效的方法，最后的结果就是预算偏离实际业务而各行其道。究竟问题出在哪？

凡事预则立，不预则废。在财务管理中，预算则是计划这一职能在财务中的具体体现。预算发挥着越来越大的作用，大到政府小到企业都面临着如何做好财务预算管理的问题。通过本章学习，了解预算的相关概念、内容和过程；理解预算管理理论的发展，掌握预算的编制方法。

第一节　财务预算概述

一、财务预算的概念及内容

全面预算就是企业未来一定期间内全部经营活动各项具体目标的计划与相应措施的数量说明，具体包括特种决策预算、日常业务预算和财务预算三大类内容。其中，财务预算是一系列专门反映企业未来一定预算期内预计财务状况和经营成果，以及现金收支等价值指标的各种预算总称。具体包括反映现金收支活动的现金预算，反映企业财务状况的预计资产负债表，反映企业财务成果的预计损益表和预计现金流量表等内容。

二、财务预算的作用

财务预算是企业全面预算体系中的组成部分，它在全面预算体系中具有重要的作用，主要表现在：

1. 财务预算使决策目标具体化、系统化和定量化

在现代企业财务管理中，财务预算必须服从决策目标的要求，尽量做到全面地、综合地协调规划企业内部各部门、各层次的经济关系与职能，使之统一服从于未来经营总体目标的要求。同时，财务预算又能使决策目标具体化、系统化和定量化，能够明确规定企业有关生产经营人员各自职责及相应的奋斗目标，做到人人事先心中有数。

2. 财务预算是总预算，其余预算是辅助预算

财务预算作为全面预算体系中的最后环节，可以从价值方面总括地反映经营特种决策预算与业务预算的结果，使预算执行情况一目了然。

3. 财务预算有助于财务目标的顺利实现

通过财务预算，可以建立评价企业财务状况的标准，以预算数作为标准的依据，将实际数与预算数对比，及时发现问题和调整偏差，使企业的经济活动按预定的目标进行，从而实现企业的财务目标。

编制财务预算，并建立相应的预算管理制度，可以指导与控制企业的财务活动，提高预见性，减少盲目性，使企业的财务活动有条不紊地进行。

第二节 财务预算的编制方法

一、固定预算与弹性预算

（一）固定预算

固定预算又称静态预算，是把企业预算期的业务量固定在某一预计水平上，以此为基础来确定其他项目预计数的预算方法。也就是说，预算期内编制财务预算所依据的成本费用和利润信息都只是在一个预定的业务量水平的基础上确定的。显然，以未来固定不变的业务水平所编制的预算赖以存在的前提条件，必须是预计业务量与实际业务量相一致（或相差很小），才比较适合。但是，在实际工作中，预计业务量与实际水平相差比较远时，预计业务量与实际业务量相差甚远势，必然导致有关成本费用及利润的实际水平与预算水平因基础不同而失去可比性，不利于开展控制与考核。而且有时会引起人们的误解，例如，编制财务预算时，预计业务量为生产能力的 90%，其成本预算总额为 40 000 元，而实际能力的 110%，其成本预算总额为 55 000 元，实际成本与预算相业务量为生产比，则超支很大。但是，实际成本脱离预算成本的差异包括了因业务量增长而增加的成本差异，而业务量差异对成本分析来说是无意义的。

（二）弹性预算

弹性预算是固定预算的对称，它关键在于把所有的成本按其性态划分为变动成本与固定成本两大部分。在编制预算时，变动成本随业务量的变动而予以增减，固定成本则在相关的业务量范围内稳定不变。分别按一系列可能达到的预计业务量水平编制的能适应企业在预算期内任何生产经营水平的预算。由于这种预算是随着业务量的变动而做机动调整，它适用面广,具有弹性,故称为弹性预算或变动预算。

由于未来业务量的变动会影响到成本费用和利润各个方面,因此,弹性预算理论上讲适用于全面预算中与业务量有关的各种预算。但从实用角度看,主要用于编制制造费用、销售及管理费用等半变动成本(费用)的预算和利润预算。制造费用与销售及管理费用的弹性预算,均可按下列弹性预算公式进行计算:

成本的弹性预算 = 固定成本预算数 + $\sum$(单位变动成本预算数 × 预计业务量)

但两者略有区别,制造费用的弹性预算是按照生产业务量(生产量、机器工作小时等)来编制;销售及管理费用的弹性预算是按照销售业务量(销售量、销售收入)来编制。在成本的弹性预算编制出来以后,就可以编制利润的弹性预算。它是以预算的各种销售收入为出发点,按照成本的性态,扣减相应的成本,从而反映企业预算期内各种业务量水平上应该获得的利润指标。

【例 10-1】 弘达公司第一车间,生产能力为 20 000 机器工作小时,按生产能力 80%、90%、100%、110%编制 2021 年 9 月份该车间制造费用弹性预算,见表 10-1。

表 10-1 弹性预算

部门:第一车间

预算期:2021 年 9 月份   20 000 机器工作小时

费用项目	变动费用率 /(元/小时)	生产能力(机器工作小时)			
		80%	90%	100%	110%
		16 000	18 000	20 000	22 000
变动费用					
间接材料	0.5	8 000	9 000	10 000	11 000
间接人工	1.5	24 000	27 000	30 000	33 000
维修费用	2	32 000	36 000	40 000	44 000
电 力	0.45	7 200	8 100	9 000	9 900
水 费	0.3	4 800	5 400	6 000	6 600
电话费	0.25	4 000	4 500	5 000	5 500
小 计	5	80 000	90 000	100 000	110 000
固定费用					
间接人工		4 000	4 000	4 000	4 500
维修费用		5 000	5 000	5 000	5 500
电话费		1 000	1 000	1 000	1 000
折 旧		10 000	10 000	10 000	14 000
小 计		20 000	20 000	20 000	25 000
合 计		100 000	110 000	120 000	135 000
小时费用率		6.25	6.11	6	6.14

从表 10-1 可知,当生产能力超过 100%达到 110%时,固定费用中的有些费用项目将发生变化,间接人工、维修费用各增加 500 元,折旧增加 4 000 元。这就说明固定成本超过一定的业务量范围,成本总额也会发生变化,并不是一成不变的。

从弹性预算中也可以看到,当生产能力达到 100%时,小时费用率为最低 6 元,它说明企业充分利用生产能力，且产品销路没有问题时，应向这个目标努力，从而使成本降低，利润增加。假定该企业 9 月份的实际生产能力达到 90％，有了弹性预算，就可以据以与实际成本进行比较，衡量其业绩，并分析其差异。实际成本与预算成本的比较，可通过编制弹性预算执行报告，见表 10－2。

表 10－2　弹性预算执行报告

部门：第一车间　　　　　　　　　　　　正常生产能力(100％)20 000 机器工作小时
预算期：2021 年 9 月份　　　　　　　　实际生产能力(90％)18 000 机器工作小时

费用项目	预　算	实　际	差　异
间接材料	9 000	9 500	500
间接人工	31 000	30 000	−1 000
维修费用	41 000	39 000	−2 000
电　力	8 100	8 500	400
水　费	5 400	6 000	600
电话费	5 500	5 600	100
折旧费	10 000	10 000	0
合　计	110 000	108 600	−1 400

【例 10－2】　弘达公司 2021 年 9 月份利润弹性预算见表 10－3。

表 10－3　利润弹性预算

预算期：2021 年 9 月份　　　　　　　　　　　　　　　　　　　　单位：元

销售收入百分比	90％	100％	110％
销售收入	810 000	900 000	990 000
变动生产成本	330 750	367 500	404 250
变动销管费用	115 830	128 700	141 570
边际贡献	363 420	403 800	444 180
固定制造费用	250 000	250 000	250 000
固定销管费用	83 000	83 000	83 000
利润	30 420	70 800	111 180

从表 10－3 中可知，利润的弹性预算，是以成本的弹性预算为其编制的基础。现假定实际销售收入为 900 000 元，为了考核利润预算完成情况，评价工作成绩，还须编制利润弹性预算执行报告，见表 10－4。

表 10－4　利润弹性预算执行报告

预算期：2021 年 9 月份　　　　　　　　　　　　　　　　　　　　单位：元

项　目	预　算	实　际	差　异
销售收入	900 000	900 000	0
变动生产成本	367 500	372 300	4 800
变动销管费用	128 700	123 600	−5 100

项　目	预　算	实　际	差　异
边际贡献	403 800	404 100	300
固定制造费用	250 000	248 000	−2 000
固定销管费用	83 000	83 000	0
利润	70 800	73 100	2 300

弹性预算的优点在于：一方面能够适应不同经营活动情况的变化，扩大了预算的适用范围，更好地发挥预算的控制作用；另一方面能够对预算的实际执行情况进行评价与考核，使预算能真正起到为企业经营活动服务。

二、增量预算与零基预算

（一）增量预算

增量预算是指在基期成本费用水平的基础上，结合预算期业务量水平及有关降低成本的措施，通过调整有关原有成本费用项目而编制预算的方法。这种预算方法比较简单，但它是以过去的水平为基础，实际上就是承认过去是合理的，无需改进。因此往往不加分析地保留或接受原有成本项目，或按主观臆断平均削减，或只增不减，这样容易造成预算的不足，或者是安于现状，造成预算不合理的开支。

（二）零基预算

零基预算，或称零底预算，是指在编制预算时，对于所有的预算支出均以零为基础，不考虑其以往情况如何，从实际需要与可能出发，研究分析各项预算费用开支是否必要合理，进行综合平衡，从而确定预算费用。这种预算不以历史为基础，修修补补，而是以零为出发点，一切推倒重来，零基预算即因此而得名。

零基预算编制的程序是：首先，根据企业在预算期内的总体目标，对每一项业务说明其性质、目的，以零为基础，详细提出各项业务所需要的开支或费用；其次，按"成本—效益分析"方法比较分析每一项预算费用是否必要，能否避免，以及它所产生的效益，以便区别对待；最后，对不可避免费用的项目优先分配资金，对可延缓成本则根据可动用资金情况，按轻重缓急，以及每个项目所需经费的多少分成等级，逐项下达费用预算。

零基预算的优点是不受现有的条条框框限制，对一切费用都以零为出发点，这样不仅能压缩资金开支，而且能切实做到把有限的资金，用在最需要的地方，从而调动各部门人员的积极性和创造性，量力而行，合理使用资金，提高效益。其缺点是由于一切支出均以零为起点进行分析、研究，势必带来繁重的工作量，有时甚至得不偿失，难以突出重点。为了弥补零基预算这一缺点，企业不是每年都按零基预算来编制预算，而是每隔若干年进行一次零基预算，以后几年内略作适当调整，这样既能减轻预算编制的工作量，又能适当控制费用。

三、定期预算与滚动预算

（一）定期预算

定期预算就是以会计年度为单位编制的各类预算。这种定期预算有三大缺点：第一，盲目性。因为定期预算多在其执行年度开始前两、三个月进行，难以预测预算期后期情况，特别是在多变的市场下，许多数据资料只能估计，具有盲目性。第二，不变性。预算执行中，许多不测因素会妨碍预算的指导功能，甚至使之失去作用，而预算在实施过程中又往往不能进行调整。第三，间断性。预算的连续性差，定期预算只考虑一个会计年度的经营活动，即使年中修订的预算也只是针对剩余的预算期，对下一个会计年度很少考虑，形成人为的预算间断。

（二）滚动预算

滚动预算又称永续预算，其主要特点：在于不将预算期与会计年度挂钩，而始终保持十二个月，每过去一个月，就根据新的情况进行调整和修订后几个月的预算，并在原预算基础上增补下一个月预算，从而逐期向后滚动，连续不断地以预算形式规划未来经营活动。这种预算要求一年中，头几个月的预算要详细完整，后几个月可以略粗一些。随着时间的推移，原来较粗的预算逐渐由粗变细，后面随之又补充新的较粗的预算，以此不断滚动。

弘达公司 2021 年 1 月份和 2 月份滚动预算的编制方式如图 10-1 所示。

2021 年预算（一）										
1月	2月	3月	4月	5月	6月	7月	8月	9月	10月	11月	12月

预算调整和修订因素		
预算与实际差异分析	客观条件变化	经营方针调整

2021 年预算（二）										2022 年
2月	3月	4月	5月	6月	7月	8月	9月	10月	11月	12月	1月

图 10-1 滚动预算

滚动预算可以保持预算的连续性和完整性。企业的生产经营活动是连续不断的，因此，企业的预算也应该全面地反映这一连续不断的过程，使预算方法与生产经营过程相适应。同时，企业的生产经营活动是复杂的，而滚动预算便于随时修订预算，确保企业经营管理工作秩序的稳定性，充分发挥预算的指导与控制作用。滚动预算能克服传统定期预算的盲目性、不变性和间断性，从这个意义上说，编制预算已不再仅仅是每年末才开展的工作，而是与日常管理密切结合的一项措施。由于滚动预算采用按月滚动的方法，使预算编制工作比较繁重，因此也可以采用按季度滚动来编制预算。

第三节 现金预算与预计财务报表的编制

一、现金预算的编制

现金预算又称为现金收支预算，是反映预算期企业全部现金收入和全部现金支出的预算。完整的现金预算，一般包括以下四个组成部分：（1）现金收入；（2）现金支出；（3）现金收支差额；（4）资金的筹集与运用。

现金收入主要指经营业务活动的现金收入，以及主要来自现金余额和产品销售的现金收入。现金支出除了涉及有关直接材料、直接人工、制造费用和销售及管理费用、缴纳税金、股利分配等方面的经营性现金支出外，还包括购买设备等资本性支出。现金收支差额反映了现金收入合计与现金支出合计之间的差额，差额为正说明现金有多余，可用于偿还过去向银行取得的借款，或用于购买短期证券；差额为负，说明现金不足要向银行取得新的借款。资金的筹集和运用主要是反映了预算期内向银行借款还款、支付利息以及进行短期投资及投资收回等内容。

现金预算实际上是其他预算有关现金收支部分的汇总，以及收支差额平衡措施的具体计划。它的编制，要以其他各项预算为基础，或者说其他预算在编制时要为现金预算做好数据准备。

下面分别介绍各项预算的编制，为现金预算的编制提供数据以及编制依据。

1. 销售预算

销售预算是整个预算的编制起点，其他预算的编制都以销售预算作为基础，根据预算期现销售收入与回收赊销货款的可能情况反映现金收入，以便为编制现金收支预算提供信息。

【例 10 - 3】 假定弘达公司生产和销售甲产品，根据 2021 年各季度的销售量及售价的有关资料编制"销售预算表"，见表 10 - 5。

表 10 - 5 弘达公司销售预算表

2021 年度 单位：元

项 目	第一季度	第二季度	第三季度	第四季度	合计
预计销售量（件）	5 000	7 500	10 000	9 000	31 500
预计单位售价（元/件）	20	20	20	20	20
销售收入	100 000	150 000	200 000	180 000	630 000

在实际工作中，产品销售往往不是现购现销的，即产生了很大数额的应收账款，所以销售预算中通常还包括预计现金收入的计算，其目的是为编制现金预算提供必要的资料。

假设本例中，每季度销售收入在本季收到现金 60%，其余赊销在下季度收账。弘达公司 2021 年预计现金收入表见表 10 - 6。

表 10 - 6 弘达公司预计现金收入表

2021 年度 单位：元

项 目	本期发生额	现金收入			
		第一季度	第二季度	第三季度	第四季度
期初数	31 000	31 000			
第一季度	100 000	60 000	40 000		
第二季度	150 000		90 000	60 000	
第三季度	200 000			120 000	80 000
第四季度	180 000				108 000
期末数	（72 000）				
合 计	589 000	91 000	130 000	180 000	188 000

2. 生产预算

生产预算是根据销售预算编制的。通常，企业的生产和销售不能做到"量同步"，生产数量除了满足销售数量外，还需要设置一定的存货，以保证能在发生意外需求时按时供货，并可均衡生产，节省赶工的额外开支。预计生产量可用下列公式计算：

预计生产量＝预计销售量＋预计期末存货量－预计期初存货量

【例 10-4】　假设例 10-3 中，弘达公司希望能在每季末保持相当于下季度销售量 10％的期末存货，上年末产品的期末存货为 500 件，单位成本 8 元，共计 4 000 元。预计下年第一季度销售量为 10 000 件，宏达公司 2021 年生产预算见表 10-7。

表 10-7　弘达公司生产预算表

2021 年度　　　　　　　　　　　　　　　　　　　　　　单位：件

项　目	第一季度	第二季度	第三季度	第四季度	全年合计
预计销售量	5 000	7 500	10 000	9 000	31 500
加：期末存货	750	1 000	900	1 000	1 000
合　　计	5 750	8 500	10 900	10 000	32 500
减：期初存货	500	750	1 000	900	500
预计生产量	5 250	7 750	9 900	9 100	32 000

3. 直接材料预算

在生产预算的基础上，可以编制直接材料预算，但同时还要考虑期初、末原材料存货的水平。直接材料生产上的需要量同预计采购量之间的关系可按下列公式计算：

预计采购量＝生产需要量＋期末库存量－期初库存量

期末库存量一般是按照下期生产需要量的一定百分比来计算的。

生产需要量＝预计生产量×单位产品材料耗用量

【例 10-5】　根据例 10-4 资料，假设甲产品只耗用一种材料，弘达公司期望每季末材料库存量分别为 2 100 千克、3 100 千克、3 960 千克、3 640 千克。上年末库存材料 1 500 千克。弘达公司 2021 年直接材料预算见表 10-8。

表 10-8　弘达公司直接材料预算

2021 年度

项　目	第一季度	第二季	第三季度	第四季度	全年合计
预计生产量/件	5 250	7 750	9 900	9 100	32 000
单位产品材料用量/（千克/件）	2	2	2	2	2
生产需用量/千克	10 500	15 500	19 800	18 200	64 000
加：预计期末存量/千克	2 100	3 100	3 960	3 640	3 640
合　　计	12 600	18 600	23 760	21 840	67 640
减：预计期初存量/千克	1 500	2 100	3 100	3 960	1 500
预计采购量/千克	11 100	16 500	20 660	17 880	66 140
单价/（元/千克）	2.5	2.5	2.5	2.5	2.5
预计采购金额/元	27 750	41 250	51 650	44 700	165 350

材料的采购与产品的销售有相似处，即货款也不是马上用现金全部支付的，这样就可能存在一部分应付款项，所以，对于材料采购我们还须编制现金支出预算，目的是为了便于编制现金预算。

假设本例材料采购的货款有50％在本季度内付清，另外50％在下季度付清。弘达公司2021年度预计现金支出表见表10-9。

表10-9　弘达公司预计现金支出表

2021年度　　　　　　　　　　　　　　　　　　　　　　　　　　　单位：元

项 目	本期发生额	现 金 支 出			
		第一季度	第二季度	第三季度	第四季度
期 初 数	11 000	11 000			
第一季度	27 750	13 875	13 875		
第二季度	41 250		20 625	20 625	
第三季度	51 650			25 825	25 825
第四季度	44 700				22 350
期 末 数	(22 350)				
合 计	154 000	24 875	34 500	46 450	48 175

4. 直接人工预算

直接人工预算也是以生产预算为基础编制的。其主要内容有预计生产量、单位产品工时、人工总工时、每小时人工成本和人工总成本。直接人工预算也能为编制现金预算提供资料。

【例10-6】　弘达公司2021年直接人工预算见表10-10。

表10-10　弘达公司直接人工预算

2021年度

项 目	第一季度	第二季度	第三季度	第四季度	全年合计
预计生产量/件	5 250	7 750	9 900	9 100	32 000
单位产品工时/(小时/件)	0.2	0.2	0.2	0.2	0.2
人工总工时/小时	1 050	1 550	1 980	1 820	6 400
每小时人工成本/(元/小时)	10	10	10	10	10
人工总成本/元	10 500	15 500	19 800	18 200	64 000

5. 制造费用预算

制造费用预算指除了直接材料和直接人工预算以外的其他一切生产成本的预算。制造费用按其成本性态可分为变动制造费用和固定制造费用两部分。变动制造费用以生产预算为基础来编制，即根据预计生产量和预计的变动制造费用分配率来计算；固定制造费用是期间成本直接列入损益作为当期利润的一个扣减项目，与本期的生产量无关，一般可以按照零基预算的编制方法编制。

【例10-7】　弘达公司2021年制造费用预算见表10-11。

表 10-11　弘达公司制造费用预算

2021 年度　　　　　　　　　　　　　　单位：元

项　目	每小时费用分配率（元/小时）	第一季度	第二季度	第三季度	第四季度	全年合计
预计人工总工时/小时		1 050	1 550	1 980	1 820	6 400
变动制造费用：						
间接材料	1	1 050	1 550	1 980	1 820	6 400
间接人工	0.6	630	930	1 188	1 092	3 840
修理费	0.4	420	620	792	728	2 560
水电费	0.5	525	775	990	910	3 200
小　计	2.5	2 625	3 875	4 950	4 550	16 000
固定制造费用：						
修理费		3 000	3 000	3 000	3 000	12 000
水电费		1 000	1 000	1 000	1 000	4 000
管理人员工资		2 000	2 000	2 000	2 000	8 000
折旧		5 000	5 000	5 000	5 000	20 000
保险费		1 000	1 000	1 000	1 000	4 000
小　计		12 000	12 000	12 000	12 000	48 000
合　计		14 625	15 875	16 950	16 550	64 000
减：折旧		5 000	5 000	5 000	5 000	20 000
现金支出费用		9 625	10 875	11 950	11 550	44 000

在制造费用预算中，除了折旧费以外都需支付现金。为了便于编制现金预算，需要预计现金支出，将制造费用预算额扣除折旧费后，调整为"现金支出的费用"。

6. 产品生产成本预算

为了计算产品的销售成本，必须先确定产品的生产总成本和单位成本。产品产成本预算是生产预算、直接材料预算、直接人工预算、制造费用预算的汇总。

【例 10-8】　弘达公司 2021 年度产品生产成本预算见表 10-12。

表 10-12　弘达公司产品生产成本预算

2021 年度　　　　　　　　　　　　　　单位：元

成本项目	全年生产量32000（件）			
	单耗/（千克/件或小时/件）	单价/（元/千克或元/小时）	单位成本/（元/件）	总成本
直接材料	2	2.5	5	160 000
直接人工	0.2	10	2	64 000
变动制造费用	0.2	2.5	0.5	16 000

续表

成本项目	全年生产量 32000（件）			
	单耗 /（千克/件或小时/件）	单价 /（元/千克或元/小时）	单位成本 /（元/件）	总成本
合　计			7.5	240 000
产成品存货	数量/件	单位成本/元	总成本	
年初存货	500	8	4 000	
年末存货	1 000	7.5	7 500	
本年销售	31 500		236 500	

由于期初存货的单位成本为 8 元，而本年生产产品的单位成本为 7.5 元，两者不一致，所以，存货流转采用先进先出法。

7. 销售及管理费用预算

销售及管理费用预算，是指为了实现产品销售和维持一般管理业务所发生的各项费用。它是以销售预算为基础，按照成本的性态分为变动销售及管理费用和固定销售及管理费用。其编制方法与制造费用预算相同。

【例 10 - 9】 弘达公司 2021 年度销售及管理费用预算见表 10 - 13。

表 10 - 13　弘达公司销售及管理费用预算

2021 年度　　　　　　　　　　　　　　　　　　　　　　单位：元

项　目	变动费用率 （按销售收入）	第一季度	第二季度	第三季度	第四季度	全年合计
预计销售收入		100 000	150 000	200 000	180 000	630 000
变动销管费用：						
销售佣金	1%	1 000	1 500	2 000	1 800	6 300
运输费	1.60%	1 600	2 400	3 200	2 880	10 080
广告费	5%	5 000	7 500	10 000	9 000	31 500
小　计	7.60%	7 600	11 400	15 200	13 680	47 880
固定销管费用：						
薪　金		5 000	5 000	5 000	5 000	20 000
办公用品		4 500	4 500	4 500	4 500	18 000
杂　项		3 500	3 500	3 500	3 500	14 000
小　计		13 000	13 000	13 000	13 000	52 000
合　计		20 600	24 400	28 200	26 680	99 880

8. 现金预算

现金预算的编制，是以各项日常业务预算和特种决策预算为基础来反映各预算的收入款项和支出款项。其目的在于资金不足时如何筹措资金，资金多余时怎样运用资金，并且提供现金收支的控制限额，以便发挥现金管理的作用。

【例 10 - 10】 根据例 10 - 3 至例 10 - 9 所编制的各种预算提供的资料，并假设弘达公司每季度末应保持现金余额 10 000 元，若资金不足或多余，以 2 000 元为单位进行借入或偿还，借款年利率为 8%，于每季初借入，每季末偿还，借款利息于偿还本金时一起支付；2021 年度弘达公司准备投资 100 000 元购入设备，于第二季度与第三季度分别支付价款 50%；每季度预交所得税 20 000 元；预算在第三季度发放现金股利 30 000 元；第四季度购买国库券 10 000 元。

依上述资料编制弘达公司 2021 年度现金预算表见表 10 - 14。

表 10 - 14 弘达公司现金预算表

2021 年度 单位：元

项 目	第一季度	第二季度	第三季度	第四季度	全年合计
期初现金余额	8 000	13 400	10 125	11 725	8 000
加：销货现金收入	91 000	130 000	180 000	188 000	589 000
可供使用现金	99 000	143 400	190 125	199 725	597 000
减：现金支出					
直接材料	24 875	34 500	46 450	48 175	154 000
直接人工	10 500	15 500	19 800	18 200	64 000
制造费用	9 625	10 875	11 950	11 550	44 000
销售及管理费用	20 600	24 400	28 200	26 680	99 880
预交所得税	20 000	20 000	20 000	20 000	80 000
购买国库券				10 000	10 000
发放股利			30 000		30 000
购买设备		50 000	50 000		100 000
支出合计	85 600	155 275	206 400	134 605	581 880
现金收支差额	13 400	(11 875)	(16 275)	65 120	15 120
向银行借款		22 000	28 000		50 000
归还银行借款				50 000	50 000
借款利息（年利 8%）				2 440	2 440
期末现金余额	13 400	10 125	11 725	12 680	12680

二、预计财务报表的编制

预计财务报表是财务管理的重要工具，包括预计损益表、预计资产负债表和预计现金流量表。

1. 预计损益表

【例 10 - 11】 根据前述的各种预算，弘达公司 2021 年度的预计损益表见表 10 - 15。

表 10 - 15 预计损益表

2021 年度   单位:元

项　目	第一季度	第二季度	第三季度	第四季度	全年合计
销售收入	100 000	150 000	200 000	180 000	630 000
减:变动生产成本	37 750①	56 250	75 000	67 500	236 500
变动销售费用	7 600	11 400	15 200	13 680	47 880
变动管理费用	45 350	67 650	90 200	81 180	284 380
边际贡献	54 650	82 350	109 800	98 820	345 620
减:固定制造费用	12 000	12 000	12 000	12 000	48 000
固定销管费用	13 000	13 000	13 000	13 000	52 000
利息支出	25 000	25 000	25 000	27 440	102 440
税前利润	29 650	57 350	84 800	71 380	243 180
减:所得税(40%)	11 860	22 940	33 920	28 552	97 272
税后利润	17 790	34 410	50 880	42 828	145 908

注:①变动生产成本(第一季度)=500×8+4 500×7.5=37 750。

2. 预计资产负债表

预计资产负债表是以货币单位反映预算期末财务状况的总括性预算。编制时,以期初资产负债表为基础,根据销售、生产、资本等预算的有关数据加以调整编制的。

【例 10 - 12】 弘达公司 2021 年度的预计资产负债表见表 10 - 16。

表 10 - 16 弘达公司预计资产负债表

2021 年度   单位:元

资产	期初数	期末数	负债和权益	期初数	期末数
流动资产			流动负债		
现金	8 000	12 680	应付账款	11 000	22 350
应收账款	31 000	72 000	应付所得税		17 272③
原材料	3 750	9 100			
产成品	4 000	7 500	流动负债合计	11 000	39 622
短期投资		10 000	长期负债		
流动资产合计	46 750	111 280	长期借款	40 000	40 000
固定资产原值	270 000	370 000①	股东权益		
减:累计折旧	32 250	52 250②	普通股	200 000	200 000
固定资产净值	237 750	317 750	留存收益	33 500	149 408④
资产总计	284 500	429 030	负债和权益总计	284 500	429 030

注:①=270 000+100 000(表 10 - 14);

　　②=32 250+20 000(表 10 - 11);

　　③=97 272-80 000(表 10 - 14、表 10 - 15);

　　④=33 500+145 908-30 000(表 10 - 14、表 10 - 15)。

3. 预计现金流量表

现金流量表以现金的流入和流出来反映企业一定时期内的经营活动、投资活动和筹资活动的动态情况。该表说明企业一定期间内现金流入和流出的原因、偿债能力和支付股利的能力，能够为企业管理部门控制财务收支和提高经济效益提供有用的信息。

现金流量表的编制方法有直接法与间接法两种，本教材以直接法编制现金流量表。

【例 10-13】 弘达公司 2021 年度预计现金流量表见表 10-17。

表 10-17 弘达公司预计现金流量表

2021 年度   单位：元

项 目	金 额	备 注
一、经营活动产生的现金流量		
销售商品、提供劳务收到的现金	589 000	表 10-6
收到的其他与经营活动有关的现金		
现金流入小计	589 000	
购买商品、接受劳务支付现金	198 000	表 10-9、表 10-11
支付给职工以及为职工支付的现金	64 000	表 10-10
支付的其他与经营活动有关的现金	99 880	表 10-13
支付预交的所得税	80 000	表 10-14
现金流出小计	441 880	
经营活动产生的现金流量净额	147 120	
二、投资活动产生的现金流量		
收回投资所收到的现金		
收回的其他与投资活动有关的现金		
现金流入小计	0	
购建固定资产、无形资产和其他长期资产支付的现金	100 000	表 10-14
支付其他与投资活动有关的现金	10 000	
现金流出小计	110 000	
投资活动产生的现金流量净额	-110 000	
三、筹资活动产生的现金流量		
吸收权益性投资所收到的现金		
发行债券所支付的现金		
借款所收到的现金	50 000	表 10-14
收到的其他与筹资活动有关的现金		
现金流入小计	50 000	
偿还债务所支付的现金	50 000	表 10-14
分配股利或利润所支付的现金	30 000	表 10-14
偿还利息所支付的现金	2 440	表 10-14
支付的其他与筹资活动有关的现金		
现金流出小计	82 440	
筹资活动产生的现金流量净额	-32 440	
四、现金流量净增加额	4 680	

本 章 小 结

一、理论梳理

（1）财务预算是一系列专门反映企业未来一定预算期内预计财务状况和经营成果，以及现金收支等价值指标的各种预算总称。包括现金预算、预计利润表、预计资产负债表和预计现金流量表。

财务预算的作用：财务预算使决策目标具体化、系统化和定量化；财务预算是总预算，其余预算是辅助预算；财务预算有助于财务目标的顺利实现。

（2）固定预算和弹性预算的特点：固定预算是针对某一特定业务量编制的；弹性预算是针对一系列可能达到的预计业务量水平编制的。

（3）增量预算和零基预算的特点：增量预算是以基期成本费用水平为基础；零基预算是一切从零开始。

（4）定期预算和滚动预算的特点：定期预算一般以会计年度为单位定期编制；滚动预算的要点在于不将预算期与会计年度挂钩，而是始终保持在 12 个月。

（5）现金预算的内容包括：现金收入、现金支出、现金收支差额和资金的筹集及应用。现金预算实际上是销售预算、生产预算、直接材料预算、直接人工预算、制造费用预算、产品生产成本预算、销售及管理费用预算等预算中有关现金收支部分的汇总。现金预算的编制，要以其他各项预算为基础。

（6）预计财务报表的编制包括：预计利润表的编制、预计资产负债表的编制和预计的现金流量表的编制。

本章理论梳理如图 10 - 2 所示。

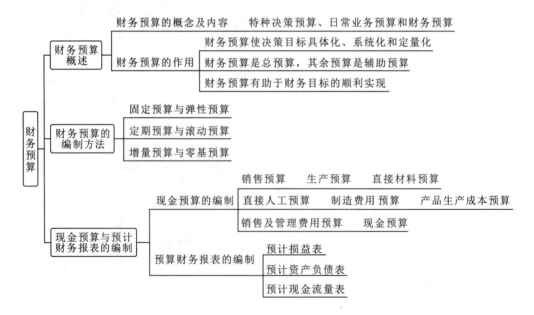

图 10 - 2　本章理论梳理

二、知识检测

（1）财务预算的作用。

（2）预算的分类。

（3）预算的编制程序。

三、案例分析

预算应该怎样做

年底是做预算的时候，老板和员工头疼的问题是：明年的目标应该是什么？增长多少才算合适？怎样做预算才合理？

一些企业从下而上去做预算，老板让各个部门的经理和员工自己定明年的计划。这样的思路是：如果员工自己把下一年的任务算出来，这个目标应该是可以实现的。有的企业是从上而下做预算，老板根据自己对市场和客户的了解，更多的是根据自己的主观愿望提出很高的目标，讨论如何做到这个目标，员工被动接受这个目标。

四、应用实训

实训目标

通过个人编制销售及管理费用预算实训，激发学习的兴趣，初步理解销售及管理费用预算编制方法。

实训内容如表 10 - 18 所示。

表 10 - 18　销售及管理费用预算资料　　　　　　　　单位：元

项　　目	变动费用率 （按销售收入）	第一季度	第二季度	第三季度	第四季度	全年
预计销售收入		300 000	320 000	350 000	350 000	
变动销售费用						
销售佣金	1%	3 000	3 200	3 500		
运输费	1.5%	4 500	4 800	5 250		
广告费	3%	9 000	9 600	10 500	12 000	
固定销管费用						
薪金		30 000	30 000	30 000	30 000	
办公品		3 000	3 000	3 000	3 000	
折旧费		6 000	6 000	6 000	6 000	
其他		5 000	5 000	5 000	5 000	

实训要求：

（1）正确计算各季度销售及管理费用预算数。

（2）正确计算全年销售及管理费用现金支出预算数。

第十一章　财务控制

【知识目标】

掌握成本中心、利润中心和投资中心基本内容和考核指标；理解财务控制、责任中心和内部转移价格含义；了解财务控制特征、财务控制应具备的条件及内部转移价格的几种类型。

【能力目标】

掌握财务控制在现实经济中的作用。

【案例导读】

T集团为美国财富500强公司，是汽车行业排名领先的企业集团。T集团自1995年进入中国市场，经历二十多年的发展，成为这个新兴汽车市场汽车零部件行业中的佼佼者。T集团中国总部位于上海，在北京、上海、大连、广州、重庆、长春、苏州、成都等20多个大中城市建立了制造工厂，并拥有T集团全球三大研发中心之一——T集团中国研发中心。

T集团公司各子公司的财务人员全部由集团财务部门招募，但各子公司财务人员招募需要得到各子公司总经理同意。集团公司采取根据市场需要成立合资公司、独资公司以及制造基地。对各子公司提供全额注册资本金，对制造基地采取资金拨付的方式，日常经营业务由总经理批准后上报上海母厂完成。固定资产投资无论金额大小均需到集团总部批准。除子公司外，各制造基地没有自己独立的财务核算部门，均由母厂完成会计核算。另外，T集团没有成文的统一的财务手册，各制造基地销售收入统一收归母厂。从以上现状可以看出T集团公司采用的是"集权型"财务控制模式。集团公司财务控制中存在哪些问题。

第一节　财务控制概述

一、企业财务控制概念与特征

企业财务控制是指利用有关信息和特定手段，对企业财务活动实施影响或调节，以保证其财务预算实现的全过程。财务控制作为企业财务管理工作的重要环节，具有价值控制和综合控制等特征。

1. 价值控制

财务控制对象是以实现财务预算为目标的财务活动，它是企业财务管理的重要内容，财务管理以资金运动为主线，以价值管理为特征，决定了财务控制必须实行价值控制。

2. 综合控制

财务控制以价值为手段，可以将不同部门、不同层次和不同岗位的各种业务活动综合起来，实行目标控制。

二、财务控制应具备的条件

1. 建立组织机构

通常情况下，企业为了确定财务预算，应建立决策和预算编制机构；为了组织和实施日常财务控制，应建立日常监督、协调、仲裁机构；为了考评预算的执行情况，应建立相应的考核评价机构。在实际工作中，可根据需要将这些机构的职能进行归并或合并到企业的常设机构中。为将企业财务预算分解落实到各部门、各层次和各岗位，还要建立各种执行预算的责任中心。按照财务控制要求建立相应组织机构，是实施企业财务控制的组织保证。

2. 建立责任会计核算体系

企业的财务预算通过责任中心形成责任预算，而责任预算和总预算的执行情况都必须由会计核算来提供。通过责任会计核算，及时提供相关信息，以正确地考核与评价责任中心的工作业绩。通过责任会计汇总核算，进而了解企业财务预算的执行情况，分析存在的问题及原因，为提高企业的财务控制水平和正确的财务决策提供依据。

3. 制定奖罚制度

一般而言，人的工作努力程度往往受到业绩评价和奖励办法的影响。通过制定奖罚制度，明确业绩与奖惩之间的关系，可有效地引导人们约束自己的行为，争取尽可能好的业绩。恰当的奖惩制度，是保证企业财务控制长期有效运行的重要因素。因此，奖惩制度的制定，要体现财务预算目标要求，要体现公平、合理和有效的原则，要体现过程考核与结果考核的结合，真正发挥奖惩制度在企业财务控制中应有的作用。

三、财务控制原则

1. 经济原则

实施财务控制总是有成本发生的，企业应根据财务管理目标要求，有效地组织企业日常进行财务控制，只有当财务控制所取得的收益大于其代价时，这种财务控制措施才是必要的、可行的。

2. 目标管理及责任落实原则

企业的目标管理要求已纳入财务预算，将财务预算层层分解，明确规定有关方面或个人应承担的责任控制义务，并赋予其相应的权利，使财务控制目标和相应的管理措施落到实处，成为考核的依据。

3. 例外管理原则

企业日常财务控制涉及企业经营的各个方面，财务控制人员要将注意力集中在那些重要的、不正常的、不符合常规的预算执行差异上。通过例外管理，一方面可以通过分析实际脱离预算的原因来达到日常控制的目的，另一方面可以检验预算的制定是否科学与先进。

第二节　责任中心

责任中心是指具有一定的管理权限，并承担相应经济责任的企业内部责任单位，是一个责权利结合的实体。划分责任中心的标准是：凡是可以划清管理范围，明确经济责任，能够单独进行业绩考核的内部单位，无论大小都可成为责任中心。

责任中心按其责任权限范围及业务活动的特点不同，可分为成本中心、利润中心和投资中心三大类。

一、成本中心

成本中心是指对成本或费用承担责任的责任中心。成本中心往往没有收入，其职责是用一定的成本去完成规定的具体任务。一般包括生产产品的生产部门、提供劳务的部门和有一定费用控制指标的企业管理部门。

成本中心是责任中心中应用最为广泛的一种责任中心形式。任何发生成本的责任领域，都可以确定为成本中心，上至企业，下至车间、工段、班组，甚至个人都可以划分为成本中心。成本中心的规模不一，一个成本中心可以由若干个更小的成本中心组成，因而在企业可以形成一个逐级控制，并层层负责的成本中心体系。

（一）成本中心的类型

广义的成本中心有两种类型：标准成本中心和费用中心。

标准成本中心是以实际产出量为基础，并按标准成本进行成本控制的成本中心。通常的制造业工厂、车间、工段、班组等是典型的标准成本中心。在产品生产中，这类成本中心的投入与产出有着明确的函数对应关系，它不仅能够计量产品产出的实际数量，而且每个产品因有明确的原材料、人工和制造费用的数量标准和价格标准，从而对生产过程实施有效的弹性成本控制。实际上，任何一项重复性活动，只要能够计量产出的实际数量，并且能够建立起投入与产出之间的函数关系，都可以作为标准成本中心。

费用中心是指产出物不能以财务指标衡量，或者投入与产出之间没有密切关系的有费用发生的单位，通常包括一般行政管理部门、研究开发部门及某些销售部门。一般行政管理部门的产出难以度量，研究开发和销售活动的投入量与产出量没有密切的联系。费用中心的费用控制应重在预算总额的审批上。

狭义成本中心是将标准成本中心划分为基本成本中心和复合成本中心两种。前者是指没有下属的成本中心，它是属于较低层次的成本中心；后者是指有若干个下属成本中心，它是属于较高层次的成本中心。

（二）成本中心的责任成本与可控成本

由成本中心承担责任的成本就是责任成本，它是该中心的全部可控成本之和。基本成本中心的责任成本就是其可控成本，复合成本中心的责任成本既包括本中心的责任成本，也包括下属成本中心的责任成本，各成本中心的可控成本之和即是企业的总成本。

可控成本是指责任单位在特定时期内，能够直接控制其发生的成本。作为可控成本必须同时具备以下条件：第一，责任中心能够通过一定的方式预知成本的发生；第二，责任中心能够对发生的成本进行计量；第三，责任中心能够通过自己的行为对这些成本加以调节和控制；第四，责任中心可以将这些成本的责任分解落实。

凡不能同时满足上述条件的成本就是不可控成本。对于特定成本中心来说，它不应当承担不可控成本的相应责任。

正确判断成本的可控性是成本中心承担责任成本的前提。从整个企业的空间范围和较长时间来看，所有的成本都是人的某种决策或行为的结果，都是可控的。但是，对于特定的人或时间来说，则有些是可控的，有些是不可控的。所以，对成本的可控性理解应注意以下几个方面。

（1）成本的可控性总是与特定责任中心相关，与责任中心所处管理层次的高低、管理权限及控制范围的大小有直接关系。同一成本项目，由于受到责任中心层次高低的影响其可控性不同。就整个企业而言，所有的成本都是可控成本。而对于企业内部的各部门、车间、工段、班组和个人来讲，则既有其各自的可控成本又有其各自的不可控成本。有些成本对于较高层次的责任中心来说属于可控成本，而对于其下属的较低层次的责任中心来讲，可能就是不可控成本。比如，车间主任的工资，尽管要计入产品成本，但不是车间的可控成本，而它的上级则可以控制。反之，属于较低层次责任中心的可控成本，则一定是其所属较高层次责任中心的可控成本。至于下级责任中心的某项不可控成本对于上一级的责任中心来说，就有两种可能，要么仍然属于不可控成本，要么是可控成本。

成本的可控性要受到管理权限和控制范围的约束。同一成本项目，对于某一责任中心来讲是可控成本，而对于处在同一层次的另一责任中心来讲却是不可控成本。比如广告费，对于销售部门是可控的，但对于生产部门却是不可控的；又如直接材料的价格差异对于采购部门来说是可控的，但对于生产耗用部门却是不可控的。

（2）成本的可控性要联系时间范围考虑。一般说来，在消耗或支付的当期成本是可控的，一旦消耗或支付就不再可控了。如折旧费、租赁费等成本是过去决策的结果，这在添置设备和签订租约时是可控的，而使用设备或执行契约时就无法控制了。成本的可控性是一个动态概念，随着时间推移，成本的可控性还会随企业管理条件的变化而变化。如某成本中心管理人员工资过去是不可控成本，但随着用工制度的改革，该责任中心既能决定工资水平，又能决定用工人数，则管理人员工资成本就转化为可控成本了。

（3）成本的可控性与成本性态和成本可辨认性的关系。一般来讲，一个成本中心的变动成本大都是可控成本，固定成本大都是不可控成本。直接成本大都是可控成本，间接成本大都是不可控成本。但实际上也并不如此，需要结合有关情况具体分析。如广告费、科研开发费、教育培训费等酌量性固定成本是可控的。某个成本中心所使用的固定资产的折旧费是直接成本，但不是可控成本。

（三）成本中心的责任成本与产品成本

作为产品制造的标准成本中心，必然会同时面对责任成本和产品成本两个问题，承担责任成本还必须了解这两个成本的区别与联系。责任成本和产品成本的主要区别是：

（1）成本归集的对象不同。责任成本是以责任成本中心为归集对象的，产品成本则是以产品为对象的。

（2）遵循的原则不同。责任成本遵循"谁负责谁承担"的原则，承担责任成本的是"人"；产品成本，则遵循"谁受益谁负担"的原则，负担产品成本的是"物"。

（3）核算的内容不同。责任成本的核算内容是可控成本；产品成本的构成内容是指应归属于产品的全部成本，它既包括可控成本，又包括不可控成本。

（4）核算的目的不同。责任成本的核算目的是为了实现责权利的协调统一，考核评价经营业绩，调动各个责任中心的积极性；产品成本的核算目的是为了反映生产经营过程的耗费，规定配比的补偿尺度，确定经营成果。

责任成本和产品成本的联系是：两者内容同为企业生产经营过程中的资金耗费。就一个企业而言，一定时期发生的广义产品成本总额应当等于同期发生的责任成本总额。

（四）成本中心考核指标

由于成本中心只对成本负责，对其评价和考核的主要内容是责任成本，即通过各责任成本中心的实际成本与预算责任成本的比较，以此评价各成本中心责任预算的执行情况。成本中心考核指标包括：成本（费用）变动额和变动率两个指标，计算公式是

$$成本（费用）变动额 = 实际责任成本（或费用）- 预算责任成本（或费用）$$

$$成本（费用）变动率 = \frac{成本（费用）变动额}{预算责任成本（费用）} \times 100\%$$

在进行成本中心指标考核时，如果预算产量与实际产量不一致，应按弹性预算的方法先行调整预算指标，然后再按上述指标进行计算。

【例 11 - 1】 弘达公司内部一车间为成本中心，生产甲产品，预算产量为 4 000 件，单位成本为 100 元；实际产量为 5 000 件，单位成本为 95 元。

要求：计算该成本中心的成本变动额和变动率。

解：
$$成本变动额 = 95 \times 5000 - 100 \times 5\,000 = -25\,000（元）$$

$$成本变动率 = \frac{-25\,000}{100 \times 5\,000} \times 100\% = -5\%$$

（五）成本中心责任报告

成本中心责任报告是以实际产量为基础，反映责任成本预算实际执行情况，揭示实际责任成本与预算责任成本差异的内部报告。成本中心通过编制责任报告，以反映、考核和评价责任中心责任成本预算的执行情况。

【例 11 - 2】 根据弘达公司提供的有关资料，编制成本中心责任报告，具体见表 11 - 1。

表 11 - 1 弘达公司成本中心责任报告 单位：元

项 目	实 际	预 算	差 异
下属责任中心转来的责任成本			
甲班组	11 400	11 000	+400
乙班组	13 700	14 000	-300
合 计	25 100	25 000	+100
本成本中心的可控成本			
间接人工	1 580	1 500	+80
管理人员工资	2 750	2 800	-50
设备维修费	1 300	1 200	+100
合 计	5 630	5 500	+130
本责任中心的责任成本合计	30 730	30 500	+230

由表 11 - 1 中计算可知，该成本中心实际责任成本较预算责任成本增加了 230 元，上

升了 0.8%，主要原因是本成本中心的可控成本增加了 130 元和下属责任中心转来的责任成本增加了 100 元，究其主要原因是设备维修费超支了 100 元和甲班组责任成本超支了 400 元，没有完成责任成本预算。乙班组责任成本减少了 300 元，初步表明责任成本控制有成效。

二、利润中心

利润中心是既能控制成本，又能控制收入，对利润负责的责任中心。它是处于比成本中心高一层次的责任中心，其权利和责任都相对较大。利润中心通常是指那些具有产品或劳务生产经营决策权的部门。

（一）利润中心类型

利润中心分为自然利润中心和人为利润中心两种。

自然利润中心是指能直接对外销售产品或提供劳务取得收入而给企业带来收益的利润中心。这类责任中心一般具有产品销售权、价格制定权、材料采购权和生产决策权，具有很大的独立性。

人为利润中心是不能直接对外销售产品或提供劳务，只能在企业内部各责任中心之间按照内部转移价格相互提供产品或劳务而形成的利润中心。大多数成本中心都可以转化为人为利润中心。这类责任中心一般都具有相对独立的经营管理权，即能够自主决定本利润中心生产的产品品种、产品产量、作业方法、人员调配和资金使用等。但这些部门提供的产品或劳务主要在企业内部转移，很少对外销售。

（二）利润中心考核指标

由于利润中心既对其发生的成本负责，又对其发生的收入和实现的利润负责，因此，利润中心业绩评价和考核的重点是边际贡献和利润，但对于不同范围的利润中心来说，其指标的表现形式也不相同。如某公司采用事业部制，其考核指标可采用以下几种形式：

部门边际贡献 ＝ 部门销售收入总额－部门变动成本总额

部门经理可控利润 ＝ 部门边际贡献－部门经理可控固定成本

部门可控利润＝ 部门经理边际贡献－部门经理不可控固定成本

部门税前利润 ＝ 部门边际贡献－分配的公司管理费用

指标一，部门边际贡献是利润中心考核指标中的一个中间指标。指标二，它反映了部门经理在其权限范围内有效使用资源的能力，部门经理可控制收入以及变动成本和部分固定成本，因而可以对可控利润承担责任，该指标主要用于评价部门经理的经营业绩。这里的主要问题是，要将各部门的固定成本进一步区分为可控成本和不可控成本，这是因为有些费用虽然可以追溯到有关部门，却不为部门经理所控制，如广告费、保险费等。因此在考核部门经理业绩时，应将其不可控成本从中剔除。指标三，主要用于对部门的业绩评价和考核，用以反映该部门补偿共同性固定成本后对企业利润所作的贡献。如果要决定该部门的取舍，部门可控利润是有重要意义的信息。指标四，用于计算部门提供的可控利润必须抵补总部的管理费用等，否则企业作为一个整体就不会盈利。这样，部门经理可集中精力增加收入并降低可控成本，为企业实现预期的利润目标作出应有的贡献。

【例 11-3】 弘达公司某部门(利润中心)的有关资料如下,要求根据此资料计算该部门的各级利润考核指标。

部门销售收入	200 万元
部门销售产品的变动生产成本和变动性销售费用	174 万元
部门可控固定成本	6 万元
部门不可控固定成本	8 万元
分配的公司管理费用	5 万元

该部门的各级利润考核指标分别是:

(1) 部门边际贡献 = 200-174 = 26(万元)

(2) 部门经理可控利润 = 26-6 = 20(万元)

(3) 部门可控利润 = 20-8 = 12(万元)

(4) 部门税前利润 = 12-5 = 7(万元)

(三)利润中心责任报告

利润中心通过编制责任报告,可以集中反映利润预算的完成情况,并对其产生的差异的原因进行具体分析。

【例 11-4】 根据弘达公司所提的有关资料,编制利润中心责任报告,具体见表 11-2。

表 11-2 弘达公司利润中心责任报告   单位:万元

项 目	实 际	预 算	差 异
销售收入	250	240	+10
变动成本			
变动生产成本	154	148	+6
变动销售成本	34	35	-1
变动成本合计	188	183	+5
边际贡献	62	57	+5
固定成本			
直接发生的固定成本	16.4	16	+0.4
上级分配的固定成本	13	13.5	-0.5
固定成本合计	29.4	29.5	-0.1
营业利润	32.6	27.5	+5.1

由表 11-2 中计算可知,该利润中心的实际利润超额完成预算 5.1 万元,如果剔除上级分配来的固定成本这一因素,利润超额完成 4.6 万元。

三、投资中心

投资中心是指既要对成本、利润负责,又要对投资效果负责的责任中心。投资中心与利润中心的主要区别是:利润中心没有投资决策权,需要在企业确定投资方向后组织具体的经营;而投资中心则不仅在产品生产和销售上享有较大的自主权,而且具有投资决策权,能够相对独立地运用其所掌握的资金,有权购置或处理固定资产,扩大或削减现有的生产能力。投资中心是最高层次的责任中心,它具有最大的决策权,也承担最大的责任。一般而言,大型集团所属的子公司、分公司、事业部往往都是投资中心。

投资中心拥有投资决策权和经营决策权，同时各投资中心在资产和权益方面应划分清楚，以便准确地算出各投资中心的经济效益，对其进行正确的评价和考核。

（一）投资中心的考核指标

投资中心评价与考核的内容是利润及投资效果，反映投资效果的指标主要是投资报酬率和剩余收益。

1. 投资报酬率

投资报酬率是投资中心所获得的利润占投资额（或经营资产）的比率，可以反映投资中心的综合盈利能力。其计算公式为

$$投资报酬率 = \frac{净利润（或营业利润）}{投资额（或经营资产）} \times 100\%$$

投资报酬率指标可分解为

$$投资报酬率 = 投资（或经营资产）周转率 \times 销售利润率$$

上述公式中，投资额（或经营资产）应按平均投资额（或平均经营资产）计算。投资报酬率是个相对数正指标，数值越大越好。

目前，有许多企业采用投资报酬率作为评价投资中心业绩的指标。该指标的优点是：投资报酬率能反映投资中心的综合盈利能力，且由于剔除了因投资额不同而导致的利润差异的不可比因素，因而具有横向可比性，有利于判断各投资中心经营业绩的优劣。此外，投资利润率可作为选择投资机会的依据，有利于优化资源配置。

这一评价指标的不足之处是缺乏全局观念。当一个投资项目的投资报酬率低于某投资中心的投资报酬率而高于整个企业的投资报酬率时，虽然企业希望接受这个投资项目，但该投资中心可能拒绝它；当一个投资项目的投资报酬率高于该投资中心的投资报酬率而低于整个企业的投资报酬率时，该投资中心可能只考虑自己的利益而接受它，而不顾企业整体利益是否受到损害。

假设某个部门现有资产 200 万元，年净利润为 44 万元，投资报酬率为 22%。部门经理目前面临一个投资报酬率为 17% 的投资机会，投资额为 50 万元，每年净利 8.5 万元。企业投资报酬率为 15%。尽管对整个企业来说，由于该项目投资报酬率高于企业投资报酬率应当利用这个投资机会，但是它却使这个部门的投资报酬率由过去的 22% 下降到 21%。

$$投资报酬率 = \frac{44 + 8.5}{200 + 50} = 21\%$$

同样道理，当情况与此相反，假设该部门现有一项资产价值为 50 万元，每年获利 8.5 万元，投资报酬率为 17%，该部门经理却愿意放弃该项资产，以提高部门的投资报酬率。

$$投资报酬率 = \frac{44 - 8.5}{200 - 50} = 23.67\%$$

当使用投资报酬率作为业绩评价标准时，部门经理可以通过加大公式分子或减少公式的分母来提高这个比率。这样做，会失去不是最有利但可以扩大企业总净利的项目。从引导部门经理采取与企业总体利益一致的决策来看，投资报酬率并不是一个很好的指标。

因此为了使投资中心的局部目标与企业的总体目标保持一致，弥补投资报酬率这一指标的不足，还可以采用剩余收益指标来评价考核投资中心的业绩。

2. 剩余收益

剩余收益是指投资中心获得的利润扣减投资额按预期最低投资报酬率计算的投资报酬后的余额。其计算公式为

$$剩余收益 = 利润 - 投资额 \times 预期最低投资报酬率$$
$$剩余收益 = 投资额(投资利润率 - 预期最低投资报酬率)$$

以剩余收益作为投资中心经营业绩评价指标，各投资中心只要投资利润率大于预期最低投资报酬率，即剩余收益大于零，该项投资项目就是可行的。剩余收益是个绝对数正指标，这个指标越大，说明投资效果越好。

【例 11 - 5】 弘达公司有若干个投资中心，平均投资报酬率为 15%，其中甲投资中心的投资报酬率为 20%，该中心的经营资产平均余额为 200 万元。预算期甲投资中心有一追加投资的机会，投资额为 100 万元，预计利润为 16 万元，投资报酬率为 16%。

要求：

(1) 假定预算期甲投资中心接受了上述投资项目，分别用投资报酬率和剩余收益指标来评价考核甲投资中心追加投资后的工作业绩。

(2) 分别从整个企业和甲投资中心的角度，说明是否应当接受这一追加投资项目。

解 (1) 甲投资中心接受投资后的评价指标分别为

$$投资报酬率 = \frac{200 \times 20\% + 16}{200 + 100} = 18.67\%$$

$$剩余收益 = 16 - 100 \times 15\% = 1(万元)$$

从投资报酬率指标看，甲投资中心接受投资后的投资报酬率为 18.67%，低于该中心原有的投资报酬率 20%，追加投资使甲投资中心的投资报酬率指标降低了。从剩余收益指标看，甲投资中心接受投资后可增加剩余收益 1 万元，大于零，表明追加投资对甲投资中心是可行的。

(2) 如果从整个企业的角度看，该追加投资项目的投资报酬率为 16%，高于企业的投资报酬率 15%；剩余收益为 1 万元，大于零。结论是：无论从哪个指标看，企业都应当接受该项追加投资。

如果从甲投资中心看，该追加投资项目的投资报酬率为 16%，低于该中心的投资报酬率 20%，若仅用这个指标来考核投资中心的业绩，则甲投资中心不会接受这项追加投资(因为这将导致甲投资中心的投资报酬率指标由 20% 降低为 18.67%)；但若以剩余收益指标来考核投资中心的业绩，则甲投资中心会因为剩余收益增加了 1 万元，而愿意接受该项追加投资。

通过上例可以看出，利用剩余收益指标考核投资中心的工作业绩，能使个别投资中心的局部利益与企业整体利益达到一致，避免投资中心本位主义倾向。

需要注意的是，以剩余收益作为评价指标，所采用的投资报酬率的高低对剩余收益的影响很大，通常应以整个企业的平均投资报酬率作为最低报酬率。

(二) 投资中心责任报告

投资中心责任报告的结构与成本中心和利润中心类似。通过编制投资中心责任报告，可以反映该投资中心投资业绩的具体情况。

【例 11 - 6】 根据弘达公司提供的有关资料，编制投资中心责任报告，具体见表 11 - 3。

表 11 - 3　弘达公司投资中心责任报告　　　　单位：万元

项　目	实　际	预　算	差　异
营业利润(1)	600	450	+150
平均经营资产(2)	3 000	2 500	+500
投资报酬率(3)＝(1)/(2)	20%	18%	+2%
按最低投资报酬率15%计算的投资报酬 (4)＝(2)×15%	450	375	+75
剩余收益(5)＝(1)-(4)	150	75	+75

由表 11 - 3 中计算可知，该投资中心的投资报酬率和剩余收益指标都超额完成了预算，表明该投资中心投资业绩比较好。

第三节　内部转移价格

企业内部各责任单位，既相互联系又相互独立开展各自的活动，它们经常相互提供产品和劳务，为了正确评价企业内部各责任中心的经营业绩，明确区分各自的经济责任，使各责任中心的业绩考核，建立在客观而可比的基础上，企业必须根据各自责任中心业务活动的具体特点，正确制定企业内部的转移价格。

一、内部转移价格的含义

内部转移价格是指企业内部各责任中心之间转移中间产品或相互提供劳务，而发生内部结算和进行内部责任结转所使用的计价标准。例如，上道工序加工完成的产品转移到下道工序继续加工，辅助生产部门为基本生产车间提供劳务等，都是一个责任中心向另一个责任中心"出售"产品或提供劳务，都必须采用内部转移价格进行结算。又如，某工厂生产车间与材料采购部门是两个成本中心，若生产车间所耗用的原材料由于质量不符合原定标准，而发生的超过消耗定额的不利差异，也应由生产车间以内部转移价格结转给采购部门。

在任何企业中，各责任中心之间的相互结算，以及责任成本的转账业务都是经常发生的，它们都需要依赖一个公正、合理的内部转移价格作为计价的标准。由于内部转移价格对于提供产品或劳务的生产部门来说表示收入，对于使用这些产品或劳务的购买部门来说则表示成本，所以，这种内部转移价格有两个明显的特征：

(1) 在内部转移价格一定的情况下，卖方(产品或劳务的提供方)必须不断改善经营管理，降低成本和费用，以其收入抵偿支出，取得更多利润。买方(产品或劳务的接受方)则必须在一定的购置成本下，千方百计降低再生产成本，提高产品或劳务的质量，争取较高的经济效益。

(2) 内部转移价格所影响的买卖双方都存在于同一企业中，在其他条件不变的情况下，内部转移价格的变化会使买卖双方的收入或内部利润向相反方向变化。但就企业整体来看，内部转移价格无论怎样变化，企业总利润是不变的，变动的只是内部利润在各责任中心之间的分配份额。

二、内部转移价格种类

内部转移价格主要有市场价格、协商价格、双重价格和以"成本"作为内部转移价格四种。

(一)市场价格

市场价格是根据产品或劳务的市场供应价格为计价基础的。以市场价格作为内部转移价格的责任中心,应该是独立核算的利润中心。通常,假定企业内部各责任中心都处于独立自主的状态,即有权决定生产的数量、出售或购买的对象及其相应的价格。在西方国家,通常认为市场价格是制定内部转移价格的最好依据。因为市场价格客观公正,对买卖双方无所偏袒,而且还能激励卖方努力改善经营管理,不断降低成本。在企业内部创造一种竞争的市场环境,让每个利润中心都成为名副其实的独立生产经营单位,以利于相互竞争,最终通过利润指标来考核和评价其工作成果。

在采用市价作为计价基础时,为了保证各责任中心的竞争建立在与企业的总目标相一致的基础上,企业内部的买卖双方一般应遵守以下的基本原则:

(1)如果卖方愿意对内销售,且售价不高于市价时,买方有购买的义务,不得拒绝。

(2)如果卖方售价高于市价,买方有改向外界市场购入的自由。

(3)若卖方宁愿对外界销售,则应有不对内销售的权利。

然而,以市场价格作为内部转移价格的计价基础,也有其自身的局限性。这是因为企业内部相互转让的产品或提供的劳务,往往是本企业专门生产的,具有特定的规格,或需要经过进一步加工才能出售的中间产品,因而往往没有相应的市价作为依据。

(二)协商价格

协商价格,简称"议价"。它是指买卖双方以正常的市场价格为基础,定期共同协商,确定出一个双方都愿意接受的价格作为计价标准。成功的协商价格依赖于两个条件:

(1)要有一个某种形式的外部市场,两个部门的经理可以自由地选择接受或是拒绝某一价格。如果根本没有可能从外部取得或销售中间产品,就会使一方处于垄断状态,这样的价格不是协商价格,而是垄断价格。

(2)当价格协商的双方发生矛盾不能自行解决,或双方谈判可能导致企业非最优决策时,企业的高一级管理阶层要进行必要的干预,当然这种干预是有限的、得体的,不能使整个谈判变成上级领导裁决一切问题。

协商价格的上限是市价,下限是单位变动成本,具体价格应由买卖双方在其上下限范围内协商议定。这是由于:

(1)外部售价一般包括销售费、广告费及运输费等,这是内部转移价格中所不包含的,因而内部转移价格会低于外部售价。

(2)内部转移的中间产品一般数量较大,故单位成本较低。

(3)售出单位大多拥有剩余生产能力,因而议价只需略高于单位变动成本就行。

采用协商价格的缺陷是:在双方协商过程中,不可避免地要花费很多人力、物力和时间,当买卖双方的负责人协商相持不下时,往往需要企业高层领导进行裁定。这样就丧失了分权管理的初衷,也很难发挥激励责任单位的作用。

（三）双重价格

双重价格是由买卖双方分别采用不同的内部转移价格作为计价的基础的。如对产品（半成品）的"出售"部门，可按协商的市场价格计价；而对"购买"部门，则按"出售"部门的单位变动成本计价；其差额由会计部门进行调整。西方国家采用的双重价格通常有两种形式：

（1）双重市场价格。即当某种产品或劳务在市场上出现几种不同价格时，买方采用最低的市价，卖方则采用最高的市价。

（2）双重转移价格。即卖方按市价或协议价作为计价基础，而买方则按卖方的单位变动成本作为计价基础。

采用双重价格的好处是：既可较好地满足买卖双方不同的需要，也便于激励双方在生产经营上充分发挥其主动性和积极性。

（四）以"成本"作为内部转移价格

以产品或劳务的成本作为内部转移价格，是制定转移价格的最简单方法。由于成本的概念不同，以"成本"作为内部转移价格也有多种不同形式，它们对转移价格的制定、业绩评价将产生不同的影响。

1. 标准成本法

标准成本法即以各中间产品的标准成本作为内部转移价格。这种方法适用于成本中心产品（半成品）或劳务的转移，其最大优点是能将管理和核算工作结合起来。由于标准成本在制定时就已排除无效率的耗费，因此，以标准成本作为转移价格能促进企业内买卖双方改善生产经营，降低成本。其缺点是不一定使企业利益最大化。如中间产品标准成本为30元，单位变动成本为24元，卖方有闲置生产能力，当买方只能接受26元以下的内部转移价格时，此法不能促成内部交易，从而使企业整体丧失一部分利益。

2. 标准成本加成法

标准成本加成法即根据产品（半成品）或劳务的标准成本加上一定的合理利润作为计价基础。当转移产品（半成品）或劳务涉及利润中心或投资中心时，可以将标准成本加利润作为转移价格，以分清双方责任。但利润的确定，难免带有主观随意性。

3. 标准变动成本

标准变动成本是以产品（半成品）或劳务的标准变动成本作为内部转移价格，符合成本习性，能够明确揭示成本与产量的关系，便于考核各责任中心的业绩，也利于经营决策。不足之处是产品（半成品）或劳务中不包含固定成本，不能鼓励企业内卖方进行技术革新，也不利于长期投资项目的决策。

本 章 小 结

一、理论梳理

（1）企业财务控制是指利用有关信息和特定手段，对企业财务活动实施影响或调节，以保证其财务预算实现的全过程。财务控制作为企业财务管理工作的重要环节，具有价值控制、综合控制的特征。建立相应组织机构、建立责任会计核算体系、制定奖惩制度是实行财务控制应具备的条件。财务控制要遵循讲求效益、目标管理及责任落实和例外管理的原则。

（2）责任中心是指具有一定的管理权限，并承担相应经济责任的企业内部责任单位。划分责任中心的标准是：凡是可以划清管理范围，明确经济责任，能够单独进行业绩考核的内部单位，无论大小都可成为责任中心。责任中心按其责任权限范围及业务活动的特点不同，可分为成本中心、利润中心和投资中心三大类。

（3）成本中心是指只对成本负责的责任中心。它是指不形成收入，只负责生产产品的生产部门、提供劳务的部门和有一定费用控制指标的企业管理部门。由成本中心承担责任的成本就是责任成本，它是该中心的全部可控成本之和。正确判断成本的可控性是成本中心承担责任成本的前提，对成本的可控性理解应注意：成本的可控性总是与特定责任中心相关，与责任中心所处管理层次的高低、管理权限及控制范围的大小有直接关系。成本的可控性要受到管理权限和控制范围的约束，成本的可控性要联系时间范围考虑，要区别成本的可控性与成本性态和成本可辨认性的关系，责任成本与产品成本的关系。成本中心考核指标包括：成本（费用）变动额和变动率两个指标。

（4）利润中心是既能控制成本，又能控制收入的责任中心，它是处于比成本中心高一层次的责任中心。利润中心通常是指那些具有产品或劳务生产经营决策权的部门。利润中心分为自然利润中心和人为利润中心两种。利润中心业绩评价和考核的重点是边际贡献和利润，但对于不同范围的利润中心来说，其指标的表现形式也不相同。

（5）投资中心是指既要对成本、利润负责，又要对投资效果负责的责任中心，它是比利润中心更高层次的责任中心。投资中心评价与考核的内容是利润及投资效果，反映投资效果的指标主要是投资报酬率和剩余收益。

（6）内部转移价格是指企业内部各责任中心之间转移中间产品或相互提供劳务，而发生内部结算和进行内部责任结转所使用的计价标准。内部转移价格主要有市场价格、协商价格、双重价格和以"成本"作为内部转移价格四种。

本章理论梳理如图 11-1 所示。

二、知识检测

（1）财务控制特征。

（2）财务控制原则。

（3）成本中心的类型。

（4）内部转移价格种类。

三、案例分析

某公司财务控制分析

某公司下设 A、B 两个分公司，其中 A 分公司 2020 年营业利润为 60 万元，平均经营资产为 200 万元。总公司决定 2021 年追加投资 100 万元扩大 A 分公司经营规模，预计当年可增加营业利润 24 万元，总公司规定的最低投资报酬率为 20%。根据以上资料分别以投资报酬率和剩余收益指标评价 A 分公司的经营业绩，并说明 A 分公司接受该追加投资是否有利。

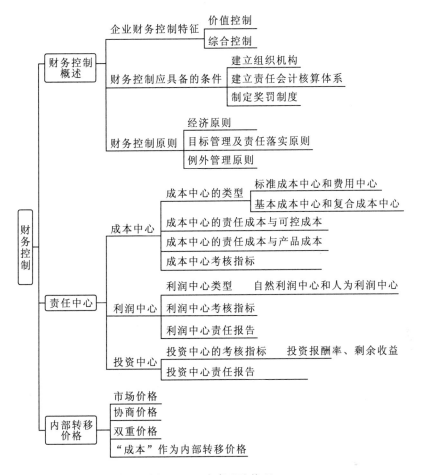

图 11-1　本章理论梳理

四、应用实训

实训目标：

通过分析计算部门的各级利润考核指标实训，掌握部门的各级利润考核指标计算。

实训内容：

某公司的某部门（利润中心）的有关数据资料如下：部门销售收入为 50 000 元，部门销售产品变动成本和变动性销售费用为 30 000 元，部门可控固定成本为 5 000 元，部门不可控固定成本为 4 000 元。

实训要求：

正确计算部门的各级利润考核指标。

附 表

期数	1%	2%	3%	4%	5%	6%	7%	8%	9%	10%	12%
1	1.0100	1.0200	1.0300	1.0400	1.0500	1.0600	1.0700	1.0800	1.0900	1.1000	1.1200
2	1.0201	1.0404	1.0609	1.0816	1.1025	1.1236	1.1449	1.1664	1.1881	1.2100	1.2544
3	1.0303	1.0612	1.0927	1.1249	1.1576	1.1910	1.2250	1.2597	1.2950	1.3310	1.4049
4	1.0406	1.0824	1.1255	1.1699	1.2155	1.2625	1.3108	1.3605	1.4116	1.4641	1.5735
5	1.0510	1.1041	1.1593	1.2167	1.2763	1.3382	1.4026	1.4693	1.5386	1.6105	1.7623
6	1.0615	1.1262	1.1941	1.2653	1.3401	1.4185	1.5007	1.5869	1.6771	1.7716	1.9738
7	1.0721	1.1487	1.2299	1.3159	1.4071	1.5036	1.6058	1.7138	1.8280	1.9487	2.2107
8	1.0829	1.1717	1.2668	1.3686	1.4775	1.5938	1.7182	1.8509	1.9926	2.1436	2.4760
9	1.0937	1.1951	1.3048	1.4233	1.5513	1.6895	1.8385	1.9990	2.1719	2.3579	2.7731
10	1.1046	1.2190	1.3439	1.4802	1.6289	1.7908	1.9672	2.1589	2.3674	2.5937	3.1058
11	1.1157	1.2434	1.3842	1.5395	1.7103	1.8983	2.1049	2.3316	2.5804	2.8531	3.4785
12	1.1268	1.2682	1.4258	1.6010	1.7959	2.0122	2.2522	2.5182	2.8127	3.1384	3.8960
13	1.1381	1.2936	1.4685	1.6651	1.8856	2.1329	2.4098	2.7196	3.0658	3.4523	4.3635
14	1.1495	1.3195	1.5126	1.7317	1.9799	2.2609	2.5785	2.9372	3.3417	3.7975	4.8871
15	1.1610	1.3459	1.5580	1.8009	2.0789	2.3966	2.7590	3.1722	3.6425	4.1772	5.4736
16	1.1726	1.3728	1.6047	1.8730	2.1829	2.5404	2.9522	3.4259	3.9703	4.5950	6.1304
17	1.1843	1.4002	1.6528	1.9479	2.2920	2.6928	3.1588	3.7000	4.3276	5.0545	6.8660
18	1.1961	1.4282	1.7024	2.0258	2.4066	2.8543	3.3799	3.9960	4.7171	5.5599	7.6900
19	1.2081	1.4568	1.7535	2.1068	2.5270	3.0256	3.6165	4.3157	5.1417	6.1159	8.6128
20	1.2202	1.4859	1.8061	2.1911	2.6533	3.2071	3.8697	4.6610	5.6044	6.7275	9.6463
21	1.2324	1.5157	1.8603	2.2788	2.7860	3.3996	4.1406	5.0338	6.1088	7.4002	10.8038
22	1.2447	1.5460	1.9161	2.3699	2.9253	3.6035	4.4304	5.4365	6.6586	8.1403	12.1003
23	1.2572	1.5769	1.9736	2.4647	3.0715	3.8197	4.7405	5.8715	7.2579	8.9543	13.5523
24	1.2697	1.6084	2.0328	2.5633	3.2251	4.0489	5.0724	6.3412	7.9111	9.8497	15.1786
25	1.2824	1.6406	2.0938	2.6658	3.3864	4.2919	5.4274	6.8485	8.6231	10.8347	17.0001
26	1.2953	1.6734	2.1566	2.7725	3.5557	4.5494	5.8074	7.3964	9.3992	11.9182	19.0401
27	1.3082	1.7069	2.2213	2.8834	3.7335	4.8223	6.2139	7.9881	10.2451	13.1100	21.3249
28	1.3213	1.7410	2.2879	2.9987	3.9201	5.1117	6.6488	8.6271	11.1671	14.4210	23.8839
29	1.3345	1.7758	2.3566	3.1187	4.1161	5.4184	7.1143	9.3173	12.1722	15.8631	26.7499
30	1.3478	1.8114	2.4273	3.2434	4.3219	5.7435	7.6123	10.0627	13.2677	17.4494	29.9599

系数表

14%	15%	16%	18%	20%	24%	28%	32%	36%
1.1400	1.1500	1.1600	1.1800	1.2000	1.2400	1.2800	1.3200	1.3600
1.2996	1.3225	1.3456	1.3924	1.4400	1.5376	1.6384	1.7424	1.8496
1.4815	1.5209	1.5609	1.6430	1.7280	1.9066	2.0972	2.3000	2.5155
1.6890	1.7490	1.8106	1.9388	2.0736	2.3642	2.6844	3.0360	3.4210
1.9254	2.0114	2.1003	2.2878	2.4883	2.9316	3.4360	4.0075	4.6526
2.1950	2.3131	2.4364	2.6996	2.9860	3.6352	4.3980	5.2899	6.3275
2.5023	2.6600	2.8262	3.1855	3.5832	4.5077	5.6295	6.9826	8.6054
2.8526	3.0590	3.2784	3.7589	4.2998	5.5895	7.2058	9.2170	11.7034
3.2519	3.5179	3.8030	4.4355	5.1598	6.9310	9.2234	12.1665	15.9166
3.7072	4.0456	4.4114	5.2338	6.1917	8.5944	11.8059	16.0598	21.6466
4.2262	4.6524	5.1173	6.1759	7.4301	10.6571	15.1116	21.1989	29.4393
4.8179	5.3503	5.9360	7.2876	8.9161	13.2148	19.3428	27.9825	40.0375
5.4924	6.1528	6.8858	8.5994	10.6993	16.3863	24.7588	36.9370	54.4510
6.2613	7.0757	7.9875	10.1472	12.8392	20.3191	31.6913	48.7568	74.0534
7.1379	8.1371	9.2655	11.9737	15.4070	25.1956	40.5648	64.3590	100.7126
8.1372	9.3576	10.7480	14.1290	18.4884	31.2426	51.9230	84.9538	136.9691
9.2765	10.7613	12.4677	16.6722	22.1861	38.7408	66.4614	112.1390	186.2779
10.5752	12.3755	14.4625	19.6733	26.6233	48.0386	85.0706	148.0235	253.3380
12.0557	14.2318	16.7765	23.2144	31.9480	59.5679	108.8904	195.3911	344.5397
13.7435	16.3665	19.4608	27.3930	38.3376	73.8641	139.3797	257.9162	468.5740
15.6676	18.8215	22.5745	32.3238	46.0051	91.5915	178.4060	340.4494	637.2606
17.8610	21.6447	26.1864	38.1421	55.2061	113.5735	228.3596	449.3932	866.6744
20.3616	24.8915	30.3762	45.0076	66.2474	140.8312	292.3003	593.1990	1178.6772
23.2122	28.6252	35.2364	53.1090	79.4968	174.6306	374.1444	783.0227	1603.0010
26.4619	32.9190	40.8742	62.6686	95.3962	216.5420	478.9049	1033.5900	2180.0814
30.1666	37.8568	47.4141	73.9490	114.4755	268.5121	612.9982	1364.3387	2964.9107
34.3899	43.5353	55.0004	87.2598	137.3706	332.9550	784.6377	1800.9271	4032.2786
39.2045	50.0656	63.8004	102.9666	164.8447	412.8642	1004.3363	2377.2238	5483.8988
44.6931	57.5755	74.0085	121.5005	197.8136	511.9516	1285.5504	3137.9354	7458.1024
50.9502	66.2118	85.8499	143.3706	237.3763	634.8199	1645.5046	4142.0748	10143.0193

期数	1%	2%	3%	4%	5%	6%	7%	8%	9%	10%
1	0.9901	0.9804	0.9709	0.9615	0.9524	0.9434	0.9346	0.9259	0.9174	0.9091
2	0.9803	0.9612	0.9426	0.9246	0.9070	0.8900	0.8734	0.8573	0.8417	0.8264
3	0.9706	0.9423	0.9151	0.8890	0.8638	0.8396	0.8163	0.7938	0.7722	0.7513
4	0.9610	0.9238	0.8885	0.8548	0.8227	0.7921	0.7629	0.7350	0.7084	0.6830
5	0.9515	0.9057	0.8626	0.8219	0.7835	0.7473	0.7130	0.6806	0.6499	0.6209
6	0.9420	0.8880	0.8375	0.7903	0.7462	0.7050	0.6663	0.6302	0.5963	0.5645
7	0.9327	0.8706	0.8131	0.7599	0.7107	0.6651	0.6227	0.5835	0.5470	0.5132
8	0.9235	0.8535	0.7894	0.7307	0.6768	0.6274	0.5820	0.5403	0.5019	0.4665
9	0.9143	0.8368	0.7664	0.7026	0.6446	0.5919	0.5439	0.5002	0.4604	0.4241
10	0.9053	0.8203	0.7441	0.6756	0.6139	0.5584	0.5083	0.4632	0.4224	0.3855
11	0.8963	0.8043	0.7224	0.6496	0.5847	0.5268	0.4751	0.4289	0.3875	0.3505
12	0.8874	0.7885	0.7014	0.6246	0.5568	0.4970	0.4440	0.3971	0.3555	0.3186
13	0.8787	0.7730	0.6810	0.6006	0.5303	0.4688	0.4150	0.3677	0.3262	0.2897
14	0.8700	0.7579	0.6611	0.5775	0.5051	0.4423	0.3878	0.3405	0.2992	0.2633
15	0.8613	0.7430	0.6419	0.5553	0.4810	0.4173	0.3624	0.3152	0.2745	0.2394
16	0.8528	0.7284	0.6232	0.5339	0.4581	0.3936	0.3387	0.2919	0.2519	0.2176
17	0.8444	0.7142	0.6050	0.5134	0.4363	0.3714	0.3166	0.2703	0.2311	0.1978
18	0.8360	0.7002	0.5874	0.4936	0.4155	0.3503	0.2959	0.2502	0.2120	0.1799
19	0.8277	0.6864	0.5703	0.4746	0.3957	0.3305	0.2765	0.2317	0.1945	0.1635
20	0.8195	0.6730	0.5537	0.4564	0.3769	0.3118	0.2584	0.2145	0.1784	0.1486
21	0.8114	0.6598	0.5375	0.4388	0.3589	0.2942	0.2415	0.1987	0.1637	0.1351
22	0.8034	0.6468	0.5219	0.4220	0.3418	0.2775	0.2257	0.1839	0.1502	0.1228
23	0.7954	0.6342	0.5067	0.4057	0.3256	0.2618	0.2109	0.1703	0.1378	0.1117
24	0.7876	0.6217	0.4919	0.3901	0.3101	0.2470	0.1971	0.1577	0.1264	0.1015
25	0.7798	0.6095	0.4776	0.3751	0.2953	0.2330	0.1842	0.1460	0.1160	0.0923
26	0.7720	0.5976	0.4637	0.3607	0.2812	0.2198	0.1722	0.1352	0.1064	0.0839
27	0.7644	0.5859	0.4502	0.3468	0.2678	0.2074	0.1609	0.1252	0.0976	0.0763
28	0.7568	0.5744	0.4371	0.3335	0.2551	0.1956	0.1504	0.1159	0.0895	0.0693
29	0.7493	0.5631	0.4243	0.3207	0.2429	0.1846	0.1406	0.1073	0.0822	0.0630
30	0.7419	0.5521	0.4120	0.3083	0.2314	0.1741	0.1314	0.0994	0.0754	0.0573

系数表

12%	14%	15%	16%	18%	20%	24%	28%	32%	36%
0.8929	0.8772	0.8696	0.8621	0.8475	0.8333	0.8065	0.7812	0.7576	0.7353
0.7972	0.7695	0.7561	0.7432	0.7182	0.6944	0.6504	0.6104	0.5739	0.5407
0.7118	0.6750	0.6575	0.6407	0.6086	0.5787	0.5245	0.4768	0.4348	0.3975
0.6355	0.5921	0.5718	0.5523	0.5158	0.4823	0.4230	0.3725	0.3294	0.2923
0.5674	0.5194	0.4972	0.4761	0.4371	0.4019	0.3411	0.2910	0.2495	0.2149
0.5066	0.4556	0.4323	0.4104	0.3704	0.3349	0.2751	0.2274	0.1890	0.1580
0.4523	0.3996	0.3759	0.3538	0.3139	0.2791	0.2218	0.1776	0.1432	0.1162
0.4039	0.3506	0.3269	0.3050	0.2660	0.2326	0.1789	0.1388	0.1085	0.0854
0.3606	0.3075	0.2843	0.2630	0.2255	0.1938	0.1443	0.1084	0.0822	0.0628
0.3220	0.2697	0.2472	0.2267	0.1911	0.1615	0.1164	0.0847	0.0623	0.0462
0.2875	0.2366	0.2149	0.1954	0.1619	0.1346	0.0938	0.0662	0.0472	0.0340
0.2567	0.2076	0.1869	0.1685	0.1372	0.1122	0.0757	0.0517	0.0357	0.0250
0.2292	0.1821	0.1625	0.1452	0.1163	0.0935	0.0610	0.0404	0.0271	0.0184
0.2046	0.1597	0.1413	0.1252	0.0985	0.0779	0.0492	0.0316	0.0205	0.0135
0.1827	0.1401	0.1229	0.1079	0.0835	0.0649	0.0397	0.0247	0.0155	0.0099
0.1631	0.1229	0.1069	0.0930	0.0708	0.0541	0.0320	0.0193	0.0118	0.0073
0.1456	0.1078	0.0929	0.0802	0.0600	0.0451	0.0258	0.0150	0.0089	0.0054
0.1300	0.0946	0.0808	0.0691	0.0508	0.0376	0.0208	0.0118	0.0068	0.0039
0.1161	0.0829	0.0703	0.0596	0.0431	0.0313	0.0168	0.0092	0.0051	0.0029
0.1037	0.0728	0.0611	0.0514	0.0365	0.0261	0.0135	0.0072	0.0039	0.0021
0.0926	0.0638	0.0531	0.0443	0.0309	0.0217	0.0109	0.0056	0.0029	0.0016
0.0826	0.0560	0.0462	0.0382	0.0262	0.0181	0.0088	0.0044	0.0022	0.0012
0.0738	0.0491	0.0402	0.0329	0.0222	0.0151	0.0071	0.0034	0.0017	0.0008
0.0659	0.0431	0.0349	0.0284	0.0188	0.0126	0.0057	0.0027	0.0013	0.0006
0.0588	0.0378	0.0304	0.0245	0.0160	0.0105	0.0046	0.0021	0.0010	0.0005
0.0525	0.0331	0.0264	0.0211	0.0135	0.0087	0.0037	0.0016	0.0007	0.0003
0.0469	0.0291	0.0230	0.0182	0.0115	0.0073	0.0030	0.0013	0.0006	0.0002
0.0419	0.0255	0.0200	0.0157	0.0097	0.0061	0.0024	0.0010	0.0004	0.0002
0.0374	0.0224	0.0174	0.0135	0.0082	0.0051	0.0020	0.0008	0.0003	0.0001
0.0334	0.0196	0.0151	0.0116	0.0070	0.0042	0.0016	0.0006	0.0002	0.0001

期数	1%	2%	3%	4%	5%	6%	7%	8%	9%	10%
1	1.0000	1.0000	1.0000	1.0000	1.0000	1.0000	1.0000	1.0000	1.0000	1.0000
2	2.0100	2.0200	2.0300	2.0400	2.0500	2.0600	2.0700	2.0800	2.0900	2.1000
3	3.0301	3.0604	3.0909	3.1216	3.1525	3.1836	3.2149	3.2464	3.2781	3.3100
4	4.0604	4.1216	4.1836	4.2465	4.3101	4.3746	4.4399	4.5061	4.5731	4.6410
5	5.1010	5.2040	5.3091	5.4163	5.5256	5.6371	5.7507	5.8666	5.9847	6.1051
6	6.1520	6.3081	6.4684	6.6330	6.8019	6.9753	7.1533	7.3359	7.5233	7.7156
7	7.2135	7.4343	7.6625	7.8983	8.1420	8.3938	8.6540	8.9228	9.2004	9.4872
8	8.2857	8.5830	8.8923	9.2142	9.5491	9.8975	10.2598	10.6366	11.0285	11.4359
9	9.3685	9.7546	10.1591	10.5828	11.0266	11.4913	11.9780	12.4876	13.0210	13.5795
10	10.4622	10.9497	11.4639	12.0061	12.5779	13.1808	13.8164	14.4866	15.1929	15.9374
11	11.5668	12.1687	12.8078	13.4864	14.2068	14.9716	15.7836	16.6455	17.5603	18.5312
12	12.6825	13.4121	14.1920	15.0258	15.9171	16.8699	17.8885	18.9771	20.1407	21.3843
13	13.8093	14.6803	15.6178	16.6268	17.7130	18.8821	20.1406	21.4953	22.9534	24.5227
14	14.9474	15.9739	17.0863	18.2919	19.5986	21.0151	22.5505	24.2149	26.0192	27.9750
15	16.0969	17.2934	18.5989	20.0236	21.5786	23.2760	25.1290	27.1521	29.3609	31.7725
16	17.2579	18.6393	20.1569	21.8245	23.6575	25.6725	27.8881	30.3243	33.0034	35.9497
17	18.4304	20.0121	21.7616	23.6975	25.8404	28.2129	30.8402	33.7502	36.9737	40.5447
18	19.6147	21.4123	23.4144	25.6454	28.1324	30.9057	33.9990	37.4502	41.3013	45.5992
19	20.8109	22.8406	25.1169	27.6712	30.5390	33.7600	37.3790	41.4463	46.0185	51.1591
20	22.0190	24.2974	26.8704	29.7781	33.0660	36.7856	40.9955	45.7620	51.1601	57.2750
21	23.2392	25.7833	28.6765	31.9692	35.7193	39.9927	44.8652	50.4229	56.7645	64.0025
22	24.4716	27.2990	30.5368	34.2480	38.5052	43.3923	49.0057	55.4568	62.8733	71.4027
23	25.7163	28.8450	32.4529	36.6179	41.4305	46.9958	53.4361	60.8933	69.5319	79.5430
24	26.9735	30.4219	34.4265	39.0826	44.5020	50.8156	58.1767	66.7648	76.7898	88.4973
25	28.2432	32.0303	36.4593	41.6459	47.7271	54.8645	63.2490	73.1059	84.7009	98.3471
26	29.5256	33.6709	38.5530	44.3117	51.1135	59.1564	68.6765	79.9544	93.3240	109.1818
27	30.8209	35.3443	40.7096	47.0842	54.6691	63.7058	74.4838	87.3508	102.7231	121.0999
28	32.1291	37.0512	42.9309	49.9676	58.4026	68.5281	80.6977	95.3388	112.9682	134.2099
29	33.4504	38.7922	45.2189	52.9663	62.3227	73.6398	87.3465	103.9659	124.1354	148.6309
30	34.7849	40.5681	47.5754	56.0849	66.4388	79.0582	94.4608	113.2832	136.3075	164.4940

系数表

12%	14%	15%	16%	18%	20%	24%	28%	32%	36%
1.0000	1.0000	1.0000	1.0000	1.0000	1.0000	1.0000	1.0000	1.0000	1.0000
2.1200	2.1400	2.1500	2.1600	2.1800	2.2000	2.2400	2.2800	2.3200	2.3600
3.3744	3.4396	3.4725	3.5056	3.5724	3.6400	3.7776	3.9184	4.0624	4.2096
4.7793	4.9211	4.9934	5.0665	5.2154	5.3680	5.6842	6.0156	6.3624	6.7251
6.3528	6.6101	6.7424	6.8771	7.1542	7.4416	8.0484	8.6999	9.3983	10.1461
8.1152	8.5355	8.7537	8.9775	9.4420	9.9299	10.9801	12.1359	13.4058	14.7987
10.0890	10.7305	11.0668	11.4139	12.1415	12.9159	14.6153	16.5339	18.6956	21.1262
12.2997	13.2328	13.7268	14.2401	15.3270	16.4991	19.1229	22.1634	25.6782	29.7316
14.7757	16.0853	16.7858	17.5185	19.0859	20.7989	24.7125	29.3692	34.8953	41.4350
17.5487	19.3373	20.3037	21.3215	23.5213	25.9587	31.6434	38.5926	47.0618	57.3516
20.6546	23.0445	24.3493	25.7329	28.7551	32.1504	40.2379	50.3985	63.1215	78.9982
24.1331	27.2707	29.0017	30.8502	34.9311	39.5805	50.8950	65.5100	84.3204	108.4375
28.0291	32.0887	34.3519	36.7862	42.2187	48.4966	64.1097	84.8529	112.3030	148.4750
32.3926	37.5811	40.5047	43.6720	50.8180	59.1959	80.4961	109.6117	149.2399	202.9260
37.2797	43.8424	47.5804	51.6595	60.9653	72.0351	100.8151	141.3029	197.9967	276.9793
42.7533	50.9804	55.7175	60.9250	72.9390	87.4421	126.0108	181.8677	262.3557	377.6919
48.8837	59.1176	65.0751	71.6730	87.0680	105.9306	157.2534	233.7907	347.3095	514.6610
55.7497	68.3941	75.8364	84.1407	103.7403	128.1167	195.9942	300.2521	459.4485	700.9389
63.4397	78.9692	88.2118	98.6032	123.4135	154.7400	244.0328	385.3227	607.4721	954.2769
72.0524	91.0249	102.4436	115.3797	146.6280	186.6880	303.6006	494.2131	802.8631	1298.8166
81.6987	104.7684	118.8101	134.8405	174.0210	225.0256	377.4648	633.5927	1060.7793	1767.3906
92.5026	120.4360	137.6316	157.4150	206.3448	271.0307	469.0563	811.9987	1401.2287	2404.6512
104.6029	138.2970	159.2764	183.6014	244.4868	326.2369	582.6298	1040.3583	1850.6219	3271.3256
118.1552	158.6586	184.1678	213.9776	289.4945	392.4842	723.4610	1332.6586	2443.8209	4450.0029
133.3339	181.8708	212.7930	249.2140	342.6035	471.9811	898.0916	1706.8031	3226.8436	6053.0039
150.3339	208.3327	245.7120	290.0883	405.2721	567.3773	1114.6336	2185.7079	4260.4336	8233.0853
169.3740	238.4993	283.5688	337.5024	479.2211	681.8528	1383.1457	2798.7061	5624.7723	11197.9960
190.6989	272.8892	327.1041	392.5028	566.4809	819.2233	1716.1007	3583.3438	7425.6994	15230.2745
214.5828	312.0937	377.1697	456.3032	669.4475	984.0680	2128.9648	4587.6801	9802.9233	20714.1734
241.3327	356.7868	434.7451	530.3117	790.9480	1181.8816	2640.9164	5873.2306	12940.8587	28172.2758

期数	1%	2%	3%	4%	5%	6%	7%	8%	9%	10%
1	0.9901	0.9804	0.9709	0.9615	0.9524	0.9434	0.9346	0.9259	0.9174	0.9091
2	1.9704	1.9416	1.9135	1.8861	1.8594	1.8334	1.8080	1.7833	1.7591	1.7355
3	2.9410	2.8839	2.8286	2.7751	2.7232	2.6730	2.6243	2.5771	2.5313	2.4869
4	3.9020	3.8077	3.7171	3.6299	3.5460	3.4651	3.3872	3.3121	3.2397	3.1699
5	4.8534	4.7135	4.5797	4.4518	4.3295	4.2124	4.1002	3.9927	3.8897	3.7908
6	5.7955	5.6014	5.4172	5.2421	5.0757	4.9173	4.7665	4.6229	4.4859	4.3553
7	6.7282	6.4720	6.2303	6.0021	5.7864	5.5824	5.3893	5.2064	5.0330	4.8684
8	7.6517	7.3255	7.0197	6.7327	6.4632	6.2098	5.9713	5.7466	5.5348	5.3349
9	8.5660	8.1622	7.7861	7.4353	7.1078	6.8017	6.5152	6.2469	5.9952	5.7590
10	9.4713	8.9826	8.5302	8.1109	7.7217	7.3601	7.0236	6.7101	6.4177	6.1446
11	10.3676	9.7868	9.2526	8.7605	8.3064	7.8869	7.4987	7.1390	6.8052	6.4951
12	11.2551	10.5753	9.9540	9.3851	8.8633	8.3838	7.9427	7.5361	7.1607	6.8137
13	12.1337	11.3484	10.6350	9.9856	9.3936	8.8527	8.3577	7.9038	7.4869	7.1034
14	13.0037	12.1062	11.2961	10.5631	9.8986	9.2950	8.7455	8.2442	7.7862	7.3667
15	13.8651	12.8493	11.9379	11.1184	10.3797	9.7122	9.1079	8.5595	8.0607	7.6061
16	14.7179	13.5777	12.5611	11.6523	10.8378	10.1059	9.4466	8.8514	8.3126	7.8237
17	15.5623	14.2919	13.1661	12.1657	11.2741	10.4773	9.7632	9.1216	8.5436	8.0216
18	16.3983	14.9920	13.7535	12.6593	11.6896	10.8276	10.0591	9.3719	8.7556	8.2014
19	17.2260	15.6785	14.3238	13.1339	12.0853	11.1581	10.3356	9.6036	8.9501	8.3649
20	18.0456	16.3514	14.8775	13.5903	12.4622	11.4699	10.5940	9.8181	9.1285	8.5136
21	18.8570	17.0112	15.4150	14.0292	12.8212	11.7641	10.8355	10.0168	9.2922	8.6487
22	19.6604	17.6580	15.9369	14.4511	13.1630	12.0416	11.0612	10.2007	9.4424	8.7715
23	20.4558	18.2922	16.4436	14.8568	13.4886	12.3034	11.2722	10.3711	9.5802	8.8832
24	21.2434	18.9139	16.9355	15.2470	13.7986	12.5504	11.4693	10.5288	9.7066	8.9847
25	22.0232	19.5235	17.4131	15.6221	14.0939	12.7834	11.6536	10.6748	9.8226	9.0770
26	22.7952	20.1210	17.8768	15.9828	14.3752	13.0032	11.8258	10.8100	9.9290	9.1609
27	23.5596	20.7069	18.3270	16.3296	14.6430	13.2105	11.9867	10.9352	10.0266	9.2372
28	24.3164	21.2813	18.7641	16.6631	14.8981	13.4062	12.1371	11.0511	10.1161	9.3066
29	25.0658	21.8444	19.1885	16.9837	15.1411	13.5907	12.2777	11.1584	10.1983	9.3696
30	25.8077	22.3965	19.6004	17.2920	15.3725	13.7648	12.4090	11.2578	10.2737	9.4269

系数表

12%	14%	15%	16%	18%	20%	24%	28%	32%
0.8929	0.8772	0.8696	0.8621	0.8475	0.8333	0.8065	0.7812	0.7576
1.6901	1.6467	1.6257	1.6052	1.5656	1.5278	1.4568	1.3916	1.3315
2.4018	2.3216	2.2832	2.2459	2.1743	2.1065	1.9813	1.8684	1.7663
3.0373	2.9137	2.8550	2.7982	2.6901	2.5887	2.4043	2.2410	2.0957
3.6048	3.4331	3.3522	3.2743	3.1272	2.9906	2.7454	2.5320	2.3452
4.1114	3.8887	3.7845	3.6847	3.4976	3.3255	3.0205	2.7594	2.5342
4.5638	4.2883	4.1604	4.0386	3.8115	3.6046	3.2423	2.9370	2.6775
4.9676	4.6389	4.4873	4.3436	4.0776	3.8372	3.4212	3.0758	2.7860
5.3282	4.9464	4.7716	4.6065	4.3030	4.0310	3.5655	3.1842	2.8681
5.6502	5.2161	5.0188	4.8332	4.4941	4.1925	3.6819	3.2689	2.9304
5.9377	5.4527	5.2337	5.0286	4.6560	4.3271	3.7757	3.3351	2.9776
6.1944	5.6603	5.4206	5.1971	4.7932	4.4392	3.8514	3.3868	3.0133
6.4235	5.8424	5.5831	5.3423	4.9095	4.5327	3.9124	3.4272	3.0404
6.6282	6.0021	5.7245	5.4675	5.0081	4.6106	3.9616	3.4587	3.0609
6.8109	6.1422	5.8474	5.5755	5.0916	4.6755	4.0013	3.4834	3.0764
6.9740	6.2651	5.9542	5.6685	5.1624	4.7296	4.0333	3.5026	3.0882
7.1196	6.3729	6.0472	5.7487	5.2223	4.7746	4.0591	3.5177	3.0971
7.2497	6.4674	6.1280	5.8178	5.2732	4.8122	4.0799	3.5294	3.1039
7.3658	6.5504	6.1982	5.8775	5.3162	4.8435	4.0967	3.5386	3.1090
7.4694	6.6231	6.2593	5.9288	5.3527	4.8696	4.1103	3.5458	3.1129
7.5620	6.6870	6.3125	5.9731	5.3837	4.8913	4.1212	3.5514	3.1158
7.6446	6.7429	6.3587	6.0113	5.4099	4.9094	4.1300	3.5558	3.1180
7.7184	6.7921	6.3988	6.0442	5.4321	4.9245	4.1371	3.5592	3.1197
7.7843	6.8351	6.4338	6.0726	5.4509	4.9371	4.1428	3.5619	3.1210
7.8431	6.8729	6.4641	6.0971	5.4669	4.9476	4.1474	3.5640	3.1220
7.8957	6.9061	6.4906	6.1182	5.4804	4.9563	4.1511	3.5656	3.1227
7.9426	6.9352	6.5135	6.1364	5.4919	4.9636	4.1542	3.5669	3.1233
7.9844	6.9607	6.5335	6.1520	5.5016	4.9697	4.1566	3.5679	3.1237
8.0218	6.9830	6.5509	6.1656	5.5098	4.9747	4.1585	3.5687	3.1240
8.0552	7.0027	6.5660	6.1772	5.5168	4.9789	4.1601	3.5693	3.1242

参 考 文 献

[1]　辛惠琴．财务管理[M]．郑州：郑州大学出版社，2015.

[2]　王金台，韩新宽．财务管理[M]．郑州：河南科学技术出版社，2008.

[3]　孔德兰．财务管理[M]．上海：立信会计出版社，2017.

[4]　张雪同．财务管理[M]．上海：立信会计出版社，2015.

[5]　王佩．财务管理教程与案例[M]．上海：立信会计出版社，2009.

[6]　常叶青．财务管理[M]．西南交通大学出版社，2017.

[7]　严碧容，方明．财务管理[M]．杭州：浙江大学出版社，2016.

[8]　姚海鑫．财务管理[M]．北京：清华大学出版社，2013.

[9]　李海波．财务管理[M]．上海：立信会计出版社，2015.

[10]　王化成．财务管理[M]．北京：中国人民大学出版社，2013.

[11]　严碧容，方明．财务管理[M]．杭州：浙江大学出版社，2016.

[12]　[美]约翰赫尔．期权、期货及其他衍生产品[M]．张陶伟，译．北京，人民邮电出版
　　　社，2009.

[13]　[美]威廉·拉舍．财务管理（基于实践的方法）[M]．北京：清华大学出版社，2015.

[14]　[美]COSO．企业风险管理：整合框架[M]．方红星，王宏，译．沈阳：东北财经大
　　　学出版社，2005.

[15]　[美]范霍恩，瓦霍维奇．财务管理基础[M]．刘曙光，译．北京：清华大学出版
　　　社，2009.

[16]　[美]罗纳德·W·希尔顿．管理会计[M]．耿建新，等，译．北京：机械工业出版
　　　社，2002.

[17]　[英]彼得·阿特勒尔．财务管理基础[M]．赵银德，张华，译．北京：机械工业出版
　　　社，2004.

[18]　[美]斯蒂芬·A·罗斯，等．公司理财[M]．吴世农，等，译．北京：机械工业出版
　　　社，2009.

[19]　[美]斯坦利·B·布洛克，杰弗瑞·A·赫特，巴特利·R·丹尼尔森．财务管理基
　　　础[M]．吴立范，董双全，译．北京：机械工业出版社，2010.

[20]　[美]威廉·L．麦金森．公司财务理论[M]．刘明辉，译．大连：东北财经大学出版
　　　社，2002.

[21]　陈良华．成本管理[M]．北京：中信出版社，2009.

[22]　陈小林．财务管理[M]．大连：东北财经大学出版社，2008.

[23]　傅元略．财务管理[M]．厦门：厦门大学出版社，2005.

[24]　荆新，王化成，刘俊彦．财务管理学[M]．北京：中国人民大学出版社，2006.

[25]　刘娥平．企业财务管理[M]．北京：科学出版社，2009.

[26]　刘淑莲．财务管理[M]．大连：东北财经大学出版社，2010.

[27]　陆正飞．财务管理[M]．大连：东北财经大学出版社，2010.

[28]　马忠 . 公司财务理论：理论与案例[M]. 北京：机械工业出版社，2009.

[29]　乔世震，王满 . 财务管理基础[M]. 大连：东北财经大学出版社，2010.

[30]　全国注册税务师执业资格考试教材编写组 . 财务与会计[M]. 北京：中国税务出版社，2009.

[31]　宋献中，吴思明 . 企业财务管理[M]. 广州：暨南大学出版社，2005.

[32]　王化成 . 财务管理学[M]. 北京：中国人民大学出版社，2009.

[33]　王庆成，郭复初 . 财务管理学[M]. 北京：高等教育出版社，2000.

[34]　谢志华 . 财务分析[M]. 北京：高教出版社，2010.

[35]　张功富，索建宏 . 财务管理原理[M]. 北京：中国农业大学出版社，首都经济贸易大学出版社，2005.

[36]　张功富，刘娟 . 中级财务管理[M]. 北京：中国农业大学出版社，首都经济贸易大学出版社，2006.

[37]　张浩 . 财务规范管理执行标准[M]. 北京：蓝天出版社，2007.

[38]　张先治 . 财务分析[M]. 大连：东北财经大学出版社，2010.

[39]　中国注册会计师协会 . 公司战略与风险管理[M]. 北京：经济科学出版社，2009.

[40]　中国注册会计师协会 . 财务成本管理[M]. 北京：中国财政经济出版社，2011.